国家社会科学基金项目“人民陪审员制度改革试点的跟踪研究”（16BFX068）

在实践与规范之间：中国陪审制度改革实证研究

刘方勇　著

法律出版社
LAW PRESS · CHINA
——北 京——

图书在版编目(CIP)数据

在实践与规范之间：中国陪审制度改革实证研究 / 刘方勇著. -- 北京：法律出版社，2022
ISBN 978-7-5197-7051-8

Ⅰ. ①在… Ⅱ. ①刘… Ⅲ. ①陪审制度—研究—中国 Ⅳ. ①D926

中国版本图书馆 CIP 数据核字（2022）第 158047 号

在实践与规范之间：
中国陪审制度改革实证研究
ZAI SHIJIAN YU GUIFAN ZHIJIAN:
ZHONGGUO PEISHEN ZHIDU GAIGE
SHIZHENG YANJIU

刘方勇 著

责任编辑 郑怡萍
装帧设计 凌点工作室

出版发行 法律出版社
编辑统筹 法律教育出版分社
责任校对 王 丰 李景美
责任印制 刘晓伟
经　　销 新华书店

开本 A5
印张 10.125 **字数** 286 千
版本 2022 年 10 月第 1 版
印次 2022 年 10 月第 1 次印刷
印刷 北京建宏印刷有限公司

地址：北京市丰台区莲花池西里 7 号(100073)
网址：www.lawpress.com.cn
投稿邮箱：info@lawpress.com.cn
举报盗版邮箱：jbwq@lawpress.com.cn
销售电话：010-83938349
客服电话：010-83938350
咨询电话：010-63939796

书号：ISBN 978-7-5197-7051-8
定价：42.00 元
凡购买本社图书，如有印装错误，我社负责退换。电话：010-83938349

序

在世界各国的司法实践中，“人民参审”制度始终是各国的不懈追求，也是在不断发展的一项极富魅力的司法制度。作为中国特色社会主义司法制度的重要组成部分，我国人民陪审员制度始终在与时俱进地发挥其作用、完善其功能，同时也在努力地克服其局限、规避其风险。党的十八届三中全会通过的中共中央《关于全面深化改革若干重大问题的决定》以及党的十八届四中全会通过的中共中央《关于全面推进依法治国若干重大问题的决定》都明确要求改革完善人民陪审员制度，为新时代中国特色人民陪审员制度改革完善指明了方向和目标。根据中央决策部署和全国人大常委会授权，2015 年以来，最高人民法院在全国部分地区进行了为期三年的试点，探索出不少可复制、可推广的经验做法，推动了我国第一部《人民陪审员法》的出台。

本书作者针对本轮人民陪审员制度改革试点、立法，对照改革顶层设计方案以及《人民陪审员法》立法条文，聚焦全国 10 个省（区、市）50 家法院的改革试点，选择其中不同地域、不同经济发展水平的 6 个省（市）10 家试点法院作为研究样本，采取蹲点调查、面对面访谈等各种有效方式跟踪研究，对本轮人民陪审员制度改革进行了一次系统性、精细化的实证研究。继而经由“从实践到规范”的研究进路，对人民陪审员制度改革试点进行全方位、多角度、多维度的扫描，并对改革催生的《人民陪审员法》加以科学评估和法理解读。在此基础上，期望通过精细化的研究，突破习惯思维定式，澄清似是而非的观点，回应新时代中国特色人民陪审员制度完善的理论需求，为新时代中国特色人民陪审员制度的完善提供理论支撑和决策依据。同时，经由“从规范到实践”的研究回路，通过经验总结和理论论证，为全面贯彻落实《人民陪审员法》提供技术方案和决策建议。这一在实践与规范之间往返穿梭、互动循环的研究思路，使本书的研究成果更接地气、更为实在、更具价值。

从研究的特点来看，本书更注重对照改革方案、立法条文对立法实施中的细节问题、技术问题进行研究，并据此对立法的全面贯彻实施提出了具体建议，可操作性、可行性较强，具有实践价值。相较于本领域研究多从宏观角度、价值角度入手的现状，本书更显微观化、更具技术味。就研究内容而言，本书内容对应选任条件、选任程序、参审范围、参审机制、参审职权、退出和惩戒、履职保障等本轮人民陪审员制度改革七个方面的具体内容，一一进行了全方位的实证考察。同时，从改革到试点到立法，进行了全流程的研究。这对于研究本轮人民陪审员制度改革乃至研究改革对我国陪审制度发展演进的影响，都有较大的价值。就研究方法而言，本书作者针对实证研究的系统性、精细化以及研究方法和手段的多样化进行了大胆尝试，并取得有价值的成果。通过卓有成效的数据收集工作，本书作者获得了有关人民陪审员制度改革试点与立法实施较为全面的第一手资料，这对于学术界深入研究我国人民陪审员制度实践及发展具有较高科研价值。

值得注意的是，本轮人民陪审员制度改革、立法涉及面之广可谓前所未有，除了选任条件、选任程序、参审范围、参审机制、退出和惩戒机制、履职保障制度等属于技术性调整性质的改革、立法，还对人民陪审员参审职权进行了结构性改革。这一改革几乎颠覆了我国人民陪审员制度的原有构造，仍有待进一步探索。本书虽对相关改革和立法进行了论证和分析，但对该项改革对我国陪审制度发展甚或是司法制度产生的深远影响着墨不多，有待进一步跟踪研究。

本书作者是我原任职的湖南省高级人民法院的法官，也是我的博士后，后转行到高校从事教学、科研工作。基于这一经历，本书作者尤其注重理论与实践相结合，其研究成果具有较为浓厚的实证色彩。本书是他在陪审制度实证研究方面的又一力作。自2010年起，本书作者开始对人民陪审员制度进行持续而集中的研究。面对陪审制度这一历久弥新的课题，本书作者没有受到西方法学图景的宰制，而是坚持面向中国司法的自主型研究进路，以其求真务实的学术态度、真调实研的学术作风，沉下心来，立足本土，发乎问题，下潜一线，费工夫，花心血，求真解,形成系列成果,终有所成。2018 年他还被最高人民法院遴选为第三批研修学者,参与了《人民陪审员法》立法及其司法解释的有关工作。期冀作者以本书的出版为新起点,在本领域的研究以及实证研究方面取得更为丰硕的成果。

是为序。

江必新

二〇二一年十月八日

目　录

绪　论

一、人民陪审员制度改革和立法的背景及意义

(一)人民陪审员制度改革的背景

我国清末即有陪审之议,但直到20世纪50年代,陪审才开始制度化。作为中国特色社会主义司法制度的重要组成部分,人民陪审员制度在我国的发展可谓“一波三折”,在经历了法律初步肯定、恢复和淡化两个阶段[1]后,自1998年开始呈现强势复苏之势。[2] 21世纪以来,国家更是投入了大量的资源对人民陪审员制度不断加以完善。2004年8月28日,全国人大常委会颁布了《关于完善人民陪审员制度的决定》(以下简称《关于完善陪审制度的决定》,2018年已废止)。在该决定实施的十余年间,人民陪审员制度改革不断向纵深发展,取得了一定的成效,如在人民陪审员制度规范化建设方面取得了新的进展。《关于完善陪审制度的决定》颁布后,最高人民法院与司法部联合颁布了《关于人民陪审员选任、培训、考核工作的实施意见》(以下简称《选任、培训、考核工作实施意见》),专门制定了《关于人民陪审员管理办法(试行)》(以下简称《陪审员管理办法》)、《关于人民陪审员参加审判活动若干问题的规定》(以下简称《陪审员参审规定》)、《关于进一步加强和推进人民陪审员工作的若干意见》(以下简称《陪审员工作若

---

[1] 参见王敏远:《中国陪审制度及其完善》,载《法学研究》1999年第4期。

[2] 参见彭小龙:《人民陪审员制度的复苏与实践:1998—2010》,载《法学研究》2011年第1期。

干意见》）等规范性文件或司法解释。此外，最高人民法院政治部还出台了《关于人民陪审员选任工作若干问题的答复》《关于人民陪审员工作若干问题的答复》等司法性文件，逐步形成了与《关于完善陪审制度的决定》相衔接配套的规范体系。不过，人民陪审员制度在实际运行中依然存在价值认同不高、制度运行失范、作用发挥有限等问题。无论是学界还是实务界，对于完善或复苏的原因与实践的效果，依然存在截然不同的价值判断。有的学者将之归于“一种制度实践，两种复苏原因及效果判断”[1]。因此，尽管距离上一轮改革尚不到十年，国家又启动了新一轮人民陪审员制度改革，对人民陪审员制度进行再改革。党的十八届三中全会通过的《中共中央关于全面深化改革若干重大问题的决定》在强调建立符合职业特点的司法人员管理制度的同时，明确要求“广泛实行人民陪审员制度，拓宽人民群众有序参与司法渠道”。为保障人民群众参与司法，党的十八届四中全会通过的《中共中央关于全面推进依法治国若干重大问题的决定》明确提出，要保障人民群众参与司法，完善人民陪审员制度，保障公民陪审权利，扩大参审范围，完善随机抽选方式，提高人民陪审制度公信度。逐步实行人民陪审员不再审理法律适用问题，只参与审理事实认定问题。这都为人民陪审员制度改革明确了方向和目标，不仅凸显了人民陪审员制度是司法民主化的重要制度安排，强化了人民陪审员角色在健全司法与民意沟通互动机制、弘扬司法民主中的重要作用，也表明了中央推进司法民主化进程的决心。

为深入推进人民陪审员制度改革试点，2015年4月1日，中央全面深化改革领导小组第十一次会议审议通过了《人民陪审员制度改革试点方案》（以下简称《陪审制度改革试点方案》），最高人民法院会同司法部出台了《人民陪审员制度改革试点工作实施办法》（以下简称《陪审制度改革试点办法》）。随后，第十二届全国人大常委会第十四次会议作出了《关于授权在部分地区开展人民陪审员制度改革试点工作的

[1]　彭小龙：《人民陪审员制度的复苏与实践：1998—2010》，载《法学研究》2011年第1期。

决定》(以下简称《陪审制度改革授权试点决定》)。全国人大常委会授权北京等十个省(区、市)的50个中级、基层人民法院暂时调整适用《人民法院组织法》《关于完善陪审制度的决定》《民事诉讼法》《刑事诉讼法》有关条款[1],对人民陪审员选任条件、选任程序、参审范围、参审机制、参审职权、退出和惩戒机制、履职保障制度等七个方面进行为期3年的改革试点,并明确"试点期满后,对实践证明可行的,应当修改完善有关法律;对实践证明不宜调整的,恢复施行有关法律规定"。根据中央决策部署和全国人大常委会授权,2015年5月以来,最高人民法院在全国10个省(区、市)的50个地区进行了为期3年的试点,探索出许多可复制、可推广的经验做法,攻克了不少重点难点问题,推动了《人民陪审员法》的立法进程。2018年4月27日,第十三届全国人大常委会第二次会议审议通过了《人民陪审员法》,这是自清末从西方引进陪审制度一百余年来我国第一部关于陪审制度的专门法典。为贯彻落实《人民陪审员法》,最高人民法院于2019年2月18日出台《关于适用〈中华人民共和国人民陪审员法〉若干问题的解释》(以下简称《人民陪审员法解释》),并于2019年5月1日起施行,对《人民陪审员法》相关规定的适用进行了解释。

(二)《人民陪审员法》立法的意义

《人民陪审员法》不仅全面总结了全国人大常委会《关于完善陪审制度的决定》施行13年来的实践经验,还结合上溯到20世纪30年代土地革命时期人民陪审员制度诞生以来八十余年的历史经验,以法律的形式固定了党的十八届三中、四中全会以来人民陪审员制度改革试点的经验做法,对人民陪审员选任、参审和管理等作了进一步完善,我国人民陪审员制度由此进入崭新的发展阶段。它的颁布施行,解答了我国要不要发展陪审制度、发展何种类型的陪审制度以及怎样发展陪审制度的命题,以法律的形式确立了陪审制度的中国价值、中国模式、中国道路,确立了新时代中国特色人民陪审员制度发展的原则、立场和

---

[1] 其中,暂时调整适用《关于完善陪审制度的决定》的条款多达7条,而《关于完善陪审制度的决定》条文总共也不过20条。

策略，使人民陪审员制度的中国色彩越发浓厚，特色越发鲜明，对陪审制度在中国的发展具有里程碑式的重大意义。

《人民陪审员法》的颁布施行，解答了我国要不要发展陪审制度的问题，确立了陪审制度发展的中国价值。一百余年来，围绕中国要不要发展陪审制度的问题屡有争论，陪审制度在中国的发展几度沉浮。由于所谓"陪而不审"问题的存在，即便21世纪以来国家投入大量的资源完善人民陪审员制度，仍有不少人认为陪审制度可有可无，主张废除陪审制度的声音也没有完全消弭。《人民陪审员法》开宗明义地明确了立法的目的，即保障公民依法参加审判，促进司法公正，提升司法公信，在法律上确认了人民陪审员制度的中国价值，彰显了坚定不移发展中国特色人民陪审员制度的决心。

《人民陪审员法》的颁布施行，解答了中国的陪审制度向何处去的命题，确立了陪审制度发展的中国模式。人民陪审员制度源自参审制。对于我国陪审制度的发展方向，无论是学界还是实务界始终都有不同的声音，以致有学者提出了"中国的陪审制度向何处去"的命题。《人民陪审员法》首次规定了三人、七人合议庭两种审判组织，其中三人合议庭在职权配置上延续了人民陪审员与法官同职同权的传统模式。而七人合议庭则实行事实审、法律审"两审分离"，对于事实问题由人民陪审员与法官共同认定；对于法律适用问题，人民陪审员可以发表意见，但不参与表决。这事实上以法律的形式确立了陪审制度的中国模式，即在参审制的框架下借鉴陪审团制、观审制的实践经验发展有中国特色的人民陪审员制度，既不同于传统的参审制，也与典型的陪审团制、观审制相异。这体现了《人民陪审员法》立法的开放性、包容性，也契合了全球陪审制发展相互融合、相互借鉴的潮流。

《人民陪审员法》的颁布施行，解答了在新时代怎样发展人民陪审员制度的命题，确立了陪审制度发展的中国道路。从世界各国陪审制的历史演进来看，陪审制度的发展并非一帆风顺，而是随着社会经济水平的发展和民众综合素质及认识水平的提高逐渐完善的。完善人民陪审员制度注定是一项长期性、复杂性、系统性的工程，必须要走渐进发展的道路。《人民陪审员法》虽然规定了陪审是公民的义务，但没有明确强制陪审义务;虽然规定了人民陪审员与法官同职同权,但允许在七人合议庭实行一定限度的分职分权;虽然规定了“两次随机”选任人民陪审员,但保留了个人申请和组织推荐的方式。这些规定既全面落实了中央的顶层设计,又合理吸收了地方的探索经验;既尊重了司法规律,又紧贴了现实国情、社情民意,彰显了务实、稳妥、渐进的立法思路,由此也确立了中国陪审制度渐进发展、多轨并行、不断完善的中国道路。

二、研究的思路和内容

“法律的生命在于实施。”贯彻落实《人民陪审员法》,不应满足于高企的理想和蓝图,而应实事求是、脚踏实地,重视解决技术层面的问题,将研究重心转向相关规定的真正落地,以确保人民陪审员制度的有效、有序运行。本研究以人民陪审员制度改革顶层设计为统领,以《人民陪审员法》条文规定为依归,以《陪审制度改革试点方案》《陪审制度改革试点办法》等试点文件为对照,侧重于技术研究,对人民陪审员制度改革试点涉及的选任条件、选任程序、参审范围、参审机制、参审职权、退出和惩戒机制、履职保障制度七个方面的问题进行全面、系统的实证研究,以进一步评估、验证改革设计的可行性以及立法的科学性,为《人民陪审员法》的贯彻实施和相关司法解释的出台提供具有说服力的技术方案和决策建议,进而为全面依法治国背景下基于本土资源的人民陪审员制度的完善和发展提供建设性意见。基于此思路,本书章节结构均围绕人民陪审员选任条件、选任程序、参审范围、参审机制、参审职权、退出和惩戒机制、履职保障七个方面的改革内容一一对应展开,故本书主要内容分为七部分:

第一部分是人民陪审员遴选条件改革实证研究。聚焦人民陪审员选任条件“一升一降”改革,从人民陪审员选任的基本条件、除外事由、禁止条件三个方面进行了实证考察,结合陪审员遴选条件域外考察的启示,对《人民陪审员法》有关选任条件的规定进行评析,并从如何优化遴选条件、如何与随机抽选机制相衔接、如何回应社会对人民陪审员专业素质条件较高期望等方面提出了贯彻落实的具体建议。

第二部分是人民陪审员选任程序改革实证研究。分别从选任方式、选任主体以及选任的具体程序三个方面展开实证分析、域外考察以及立法评析，并提出了具体建议。

第三部分是人民陪审员参审职权改革实证研究。重点对人民陪审员只参与事实审机制改革进行了实证考察、域外比较以及立法分析，就事实认定问题与法律适用问题的区分、参审案件适用范围、法官指引等提出了对策建议，指出可以通过区分案件类型明确人民陪审员参与认定的法律要件事实或界定人民陪审员参与审理的问题和法官单独审理的问题，构建事实认定问题和法律适用问题的区分规则，并通过严格限制人民陪审员只参与事实审机制适用的范围，强化法官对人民陪审员的指引责任，发挥人民陪审员实质参审的作用。

第四部分是人民陪审员参审案件范围的实证研究。基于对试点法院的参审案件范围的实证考察和域外陪审员参审案件范围的考察，对《人民陪审员法》有关参审案件范围的规定进行了解读，提出了遏制人民陪审泛化的趋势、依法适当扩大中级人民法院参审案件的适用范围、采取措施鼓励当事人主动申请适用陪审程序、以例外条款明确排除适用的案件类型等建议。

第五部分是人民陪审员参审案件机制实证考察。重点考察了人民陪审员随机选定方式、陪审合议庭组成模式、人民陪审员参审权行使、人民陪审员参与调解，提出了建立候补人民陪审员制度，当事人等主体应参与随机抽选，主要按地域随机抽选，七人合议庭运作应与庭前准备程序、集中审理模式相配套，强化法官对人民陪审员庭前、庭中指引，完善人民陪审员参与调解机制等建议。

第六部分是人民陪审员退出和惩戒机制改革实证考察。通过对人民陪审员退出与惩戒机制改革试点的实证分析，结合域外经验，针对《人民陪审员法》具体规定，提出了司法责任制背景下追究人民陪审员审判责任的意见，并对惩戒事由、主体、方式以及退出程序的刚性塑造提出了建议。

第七部分是人民陪审员履职保障机制改革实证考察。通过对人民陪审员参审权利保障、安全保障、物质保障、时间保障、工资保障等的实证分析，结合域外陪审员相关保障机制考察，对贯彻落实《人民陪审员法》相关规定以及完善我国人民陪审员参审保障机制提出了具体建议。

三、研究的方法

在研究方法上，本书主要采用的是法社会学的研究方法，在借助法社会学等学科研究方法开展精细化实证研究方面有所突破。本书在采用规范分析、比较分析等传统研究方法的同时，着重采用实证研究方法和定性与定量相结合的方法，重点对具有分析意义的样本地区改革试点情况进行考察和分析。为此，我们选择全国人大常委会授权改革试点的50个地区中的10个地区作为样本进行实证考察，包括华北B市D区人民法院，华中N省A市中级人民法院、A市L区人民法院，西南C市L区人民法院，东南F省L市中级人民法院、L市Y区人民法院，西北S省W市中级人民法院、H市中级人民法院、X市Y区人民法院，华东J省S市W区人民法院。2017年7~8月，由笔者带队，湘潭大学30余名研究生、本科生组成的调研团队，分成7个调研小组，深入这些地区分别进行了为期一个多月的蹲点调研。通过采取问卷调查、面对面访谈、实地观摩等多种方式，采集了社会公众、人民陪审员、法官、当事人、律师、公诉人等群体8647份调查问卷和50余万字访谈记录，以及其他大量第一手资料。在此基础上，建构了本研究的“大数据”，并利用SPSS(Statistical Product and Service Solutions)软件对资料进行分析整理。

(一)实证样本的选择

为保证实证调查的客观性、全面性和系统性，选取了全国各个地区6个省市作为实证分析样本，在这6个省(市)选取了10个县(市、区)作为实地调查研究的样本。之所以选择6个省(市)作为样本，首先是考虑样本的规模性，尤其是定量分析的规模性。一般认为，适当的规模性有助于保障分析的准确度，此前这一领域的研究也极少以多个省级行政区作为实证分析样本。其次是考虑样本的多样性。多样化的样本能更加周延地反映制度运行存在的问题，可以更好地反映出所要研究问题的总体特征。这些样本涵盖不同地域、不同经济发展水平的地区，不仅可以保证样本的多样性和丰富性，也极具代表性。

（二）实地研究样本的基本情况

所选取的10个样本地区分别是：

华北B市D区，位于B市城区东部。东西最宽处5.2公里，南北最长处13.0公里，总面积41.84平方公里，截至2016年共辖17个街道。常住总人口97.4万人，实现地区生产总值2009.8亿元。该区人民法院现有审判业务部门17个，现有在编干警517人，其中法官262人。主要受理辖区内一审刑事、民事、商事、行政、知识产权和执行案件，年均收案量2万余件。

华中N省A市，位于H省最北部，是国家历史文化名城，中国八大古都之一、中国十大最古老城市。A市总面积7355平方公里，下辖4区、4县、1个县级市。2017年年末，常住人口589.35万人。该市中级人民法院共有人员264人，正式在编人员中，本科以上学历占总人数的84.5%。法院设有25个内设机构，5个二级内设机构，2个直属事业单位。

华中N省A市L区位于A市区西南，是A市面积最大的市辖区，截至2014年，L区人口为214,441人，其中城镇人口6万人，城镇化率为29%。区域面积236平方公里，占市区的近一半。2017年国内生产总值（Gross Domestic Prodact，GDP）86.7亿元，在全市排名居后。L区人民法院共有干警84名，下设17个内设机构。

西南C市L区位于C市东北部，面积1892平方公里，距C市主城180公里，该区下辖33个乡镇（街道）、268个村、75个社区，总人口93万人，常住人口约68万人，其行政区域内有34个民族，汉族占总人口的99.8%。该区人民法院现有立案庭、刑庭等20个内设机构和4个人民法庭，核定政法专项编制129人，实有在编人员123人，审判人员75人、员额法官37人；工作人员中大学本科学历118人，其中，研究生以上学历15人。

东南F省L市位于F省西部，东西长约192公里，南北宽约182公里，总面积1.91万平方公里，总人口309万人。L市是内陆临海城市，是重要的交通枢纽和重要通道。经济以第二产业为主,第一产业、第三产业为辅。近年来L市经济全面发展,人均GDP和财政收入均居F省前列。L市中级人民法院现有法官及其他工作人员165名,聘用人员100余名,其中90%以上具有本科以上学历。内设机构21个。

东南F省L市Y区位于F省西南部,全境东西最宽距离68公里,南北最长距离80公里,总面积2223平方公里,人口48万人。Y区下辖1个街道办事处、12个镇、11个乡,共24个乡级行政区;有18个社区居民委员会、261个村民委员会,下设236个居民小组、3200个村民小组。Y区人民法院现有在编法官和其他工作人员97人,其中党员71人。具有大学本科以上学历81人,共设有19个部门,包括办公室、政治处等8个综合部门和立案庭、刑事审判庭等8个业务部门以及3个派出法庭。年均审理和执行各类案件5000余件。

西北S省W市地处关中平原东部,南北长182.3公里,东西宽149.7公里,位居新亚欧大陆桥的重要地段,是S省和西部地区进入中东部的"东大门"。该市总面积约13,134平方公里,户籍人口560.06万人(2010年第六次全国人口普查数据),为S省的农业大市和S省人口第二大市。下辖2个市辖区、7个县以及2个县级市。W市中级人民法院设19个内设机构、6个大小法庭,有法官和其他工作人员218名。

西北S省H市为县级市,隶属于S省W市,位于关中平原东部,总面积817平方公里。截至2016年,H市下辖3个街道办事处、4个镇,总人口25.47万人,生产总值70.02亿元。H市中级人民法院内设16个庭室和5个基层法庭,有法官和其他工作人员116名。该院2011年被省委政法委评为"全省人民群众满意的政法单位"。

西北S省X市地处关中平原中部,北濒渭河,南依秦岭,全市下辖11个区、2个县,总面积10,108平方公里,是国务院批复确定的中国西部地区重要的中心城市,调研地Y区地处该市南城板块,全区总面积152平方公里,人口118万人,下辖8个街道办事处。Y区综合实力稳居S省首位、跃居西部第二,已连续九年位居S省城区经济社会发展五强区之首。该区人民法院现有正式在编人员141人,其中法官83人,其中1人拥有博士研究生学位，24人拥有硕士研究生学位，本科以上学历的占总人数的92%。合同制书记员120人、合同制法警20人。本院下设民事审判一庭、立案庭等18个业务职能部门。

华东J省S市W区位于S市南部，全境东西长92.95公里，南北宽48.1公里。全区总面积742平方公里，2012年年末户籍人口60.5万人。截至2016年，W区下辖1个国家级经济技术开发区、1个国家级农业园区、7个镇、8个街道办事处和1个风景管理区。2010年，W区地区生产总值达602亿元。W区人民法院设13个内设机构、1个直属机构法警大队和4个人民法庭。全院现有人员308人，正式在编人员171人。正式在编人员中，具有审判职称的102人，本科及以上学历的占93%，其中硕士研究生58人。

（三）资料收集方法

为使实地调查能够充分反映实践并使研究趋向精细化，我们面向与陪审制度运行相关的各利益方：社会公众、当事人、刑事被告人、法官、检察官、律师、人民陪审员、陪审管理主体八个目标群体，综合采取问卷法、访问法、观察法、文献法等资料收集方法。具体情况如下：

1. 社会公众问卷调查。调查采取到抽样地点（人口密集区、社区、集镇等）随机面向成年公民开展不记名问卷调查并回收问卷的方式，在10个样本地区成功访问到6190名成年公民。

2. 人民陪审员问卷调查。对人民陪审员的调查，主要采取在样本地区法院驻点对人民陪审员进行访谈并进行不记名问卷调查的方式，共收回人民陪审员问卷751份。

3. 法官问卷调查。调查采取深入到调查地法院民事审判庭（以下简称民庭）、刑事审判庭（以下简称刑庭）、行政庭、立案庭、审判监督庭以及人民法庭，针对在职审判岗位法官开展不记名问卷调查并回收问卷的方式，共成功访问在职审判岗位法官314人，收回法官调查问卷314份。

4. 当事人问卷调查。采取在样本地区法院各业务庭、立案庭、执行局驻点对当事人进行不记名问卷调查并回收问卷的方式，共收回问卷415份。

5. 被告人问卷调查。与各样本地区法院刑庭接洽并委托相关人员对被告人进行不记名问卷调查并回收问卷,共收回被告人问卷 301 份。

6. 律师问卷调查。到样本地区律师管理机构收集当地律师事务所地址、电话以及律师名录,到所在律师事务所进行访谈,开展不记名问卷调查并回收问卷,共收回律师问卷 504 份。

7. 公诉人问卷调查。公诉人问卷调查采取到调查地检察院公诉部门进行不记名问卷调查并回收问卷的方式进行,收回公诉人问卷 172 份。

8. 面对面访谈。主要采取个别访谈形式,到样本地区人民法院访谈有关院领导、部分法官、人民陪审员以及负责陪审管理的有关部门的具体工作人员,并到样本地区人大常委会、司法局访谈负责陪审相关工作的负责人,了解样本地区人民陪审员制度实际运行情况。共对上百人进行了访谈,整理访谈记录 55 万余字。

此外,2014 年向 125 个基层法院(管理主体)发放调查问卷,实际收回 124 份(H 省 120 份)。还在各样本地区召开了 38 场人民陪审员和法官座谈会,整理座谈会记录 20 余万字。在行文过程中,将以 2017 年的调查数据、素材为主进行分析,以 2014 年的数据、素材作为补充。

以此为支撑,同步推进文献研究(主要是域外考察)与实证研究,综合宏观和微观视角,结合普遍调研和个案分析,在全面考察人民陪审员制度改革试点状况的同时,充分运用现有研究成果,通过对人民陪审员选任条件、选任程序、参审职权、参审范围、参审机制等的考察,试图厘清有关理论争议,提出新时代中国特色人民陪审员制度发展和完善的建议,以推动陪审制度本土化、中国化进程。

第一章　人民陪审员选任条件改革实证考察

公民以人民陪审员身份参与司法审判，是司法民主性的要求。人民陪审员的选任事关公民参审权利，是人民陪审员制度的重要内容，是决定司法民主成色的重要方面。人民陪审员参审首先要解决如何参与进来的问题，即要解决让谁当、由谁选、如何选等问题，包含人民陪审员选任条件、选任主体、选任方式等内容。既不能让不适格的公民获得参审的机会，也不能随意剥夺公民参审的权利。选任条件作为人民陪审员的准入门槛，决定着谁有资格担任人民陪审员，既包括积极条件，如"国籍""年龄""学历""品行""身体状况"等方面；也包括消极条件，即"不得""不能"担任人民陪审员的条件。为实现"广泛实行人民陪审员制度，拓宽人民群众有序参与司法的渠道"的改革目标，本轮人民陪审员制度改革重点推进了人民陪审员选任条件改革。根据《陪审制度改革试点方案》《陪审制度改革试点办法》的要求，部分试点法院推进了人民陪审员选任条件改革试点，推动了《人民陪审员法》相关规定立法。《人民陪审员法》第 5 ~ 7 条规定了人民陪审员选任条件，本章拟聚焦《人民陪审员法》有关条文，通过对部分试点法院相关改革的实证分析加以解读，以期对贯彻落实《人民陪审员法》相关规定及优化人民陪审员选任条件有所助益。

第一节　人民陪审员选任条件改革与试点

一、人民陪审员选任条件改革内容

改革人民陪审员选任条件，目的在于强化人民陪审员的多元性和代表性，体现人民群众的广泛参与。[1] 目前，人民陪审员的选任条件不尽合理，选任人民陪审员的门槛有些过高。[2] 设定人民陪审员选任条件，既不能过宽，也不能过窄。过宽不利于保证人民陪审员的基本素质及品行，过窄不利于体现人民陪审员的广泛性。为进一步增强人民陪审员来源的广泛性，确保普通公民均有平等的资格直接参与司法审判，以其朴素的价值观和丰富的社会阅历弥补法律专业审判的不足，更好地实现法律效果和社会效果的统一，《陪审制度改革试点方案》《陪审制度改革试点办法》从基本条件、除外事由、禁止条件三个层面对人民陪审员选任条件改革进行了顶层设计。

（一）关于人民陪审员选任的基本条件

1. 学历要求

《关于完善陪审制度的决定》要求担任人民陪审员一般应当具有大专以上学历。[3] 然而，据统计，目前我国大专以上人口仅占总人口的9%左右，在西部地区、农村地区和偏远地区所占比例更小。[4] 由此可见，该决定设置的学历门槛过高，使多数公民没有机会参与司法审

---

〔1〕 参见贺小荣、何帆、危浪平：《〈人民陪审员制度改革试点工作实施办法〉的理解与适用》，载《人民法院报》2015年5月22日，第4版。

〔2〕 参见贺小荣、胡夏冰、马渊杰：《我国人民陪审员制度的功能定位和改革路径》，载《人民法院报》2015年4月29日，第5版 。

〔3〕 决定出台同年，最高人民法院、司法部联合印发：《选任、培训、考核工作实施意见》。该实施意见第2条规定："根据《决定》(《关于完善陪审制度的规定》——作者注)第四条第二款的规定，公民担任人民陪审员，一般应当具有大学专科以上文化程度。对于执行该规定确有困难的地方，以及年龄较大、群众威望较高的公民，担任人民陪审员的文化条件可以适当放宽。"

〔4〕 参见姚宝华：《论人民陪审员制度的功能定位》，载《法律适用》2017年第11期。

判。本轮人民陪审员制度改革要求选任条件推行“一升一降”，在学历条件上要求降低人民陪审员的学历要求，使更多的公民有机会担任人民陪审员。《陪审制度改革试点方案》《陪审制度改革试点办法》作出相应规定，将人民陪审员的学历要求从“大专以上”降到“一般具有高中以上文化学历”，同时规定农村地区和贫困偏远地区公道正派、德高望重的人不受学历要求限制，扩大了人民陪审员的选任范围。在总结改革试点经验的基础上，《人民陪审员法》确认了这一改革举措，将学历要求从原来的一般具有大专以上学历降到一般具有高中以上文化程度。

2. 年龄要求

选任条件“一升一降”改革要求的“升”即提升人民陪审员的年龄条件，将人民陪审员的年龄要求由23周岁提高到28周岁，主要是考虑提高年龄要求有利于更好地发挥陪审员富有社会阅历、了解社情民意的优势，[1]更加便于参与案件审理。同时，也与法官员额制改革的相关要求相适应。法官员额制改革要求担任员额法官需要从事法律工作5年以上，从本科毕业年龄23岁算起，一个本科毕业生至少到28岁才有资格担任员额法官。将担任人民陪审员的最低年龄提高到28周岁，也反映了改革设计者将人民陪审员年龄条件与员额法官年龄条件等同视之的决策思维。（见表1－1）

〔1〕 参见周强：《关于〈中华人民共和国人民陪审员法（草案）〉的说明》，载《中华人民共和国全国人民代表大会常务委员会公报》2018年5月15日。

表 1-1 有关人民陪审员选任积极条件的规定

文件	年龄条件	学历条件	政治条件	品格条件	身体条件
《关于完善陪审制度的决定》(2004 年 8 月)	23 周岁	大学专科以上文化程度	拥护中华人民共和国宪法	品行良好、公道正派	身体健康
《陪审制度改革试点方案》(2015 年 4 月)	28 周岁	高中以上文化学历(农村地区和贫困偏远地区公道正派、德高望重者不受此限)	拥护中华人民共和国宪法; 具有选举权和被选举权	品行良好、公道正派	身体健康
《陪审制度改革试点办法》(2015 年 5 月)	28 周岁	高中以上文化学历(农村地区和贫困偏远地区公道正派、德高望重者不受此限)	拥护中华人民共和国宪法; 具有选举权和被选举权	品行良好、公道正派	身体健康
《人民陪审员法》(2018 年 4 月)	28 周岁	高中以上文化程度	拥护中华人民共和国宪法	品行良好、公道正派	具有正常履行职责的身体条件

（二）关于人民陪审员选任的除外事由

本轮改革进一步完善了担任人民陪审员的除外事由。（见表1－2）《关于完善陪审制度的决定》规定人民代表大会常务委员会组成人员、人民法院、人民检察院、公安机关、国家安全机关、司法行政机关的工作人员和执业律师不能担任人民陪审员。在此基础上，《陪审制度改革试点办法》增加"基层法律服务工作者等从事法律服务工作的人员"不得担任人民陪审员，并设置兜底条款"因其他原因不适宜担任人民陪审员的人员"，将现役军人、从事政府法制工作的人员也排除在选任范围之外。[1]

（三）关于人民陪审员选任的禁止条件

《陪审制度改革试点办法》第4条规定了担任人民陪审员的禁止条件，明确"因犯罪受过刑事处罚的""被开除公职的""被人民法院纳入失信被执行人名单""因受惩戒被免除人民陪审员职务"的人，因不符合"品行良好、公道正派"的选任条件，不得担任人民陪审员。[2]（见表1－2）

---

〔1〕参见贺小荣、何帆、危浪平：《〈人民陪审员制度改革试点工作实施办法〉的理解与适用》，载《人民法院报》2015年5月22日，第4版。

〔2〕参见贺小荣、何帆、危浪平：《〈人民陪审员制度改革试点工作实施办法〉的理解与适用》，载《人民法院报》2015年5月22日，第4版。

表1－2　有关人民陪审员选任消极条件的规定

文件	除外事由			禁止条件	其他
《关于完善陪审制度的决定》(2004年8月)	人大常委会组成人员	人民法院、人民检察院、公安机关、国家安全机关、司法行政机关的工作人员	执业律师	因犯罪受过刑事处罚的;被开除公职的	—
《陪审制度改革试点方案》(2015年4月)	人大常委会组成人员	人民法院、人民检察院、公安机关、国家安全机关、司法行政机关的工作人员	执业律师	因犯罪受过刑事处罚的或者被开除公职的;不能正确理解和表达意思的人员	—
《陪审制度改革试点办法》(2015年5月)	人大常委会组成人员	人民法院、人民检察院、公安机关、国家安全机关、司法行政机关的工作人员	执业律师、基层法律服务工作者等从事法律服务工作的人员	因犯罪受过刑事处罚的;被开除公职的;被人民法院纳入失信被执行人名单的;因受惩戒被免除人民陪审员职务的	因其他原因不适宜担任人民陪审员的人员
《人民陪审员法》(2018年4月)	人大常委会组成人员	监察委员会、人民法院、人民检察院、公安机关、国家安全机关、司法行政机关的工作人员	律师、公证员、仲裁员、基层法律服务工作者等从事法律服务工作的人员	因犯罪受过刑事处罚的;被开除公职的;因受惩戒被免除人民陪审员职务的;被吊销律师、公证员执业证书的;被纳入失信被执行人名单的	因其他原因不适宜担任人民陪审员的人员;其他有严重违法违纪行为,可能影响司法公信的

二、人民陪审员选任条件改革试点基本情况

在三年试点期内，全国50家试点法院共选任人民陪审员13,740名，比改革前新增9220人[1]。我们实地调研的9家试点法院共选任2287人[2]。（见表1-3）

表1-3　样本地区人民陪审员的性别、民族情况统计

单位：人

地区	男	女	总计	少数民族
B市D区	187	316	503	32
A市L区	175	129	304	0
C市L区	134	66	200	0
S市W区	97	103	200	0
L市Y区	115	85	200	0
X市Y区	69	104	173	3
W市	193	94	287	0
A市	182	118	300	0
L市	86	34	120	0
总计	1238	1049	2287	35

（一）样本地区人民陪审员性别、民族情况

从表1-3可知，样本法院中，女性人民陪审员占比为45.87%，男性人民陪审员占比为54.13%，男女比例基本持平。进一步分析各样本法院人民陪审员男女比例，发现B市D区、S市W区、X市Y区人民陪审员中女性比例明显高于男性；而A市、L市则恰恰相反，男性人数要明显高于女性，C市L区、W市男性数量甚至高达女性的两倍，这

〔1〕《最高人民法院关于人民陪审员制度改革试点情况的报告（摘要）》，载《人民法院报》2018年4月29日，第2版。

〔2〕此数据缺S省H市相关数据，且由于数据来源问题，不同统计项的汇总数据可能存在误差。

或与当地的经济发展水平、社会观念等因素有关。

根据调查，B 市 D 区少数民族人口有 4.4 万人，占常住人口的 4.8%[1]，为保证人民陪审员民族结构合理，该区有 32 名少数民族陪审员，占当地人民陪审员总数的 6.36%。（见表 1－3）X 市 Y 区由于历史原因也有 3 名少数民族人民陪审员，占当地人民陪审员总数的 1.73%。A 市、L 市、W 市、S 市 W 区由于辖区内少数民族比例较少，所以没有少数民族人民陪审员。

（二）样本地区人民陪审员政治面貌情况

《陪审制度改革试点方案》《陪审制度改革试点办法》规定了人民陪审员选任的政治条件，但未对政治面貌提出明确要求。从表 1－4 可知，中共党员人数在样本地区人民陪审员总数中，占比最大，为 55.58%。分区域来看，A 市 L 区、S 市 W 区、L 市 Y 区、X 市 Y 区人民陪审员中，中共党员的比例分别为 55.92%、53.50%、55.50%、59.54%，与平均水平持平；而 B 市 D 区、C 市 L 区中共党员比例则明显高出平均水平，分别为 70.39%、80.00%。相比之下，A 市、L 市中院，由于改革之前没有建立自己的人民陪审员信息库，改革后又实行随机抽选，所以中共党员比例就相对较低，普通群众占比较高。这一数据虽然不能说明各试点法院在选任人民陪审员时存在政党偏向，但印证了人民陪审员中中共党员所占比例较高的事实。

表 1－4　样本地区人民陪审员党派分布情况

地区	中共党员（人）	群众（人）	民主党派（人）	合计（人）	中共党员所占比例（%）
B 市 D 区	340	120	23	483	70.39
A 市 L 区	170	132	2	304	55.92
C 市 L 区	160	40	0	200	80.00
S 市 W 区	107	84	9	200	53.50

[1] 数据来源：B 市 D 区统计局《2010 年第六次全国人口普查主要数据公报》。

续表

地区	中共党员（人）	群众（人）	民主党派（人）	合计（人）	中共党员所占比例(%)
L 市 Y 区	111	89	0	200	55.50
X 市 Y 区	103	66	4	173	59.54
W 市	213	72	2	287	74.22
A 市	10	289	1	300	3.33
L 市	46	71	3	120	38.33
总计	1260	963	44	2267	55.58

(三)样本地区人民陪审员职业来源情况

《陪审制度改革试点办法》扩宽了人民陪审员选任的职务禁止范围,除所列职务外,其他符合条件的职业群体都能担任人民陪审员。从表 1-5 可知,总体来看,6 个样本法院人民陪审员的职业阶层分布相对合理。其中,社区工作者最多,占比为 19.42%;基层干部、工商业人员、农民、专业技术人员、普通居民、事业单位职员、人民团体成员、进城务工人员分别占比为 14.50%、14.17%、14.05%、13.72%、10.68%、9.00%、1.04%、0.39%。具体分地区来看,经济发展快、城镇化程度高的 B 市 D 区、S 市 W 区、X 市 Y 区,人民陪审员主要以工商业人员、事业单位人员和社区工作者为主,而在经济发展水平相对较低的 C 市 L 区、L 市 Y 区、W 市则吸收了更多的农民担任人民陪审员。这些地区人民陪审员来源情况应反映了该地区区域经济化程度、城镇化水平。

表 1-5　样本地区人民陪审员的职业分布

地区	基层干部	人民团体成员	事业单位职员	专业技术人员	工商业人员	社区工作者	普通居民	农民	进城务工人员	其他人员	合计
B 市 D 区(人)	40	5	33	43	112	168	96	0	0	0	497
C 市 L 区(人)	46	5	29	40	4	14	15	32	3	2	190
S 市 W 区(人)	31	2	38	35	24	11	15	1	0	43	200
L 市 Y 区(人)	61	1	13	56	32	0	12	21	0	2	198
X 市 Y 区(人)	10	3	11	25	23	93	3	2	3	0	173
W 市(人)	36	0	15	13	24	14	24	161	0	0	287
总计(人)	224	16	139	212	219	300	165	217	6	47	1545
所占比例(%)	14.50	1.04	9.00	13.72	14.17	19.42	10.68	14.05	0.39	3.04	100.00

三、人民陪审员年龄条件改革试点

《陪审制度改革试点方案》《陪审制度改革试点办法》将人民陪审员的任职年龄由23周岁提高到28周岁。根据实证考察，各样本法院30岁以下的人民陪审员极少，有的法院甚至没有。总体来看，30～60岁的人民陪审员占绝大多数。（见表1－6）调研时，我们将人民陪审员年龄分为五个档次分别统计，即23～30岁、31～40岁、41～50岁、51～60岁、61岁及以上。从结果来看，其中8个样本法院人民陪审员的年龄结构分布较均衡，23～50岁的人民陪审员占比为61.89%，50岁以上的占比为38.11%。值得注意的是，X市Y区61岁及以上的人民陪审员占比较高，为36.42%，这说明该院人民陪审员中退休人员的比例可能较高。（见表1－6）

表1－6　样本地区人民陪审员的年龄分布

地区	23～30岁	31～40岁	41～50岁	51～60岁	61岁及以上	合计
B市D区（人）	12	133	118	178	62	503
C市L区（人）	2	32	84	67	15	200
S市W区（人）	1	85	58	43	13	200
L市Y区（人）	0	61	102	34	3	200
X市Y区（人）	2	31	39	38	63	173
W市（人）	2	66	132	72	15	287
A市（人）	193			107		300
总计（人）	1153			710		1863
所占比例（%）	61.89			38.11		100

四、人民陪审员学历条件改革试点

改革前，由于选任人民陪审员要求“一般应当具有大学专科以上文化程度”，因此，在实践中，选任人民陪审员时几乎无一例外地强调“高学历、高素质”，自然将人民陪审员导向“精英化”。然而，“精英化”

与“代表性”“人民性”不符，难以让陪审制度成为普通民众直接参与司法的“民主制度”与“民主形式”〔1〕。

改革后，《陪审制度改革试点方案》《陪审制度改革试点办法》降低学历要求为“一般具有高中以上文化学历”，且农村地区和贫困偏远地区公道正派、德高望重的人还不受此限，这使更多的人有机会参与到司法审判中来。在调研中，我们了解到，各样本法院在遴选候任人民陪审员时均以高中学历作为第一轮随机抽选的学历条件，并对农村地区的候选人适当降低条件，落实了《陪审制度改革试点方案》《陪审制度改革试点办法》的要求。根据调研结果，样本法院陪审员学历为高中及以下学历的人数占全部总人数的比例已达35.21%。其中，W市、A市L区、C市L区的比例相对较高，依次为63.41%、51.32%、47.74%。（见表1－7）可见，对人民陪审员学历条件进行的改革，基本实现了“扩大选任范围，增强人民陪审员的广泛性和代表性”“人民陪审员的来源更加广泛，结构更加合理”的目标〔2〕。

表1－7 样本地区人民陪审员学历分布

<table>
<tr><th>地区</th><th>研究生</th><th>本科</th><th>大专</th><th>高中</th><th>高中以下</th><th>合计</th></tr>
<tr><td>B市D区（人）</td><td>72</td><td>250</td><td>113</td><td>68</td><td>0</td><td>503</td></tr>
<tr><td>A市L区（人）</td><td>5</td><td>66</td><td>77</td><td colspan="2">156</td><td>304</td></tr>
<tr><td>C市L区（人）</td><td>3</td><td>35</td><td>66</td><td>74</td><td>21</td><td>199</td></tr>
<tr><td>S市W区（人）</td><td>11</td><td colspan="2">168</td><td>21</td><td>0</td><td>200</td></tr>
<tr><td>L市Y区（人）</td><td>2</td><td>56</td><td>86</td><td>22</td><td>34</td><td>200</td></tr>
<tr><td>X市Y区（人）</td><td>11</td><td colspan="2">133</td><td colspan="2">29</td><td>173</td></tr>
<tr><td>W市（人）</td><td>5</td><td colspan="2">100</td><td>160</td><td>22</td><td>287</td></tr>
</table>

〔1〕参见王卓宇、王正丹、陈龙：《“精英化”或“去精英化”——“扩大社会主义民主”语境下我国陪审制度的问题与改良》，载《社会科学研究》2014年第5期。

〔2〕参见《最高人民法院关于人民陪审员制度改革试点情况的报告（摘要）》，载《人民法院报》2018年4月29日，第2版。

续表

地区	研究生	本科	大专	高中	高中以下	合计
L市(人)	1	50	18	31	20	120
A市(人)	1	25	127	147		300
总计(人)	111	1370		805		2286
所占比例(%)	4.86	59.93		35.21		100.00

第二节　域外陪审员[1]选任条件考察

一、英美法系国家陪审员的选任条件

(一)英国陪审员的选任条件

根据英国1974年《陪审团法》规定,在英国获得陪审员资格,需要具备一定的条件。[2] 包括:(1)在议会或地方政府选举中登记在册的选民。(2)年龄须在18~65岁(1988年调整年龄上限为70岁,2016年11月将年龄上限调整为75岁)。(3)必须是英国居民,13岁开始在英国连续居住满5年。(4)没有因犯罪被剥夺陪审权。被判处5年以上监禁的,终身不得担任陪审员;被判处5年以下或缓刑或在社区服刑的,10年内不得担任陪审员。同时,法律还规定了一些因职业限制不适合担任陪审员的人员。主要包括:无资格的人如法官、警察、狱吏等司法体系的人员,以及牧师和精神有障碍者;议会的成员或官员、全职军人、医务人员;因宗教信仰不能做陪审人员的;在过去两年内担任过陪审员或被要求从事陪审团服务的人员有正当理由,可豁免陪审义务。2003年英国《刑事审判法》附件33对陪审人员选任范围进行了调整,要求原来没有资格担任陪审员或者享有豁免权的警察、法官、律师、医

[1] 域外司法体系中存在陪审团员、参审员、观审员等多个主体。为行文方便,除涉及具体国别,本书统称为“陪审员”。

[2] 参见蔡定剑、王新宇:《英国现行陪审制度》,载《环球法律评论》2001年第2期。

生、牙医、护士、宗教人士及上议院议员等也要担任陪审员，增加了陪审员的候选人数，扩大了陪审员随机抽选的范围。值得注意的是，原来英国的警察、法官、律师等是不能担任陪审员的，为了使陪审团能够充分反映社会各阶层的意见，同时为了扩大公民陪审案件的主体范围，增强陪审员候选人的广泛代表性，伴随英国刑事审判法的修改，现在这三类人都可以通过随机抽取成为陪审员，但要求他们在担任陪审员期间不得表明身份。

根据1979年《治安法官法》的规定，英国还存在一种类型的陪审员——治安法官。治安法官是指不具有法律职业资格的普通公众经过一定程序被任命为法官，每年服务一定时间，政府不支付薪水，仅给予少量补贴。治安法官来源于普通大众，不需要具有法律职业资格，也不需要具有法律知识，没有职业、学历等任何限制，只要是年龄为21～70岁的英国公民，且热心于公共事务，就可以申请治安法官。出任治安法官不需要任何法律文凭和法律实践经验，但治安法官通常需要具备温良的性格、较强的正义感、较强的理解和交流沟通能力、强烈社会责任感和法律意识以及诚实可信的品性。可以看出，治安法官任职资格非常抽象、简单，注重的是申请人的道德素养和社会威望。治安法官的义务是为社会服务，政府不支付薪水，仅给予少量的交通、餐食补贴。在实践中，也很少有治安法官申领补贴。治安法官有必要的任职培训，初任法官要进行专门的培训，审理家事和未成年人案件的法官还需要接受特别的培训。培训由司法部具体负责，培训的针对性很强，效果也很好。治安法官享有完整的法官权利和法官尊荣。虽然并不具有法律资格，但治安法官享有法官的全部权利并受社会尊重。治安法官可以依照自己的判断对案件的定性和量刑作出判决，法院配有法律顾问为其提供法律咨询，但法律顾问的意见对治安法官没有约束力。从某种意义上来说，成为治安法官是对一个人正直人品和社会责任感的充分肯定。

（二）美国陪审员的选任条件

从总体上来说，美国要求陪审人员在各个领域具有代表性，不受政治、种族、宗教或其他方面因素影响,尽量保持中立性。[1] 就具体的选任条件来说,《美国宪法》第六修正案只规定陪审团成员必须"公正"并从"事先已由法律确定"的"地区"选出,除此之外对于陪审人员的选任没有任何限制,这使得联邦及各司法辖区在关于陪审人员资格方面的规定享有较大自主权利。在不超过《联邦宪法》规定的范围的情况下,联邦法院和州法院根据当地实际情况规定的要求有所不同,总体而言,主要有是否满足国籍、年龄、居住地、没有犯过重大罪行的硬性要求以及沟通交流能力等软性要求。

在国籍的规定上,联邦法院和几乎所有的州法院都要求陪审员拥有美国国籍。担任陪审人员是公民的一项重要的政治权利,这就要求陪审员对一国的政治和司法系统具有责任感,因此应当以国籍作为确定陪审人员范围的基本条件之一。

在年龄的规定上,对于最高年龄的限制,联邦法院没有规定,一些州将年龄上限定为 65 岁或 70 岁。对于最低年龄的限制,美国 50 个州均作出了规定,其中有 47 个州将最低年龄规定为 18 岁,还有 3 个州规定了更低的最低年龄限制。[2]

在沟通交流能力的规定上,《联邦陪审团选拔法》规定,不能熟练掌握英语的阅读、书写和理解的人,对陪审员资格表格的填写不能达到令人满意程度的人,或不会表达以及不能用英语表达的人,不得担任联邦法院的陪审员。在有无犯过重大罪行方面,美国大多数的州直接禁止犯有严重罪行的人担任陪审员;《联邦陪审团选拔法》规定不论是已经被判过重罪的人,还是被指控犯有重罪的人,均不得担任陪审员。这一规定是对有犯罪经历的陪审员在陪审中可能会偏向于被告的防范。此外,陪审团中存在有犯罪经历的人会对陪审团的权威性产生不利影响。尽管联邦与各州的规定有所不同,陪审人员的选任资格在不同的司法辖区可能会有差异,但是《美国法典》对陪审人员任职条件的规定

---

[1] 参见马晓雪主编:《比较政治制度》,大连海事大学出版社 2007 年版,第 433 页。

[2] 参见杨岩:《中美陪审制度中陪审员机制比较研究——兼议我国人民陪审员机制之完善》,载《潍坊学院学报》2009 年第 5 期。

大致代表了对陪审人员的一般要求。《美国法典》第 28 卷规定拥有美国国籍的已经年满 18 岁,生活在某辖区至少 1 年,文化程度能够满足陪审员资格表格的填写,能够用英语流利地进行表达和交流,精神和身体能够满足陪审职责的要求,无任何悬而未决的指控或犯罪记录(1 年以上的有期徒刑)的公民才有资格成为陪审员。除了上述规定,在美国传统习惯上,法官、律师、教师、医生等人员没有担任陪审员的资格。但各州的要求并不相同,如马萨诸塞州即允许法官担任陪审员,但不能在陪审过程中披露自己的法官身份。

(三)俄罗斯陪审员的选任条件

俄罗斯自 1993 年开始引进陪审团制度,改变了原来由职业法官和陪审员组成混合法庭审理的模式。根据现行法律规定,陪审团由 1 名法官和 12 名陪审员组成(包括两名候补陪审员),遵循"一案一选"原则,在审判开始前随机挑选陪审团成员,陪审团成员的年龄限定在 25 ~ 70 岁。此外,1 名公民 1 年内有且只有 1 次机会以陪审员的身份出席审判庭。

二、大陆法系国家陪审员的选任条件

(一)法国参审员的选任条件

按照法国《刑事诉讼法》的规定,凡是能够阅读和书写法语,享有政治、民事和家事权利,年满 23 周岁的男女公民都可以担任陪审人员。此外还规定了没有资格担任人民陪审员的情形,包括被起诉、被拘留、被逮捕的人等,以及受司法管制、受监护人或在精神病院治疗的人等。同时还规定了职务禁止情形,与案件有关的人也不得担任陪审员。

(二)德国参审员的选任条件

根据德国《法院组织法》规定,地方法院和地区法院有各自的参审员。在一个司法年度内,一人只能在一个地方法院或者地区法院担任参审员。在德国,担任参审员必须具备的条件包括:具有德国国籍;年满 25 岁不满 70 岁;精神和身体健康;未被剥夺担任公职的资格,未受到可能被剥夺担任公职资格的刑事追诉;未受到禁治产宣告;未因故意犯罪被判处 6 个月以上的有期徒刑。此外,下列人员不得担任参审员:

(1)联邦总统;(2)联邦和各邦内阁成员;(3)随时得暂令其待命或者退休的公务员;(4)法官、检察官、公证人及律师;(5)法院或警察局的执行人员、刑事执行人员以及专职看护及法院助理人员;(6)神职人员及类似宗教团体的依其章程以维系人类共同生活为职责的人;(7)曾担任荣誉刑事法官 8 年,而其职务结束距参审人员任期开始未逾 8 年的人。[1] 除前述公务员外,各州的法律也可以列举不得担任参审员的人,包括高级行政人员,因精神、健康原因无法担任的人,或从事法官、警察等特殊职业的人。德国的参审员并非"一案一审",而是任期制,参审员任期 4 年,连选可以连任,但不超过两届。当地代表根据当地人口的年龄、性别、职业和社会地位的比例,每 4 年选出并编制一份初步的组成名单,并需经过 2/3 的当地代表同意。

(三)日本裁判员的选任条件

2004 年,日本颁布了单行法《关于裁判员参加刑事审判的法律》,要求担任裁判员必须具有法院管辖区内的众议院选举权,即年满 25 周岁,这种限制主要是考虑担任裁判员必须具有一定的社会经验。[2]

三、域外陪审员选任条件设定的陈述

(一)减少限定条件以确保来源的广泛性

上述各国对于陪审员的选任,在条件的设定上都较宽松。在美国,由于庭审中控辩双方挑选陪审员程序的存在,陪审员的任职或者遴选条件不高,通常只要是居住在美国的成年公民且能够正常用英语交流即具备担任陪审员的资格。而在英国,只要是符合选民资格的英国公民即能成为陪审员候选人,当然还需要满足年龄、行为能力等要求。法国、德国等大陆法系国家的情况亦是如此。虽然在陪审员的选任上设定了相关条件或要求,但这些要求都很低,陪审员的"准入门槛"并不高。设置陪审制度的目的在于通过陪审员参与审判来促进司法公正,体现司法民主。要保证陪审人员来源的广泛性,陪审人员的选任条件

---

〔1〕 参见熊秋红:《司法公正与公民的参与》,载《法学研究》1999 年第 4 期。
〔2〕 参见张朝霞:《日本刑事司法制度改革研究》,载《人民检察》2005 年第 11 期。

就必须宽泛，尽量减少限定条件，确保选出的陪审人员能适应审判工作的需要，又能避免将社会某些阶层、群体的公民不当排除在外。

（二）规定陪审义务豁免制以保障有效参审

各国对陪审员任职条件的规定内容大致相似，积极条件一般包括国籍、年龄、居所、享有的政治权利等，消极条件一般包括犯罪前科、精神状态以及在司法习惯中不得担任陪审人员的特殊职业等。从总体上来看，这些内容大致上是相同的，各国都立足于保障普通公民对司法审判的参与权，尽量排除法律专业人士和高级行政人员的参与，我国亦同。但在对陪审员陪审义务的豁免方面，相较于英美等国来说，我国法律规定还存在很大欠缺。例如，美国规定70岁以上的老年人可以申请免除陪审义务。同时，有的州还规定，一些特殊职业人员可以被免除陪审员职责，如警察、医护人员、消防人员等。[1] 英国相关法律也规定了陪审员如果具有其他合理理由（如突然发生疾病或亲人死亡），可以申请免除陪审义务。此外，还规定75岁及以上的公民和其他一些因特殊职业限制的工作人员（如医生、议会成员、武装部队全职服役人员等），在有充分证据的情形下，可以申请不参加陪审员选任活动。虽然我国法律对人民陪审员的选任条件从积极和消极两个方面作出了规定，但对于陪审义务的豁免却没有作出明确规定。从完善人民陪审员的选任条件出发，同时亦为了凸显“陪审”的重要性和实质意义，避免更多随意逃避陪审义务的情况出现，建议在相关法律规范中予以完善。

（三）采取积极条件和消极条件并列的方式予以规范

各国对陪审员遴选条件的规定大都采用积极条件、消极条件并列的方式。积极条件划定陪审员来源的大致范围，消极条件排除不适任的任选。同时符合这两个条件的人员原则上就有权参与陪审。

---

〔1〕 参见胡荣、胡夏冰：《美国：陪审员选任程序及其特色》，载《人民法院报》2017年9月29日，第8版。

第三节　人民陪审员选任条件立法评析及贯彻建议

我国《人民陪审员法》第 5～7 条规定了人民陪审员的选任条件。其中，第 5 条以法律的形式确认了遴选年龄、学历“一升一降”的改革成果，有助于保障人民陪审员来源的广泛性，充分体现陪审制度的开放性以及司法民主的功能，确保“随机”选任真正落到实处。第 6 条规定了因职务原因不能担任人民陪审员的法定情形。[1] 第 7 条规定了应剥夺公民陪审权的法定情形。[2] 我国立法与域外国家和地区陪审员选任条件的立法目的、立法体例类似，明确规定了选任的积极条件和消极条件，但在立法内容上又有自己的特色。

一、对《人民陪审员法》有关选任条件规定的评析

（一）人民陪审员年龄条件

访谈材料：

问：您认为陪审员需要何种资质条件？

某法官（西北 S 省 W 市中级人民法院少年庭法官）：年满 18 周岁就行了，学历这方面我觉得没必要作要求，因为学历并不等同于个人能力，当陪审员也不需要有很多的法律知识。

问：这次改革涉及年龄和条件的一些变化，这些变化对实

---

[1] 《人民陪审员法》第 6 条规定：“下列人员不能担任人民陪审员：（一）人民代表大会常务委员会的组成人员，监察委员会、人民法院、人民检察院、公安机关、国家安全机关、司法行政机关的工作人员；（二）律师、公证员、仲裁员、基层法律服务工作者；（三）其他因职务原因不适宜担任人民陪审员的人员。”

[2] 《人民陪审员法》第 7 条规定：“有下列情形之一的，不得担任人民陪审员：（一）受过刑事处罚的；（二）被开除公职的；（三）被吊销律师、公证员执业证书的；（四）被纳入失信被执行人名单的；（五）因受惩戒被免除人民陪审员职务的；（六）其他有严重违法违纪行为，可能影响司法公信的。”

践中人民陪审员的素质或结构有什么影响？

某主任（东南F省L市Y区人民法院政工室主任）：我觉得年龄提高到28周岁更科学。我们现在初任法官的年龄要求是23周岁，现在大中专毕业生，本科毕业大约20岁，有些毕业可能就已经满23岁，但是他们的实践经验还不足，这确实是现实中存在的问题。有的法官自己还没结婚就开始参加离婚案件的审理，婚姻类案件更多地需要我们去调解，把双方的疙瘩解开，这个工作让有实践经验的人来做会更好。所以我认为年龄提高到28周岁是有道理的，是更可取的，28周岁的人社会经验更丰富，心智也更成熟。

无论是英、美的陪审团制，还是法、德的参审制，参与其中的普通民众大体上都充当着同一角色，即由来自民间的人士凭借良心、情理、常识所扮演的"仲裁者"角色。[1] 一般而言，年龄通常与社会经验、判断能力正相关，如果人民陪审员年龄过低，社会阅历极其有限，就难以具有常识、常情、常理判断的优势，无法发挥"陪审"的作用。在调研中，我们针对"您认为担任人民陪审员应年满多少岁"这一问题，对社会公众、当事人、刑事被告人、人民陪审员、法官、检察官、律师进行了问卷调查，结果显示各主体50%以上的认为人民陪审员"年满28周岁"更适宜。（见表1-8、表1-9）其中法律职业共同体（法官、检察官、律师）认为年满28周岁更合适的比例要明显高于其他主体，分别达到63.7%、63.2%、58.2%。（见表1-9）这说明法律职业共同体对提高人民陪审员选任年龄的改革举措认同度相对更高。区分不同样本地区来看，经济较为发达、教育水平较高地区的社会公众对人民陪审员年龄条件要求较高，其中B市D区、S市W区的社会公众认为担任人民陪审员应年满28周岁的比例分别为51.7%、50.7%，而经济水平相对落后的W市的社会公众中只有40.5%认为人民陪审员应当年满28周岁。（见表1-10）进一步分析可知，在不同性别、年龄、学历、职业、居

〔1〕 参见刘方勇：《人民陪审员角色研究》，法律出版社2016年版，第243页。

住地(乡村、城镇)的社会公众,认为担任人民陪审员应年满28周岁的均占到大多数。(见表1－11～表1－15)

表1－8　您认为担任人民陪审员应年满多少岁?
(社会公众卷/当事人卷/刑事被告人卷/人民陪审员卷)

单位:人次、%

内容		社会公众		当事人		刑事被告人		人民陪审员	
		频率	有效百分比	频率	有效百分比	频率	有效百分比	频率	有效百分比
有效	年满18周岁	928	15.1	36	8.8	33	11.2	72	9.9
	年满23周岁	1414	23	57	14	39	13.3	117	16.0
	年满28周岁	2839	46.2	223	54.8	150	51	418	57.3
	其他	961	15.6	91	22.4	72	24.5	123	16.8
	合计	6142	100	407	100	294	100	730	100
无效	缺失	48	—	8	—	7	—	21	—
总计		6190	—	415	—	301	—	751	—

表1－9　您认为担任人民陪审员应年满多少岁?
(法官卷/检察官卷/律师卷)

单位:人次、%

内容		法官		检察官		律师	
		频率	有效百分比	频率	有效百分比	频率	有效百分比
有效	年满18周岁	18	5.8	13	7.6	36	7.3
	年满23周岁	45	14.5	22	12.9	78	15.8
	年满28周岁	198	63.7	108	63.2	288	58.2
	其他	50	16.1	28	16.4	93	18.8

续表

内容		法官		检察官		律师	
		频率	有效百分比	频率	有效百分比	频率	有效百分比
	合计	311	100	171	100	495	100
无效	缺失	3	—	1	—	9	—
总计		314	—	172	—	504	—

表1-10　样本地区社会公众对人民陪审员年龄条件的认知表

单位:人次、%

地区	年满18周岁		年满23周岁		年满28周岁		其他	
	频率	有效百分比	频率	有效百分比	频率	有效百分比	频率	有效百分比
B市D区	87	11.6	152	20.2	389	51.7	125	16.6
S市W区	134	16.2	207	25.1	419	50.7	66	8.0
X市Y区	156	15.6	231	23.2	451	45.2	159	15.9
A市	138	14.1	221	22.6	459	46.9	160	16.4
L市	109	15.7	167	24.1	331	47.8	86	12.4
W市	124	16.7	164	22.1	301	40.5	154	20.7
C市L区	144	16.4	233	26.5	373	42.5	128	14.6
H市	36	13.1	39	14.2	116	42.3	83	30.3
总计	928	15.1	1414	23.0	2839	46.2	961	15.6

表 1-11　"您的性别 * 您认为担任陪审员应年满多少岁"交叉列表 *

内容			您认为担任陪审员应年满多少岁?				总计
			年满 18 周岁	年满 23 周岁	年满 28 周岁	其他	
性别	女		564	834	1486	440	3324
			17.0%	25.1%	44.7%	13.2%	100.0%
	男		359	570	1325	506	2760
			13.0%	20.7%	48.0%	18.3%	100.0%
总计			923	1404	2811	946	6084
			15.2%	23.1%	46.2%	15.5%	100.0%

卡方检验

内容	值	自由度	渐进显著性(双侧)
皮尔逊卡方	57.205[a]	3	0.000
似然比	57.326	3	0.000
线性关联	54.061	1	0.000
有效个案数	6084	—	—

表 1-12　"您的年龄 * 您认为担任陪审员应年满多少岁"交叉列表

内容		您认为担任陪审员应年满多少岁?				总计
		年满 18 周岁	年满 23 周岁	年满 28 周岁	其他	
您的年龄	18~28 岁	613	872	1130	220	2835
		21.6%	30.8%	39.9%	7.8%	100.0%
	29~40 岁	186	358	1073	292	1909
		9.7%	18.8%	56.2%	15.3%	100.0%

* 由于表格设计不同,为阅读方便,部分表格单位置于表外以简化表述,部分表格单位嵌入其中以清晰分类。——编者注

续表

内容		您认为担任陪审员应年满多少岁？				总计
		年满 18 周岁	年满 23 周岁	年满 28 周岁	其他	
	41～50 岁	86	116	395	186	783
		11.0%	14.8%	50.4%	23.8%	100.0%
	51～60 岁	28	40	147	136	351
		8.0%	11.4%	41.9%	38.7%	100.0%
	61 岁以上	10	21	75	114	220
		4.5%	9.5%	34.1%	51.8%	100.0%
总计		923	1407	2820	948	6098
		15.1%	23.1%	46.2%	15.5%	100.0%

卡方检验

内容	值	自由度	渐进显著性（双侧）
皮尔逊卡方	831.652[a]	12	0.000
似然比	757.090	12	0.000
线性关联	559.958	1	0.000
有效个案数	6098	—	—

表1－13 “您的职业＊您认为担任陪审员应年满多少岁”交叉列表

内容		您认为担任陪审员应年满多少岁？				总计
		年满18周岁	年满23周岁	年满28周岁	其他	
您的职业	党政机关干部	23	45	132	34	234
		9.8%	19.2%	56.4%	14.5%	100.0%
	人民团体（如妇联、共青团）工作人员	34	28	43	8	113
		30.1%	24.8%	38.1%	7.1%	100.0%
	社区、乡村基层干部	5	6	23	8	42
		11.9%	14.3%	54.8%	19.0%	100.0%
	专业技术人员（如医生、教师）	69	137	272	64	542
		12.7%	25.3%	50.2%	11.8%	100.0%
	其他事业单位工作人员	61	111	223	51	446
		13.7%	24.9%	50.0%	11.4%	100.0%
	离退休干部职工	20	27	95	101	243
		8.2%	11.1%	39.1%	41.6%	100.0%

续表

内容		您认为担任陪审员应年满多少岁？				总计
		年满 18 周岁	年满 23 周岁	年满 28 周岁	其他	
	公司、企业工作人员	188	348	806	211	1553
		12.1%	22.4%	51.9%	13.6%	100.0%
	私营业主	66	100	279	84	529
		12.5%	18.9%	52.7%	15.9%	100.0%
	城镇无固定职业居民	27	33	97	29	186
		14.5%	17.7%	52.2%	15.6%	100.0%
	农民	33	64	135	75	307
		10.7%	20.8%	44.0%	24.4%	100.0%
	进城务工人员	29	53	117	48	247
		11.7%	21.5%	47.4%	19.4%	100.0%
	其他	360	442	588	228	1618
		22.2%	27.3%	36.3%	14.1%	100.0%
总计		915	1394	2810	941	6060
		15.1%	23.0%	46.4%	15.5%	100.0%

卡方检验

内容	值	自由度	渐进显著性(双侧)
皮尔逊卡方	354.256[a]	33	0.000
似然比	318.902	33	0.000
线性关联	33.167	1	0.000
有效个案数	6060	—	—

表1-14 “您的学历 * 您认为担任陪审员应年满多少岁”交叉列表

内容		您认为担任陪审员应年满多少岁?				总计
		年满18周岁	年满23周岁	年满28周岁	其他	
您的学历	研究生	58	105	249	33	445
		13.0%	23.6%	56.0%	7.4%	100.0%
	本科	354	571	1051	219	2195
		16.1%	26.0%	47.9%	10.0%	100.0%
	大专	197	319	619	185	1320
		14.9%	24.2%	46.9%	14.0%	100.0%
	高中	197	259	550	241	1247
		15.8%	20.8%	44.1%	19.3%	100.0%
	初中	91	127	283	204	705
		12.9%	18.0%	40.1%	28.9%	100.0%
	小学	18	20	52	63	153
		11.8%	13.1%	34.0%	41.2%	100.0%
总计		915	1401	2804	945	6065
		15.1%	23.1%	46.2%	15.6%	100.0%

卡方检验

内容	值	自由度	渐进显著性(双侧)
皮尔逊卡方	276.819[a]	15	0.000
似然比	252.703	15	0.000
线性关联	89.717	1	0.000
有效个案数	6065	—	—

表1-15　"您住在＊您认为担任陪审员应年满多少岁"交叉列表

内容		您认为担任陪审员应年满多少岁?				总计
		年满18周岁	年满23周岁	年满28周岁	其他	
您住在	农村	152	206	365	139	862
		17.6%	23.9%	42.3%	16.1%	100.0%
	乡镇	103	183	297	93	676
		15.2%	27.1%	43.9%	13.8%	100.0%
	城市(含县城)	631	977	2055	670	4333
		14.6%	22.5%	47.4%	15.5%	100.0%
总计		886	1366	2717	902	5871
		15.1%	23.3%	46.3%	15.4%	100.0%

卡方检验

内容	值	自由度	渐进显著性(双侧)
皮尔逊卡方	16.227[a]	6	0.013
似然比	15.968	6	0.014
线性关联	5.785	1	0.016
有效个案数	5871	—	—

问卷调查结果显示,《人民陪审员法》第5条规定将担任人民陪审员的年龄条件提高到28周岁有较好的民意支撑。但对于如何确定人

民陪审员的选任年龄，实践中还存在不同的意见。调研时，有受访对象认为，人民陪审员任职的年龄宜规定为18周岁以上。理由在于：第一，更有利于体现社会的广泛参与性。第二，担任人大代表的年龄为18周岁以上，而将人民陪审员的年龄规定为28周岁以上，门槛太高，缺乏必要性。第三，有利于发挥人民陪审员制度的普法教育功能。同时，我们还了解到，有些地方选任的比较年轻的人民陪审员由于工作压力大，难以兼顾工作和陪审，不少人不得不申请退出，因此，将选任年龄适当提高似乎更具有现实合理性。

（二）人民陪审员学历条件

人民陪审员制度的首要目的是实现司法民主价值，[1]而司法民主的量化指标之一是社会成员参与司法过程的广泛性。[2]为实现人民陪审员制度的民主功能，对于我国人民陪审员的遴选，应以开放性与随机性为前提，并以开放性保障随机性。[3]实证经验还表明，如果人民陪审员数量达不到一定的规模，随机抽取不仅意义不大，而且难以操作。换言之，如果制度的开放性达不到一定程度，很难保障人民陪审员遴选的随机性。《人民陪审员法》第5条第2款规定"担任人民陪审员，一般应当具有高中以上文化程度"，保留了《陪审制度改革试点办法》的规定，契合我国公民整体受教育程度偏低的社会现实，让更多不同学历层次的民众通过陪审制度参与司法，体现了陪审制度的开放性。此外，年龄条件和学历条件的同时"放宽"，可在更大程度上保障人民陪审员选任的随机性。也只有人民陪审员的来源更为多元，数量更多，随机抽选才有意义。截至2018年4月，50个试点地区遴选的13,740名人民陪审员中，高中学历4894人，占35.62%；高中以下学历653人，

[1] 参见苗炎：《司法民主：完善人民陪审员制度的价值依归》，载《法商研究》2015年第1期。

[2] 参见刘峥：《对我国人民陪审员制度改革的构想》，载《中国法律评论》2016年第1期。

[3] 参见刘方勇：《人民陪审员角色研究》，法律出版社2016年版，第246～248页。

占4.75%。[1] 与改革前相比,高中及以下学历的人民陪审员比例大幅增加。[2] 但对于降低学历要求这一改革举措,有部分群体还存在疑虑,不少人认为人民陪审员的学历越高越有利于发挥人民陪审员的作用,其潜意识中似乎仍认为应以法官选任的标准来要求人民陪审员。

访谈材料:

问:陪审员的选任条件之前是23周岁,现在升到了28周岁。之前要求学历是大专以上学历,现在要求是高中以上。"一升一降",您对此怎么看?

某庭长(华东J省S市W区人民法院行政庭庭长):我认为学历不应该放宽,学历方面要求越高越好,学历代表着你的素质,学历高不代表素质高,但是学历基本上还是与素质相吻合的。领导的观点可能是要放宽在民事方面的要求,好让更多的陪审员参与进来。像我们这个年纪能考上中专就很不错了,和现在的情况不一样,它的出发点就是为了让更多有社会经验的人参与进来,目的可能是好的。

问:改革试点方案将学历降低到高中以上,您认为这样的调整合理吗?

某副局长(东南F省L市Y区司法局副局长):我认为这样的改变契合了我们基层的实际情况。因为如果我们基层人民法院陪审员的选任完全按照大专以上学历的要求来做,这样的群体可能会偏少,选任的面可能就会偏窄,新的方案就更切合实际,选的面更广一些,可以让更多的人有机会参与到人

---

〔1〕 参见《最高人民法院关于人民陪审员制度改革试点情况的报告(摘要)》,载《人民法院报》2018年4月29日,第2版。

〔2〕 2012年笔者所作的一项调查显示,对人民陪审员较高的学历要求(一般要求大专以上),不仅将人民陪审员来源限制在较窄的范围内,使绝大多数的普通民众难以参与进来,而且难以避免"精英化"价值取向,绝大多数省(区、市)大专以上学历的陪审员比例都在80%以上,有的甚至接近100%,如海南达到97%,广东达到95.9%,安徽达到94%。参见廖永安、刘方勇:《社会转型背景下人民陪审员制度改革路径探析》,载《中国法学》2012年第3期。

民陪审员的队伍当中来。

问：您认为陪审员应当如何选任？

某律师（华东J省某律师事务所律师）：年龄和学历是两个条件，应该设门槛。目前要求年龄在28周岁以上、学历高中以上是比较合理的。但学历条件不能“一刀切”，东部沿海发达城市人们学历普遍偏高，门槛相应就应该高一点；而对于西部不发达地区，学历要求就要相应降低一些。

为了进一步了解各个主体对这一问题的看法，针对“您认为人民陪审员应具备何种文化程度”的问题，我们对社会公众、当事人、刑事被告人、法官、检察官、律师进行了问卷调查，结果显示认为人民陪审员应当具有大专及以上学历的比例分别为68.1%、62.6%、66%、58.8%、71.5%、79.2%。（见表1－16、表1－17）区分不同样本地区来看，经济较为发达、教育水平较高地区的社会公众对人民陪审员学历条件要求较高，其中B市D区、S市W区认为人民陪审员应当具有大专及以上学历的比例分别为71.9%、70.6%。（见表1－18）进一步分析可知，不同性别、年龄、学历、职业、居住地（乡村、城镇）的社会公众中，认为担任人民陪审员应当具有大专及以上学历的均占大多数。（见表1－19～表1－23）

表 1－16　您认为人民陪审员应具备何种文化程度？

（社会公众卷/当事人卷/刑事被告人卷）

单位：人次、%

内容		社会公众		当事人		刑事被告人	
		频率	有效百分比	频率	有效百分比	频率	有效百分比
有效	大专及以上	4180	68.1	254	62.6	192	66
	高中及以上	941	15.3	63	15.5	41	14.1
	初中及以上	82	1.3	10	2.5	12	4.1
	小学及以上	25	0.4	1	0.2	7	2.4
	学历不重要，能读会写就好	912	14.9	78	19.2	39	13.4
	合计	6140	100	406	100	291	100
无效	缺失	50	—	8	—	10	—
总计		6190	—	415	—	301	—

表 1－17　您认为人民陪审员应具备何种文化程度？

（法官卷/检察官卷/律师卷/人民陪审员卷）

单位：人次、%

内容		法官		检察官		律师		人民陪审员	
		频率	有效百分比	频率	有效百分比	频率	有效百分比	频率	有效百分比
有效	大专及以上	183	58.8	123	71.5	395	79.2	344	46.7
	高中及以上	77	24.8	26	15.1	51	10.2	264	35.8
	初中及以上	3	1.0	3	1.7	6	1.2	32	4.3
	小学及以上	1	0.3	0	0	3	0.6	0	0
	学历不重要，能读会写就好	47	15.1	20	11.6	44	8.8	97	13.2
	合计	311	100	172	100	499	100	737	100
无效	缺失	3	—	0	—	5	—	14	—
总计		314	—	172	—	504	—	751	—

表 1－18　不同地区社会公众对人民陪审员的学历条件的认知表

单位：人次、%

地区	大专及以上		高中及以上		初中及以上		小学及以上		学历不重要，能读会写就好	
	频率	有效百分比	频率	有效百分比	频率	有效百分比	频率	有效百分比	频率	有效百分比
B 市 D 区	544	71.9	101	13.3	11	1.5	4	0.5	97	12.8
S 市 W 区	583	70.6	125	15.1	7	0.8	5	0.6	106	12.8
X 市 Y 区	694	69.5	151	15.1	12	1.2	1	0.1	141	14.1
A 市	646	65.9	153	15.6	17	1.7	9	0.9	155	15.8
L 市	465	67.4	103	14.9	6	0.9	2	0.3	114	16.5
W 市	482	65.0	124	16.7	12	1.6	2	0.3	121	16.3
C 市 L 区	603	69.1	121	13.9	11	1.3	2	0.2	136	15.6
H 市	163	59.5	63	23	6	2.2	0	0	42	15.3
总计	4180	68.1	941	15.3	82	1.3	25	0.4	912	14.9

表 1－19 “您的性别＊您认为陪审员应具备何种文化程度”交叉列表

内容		您认为陪审员应具备何种文化程度？					总计
		大专及以上	高中及以上	初中及以上	小学及以上	学历不重要，能读会写就好	
您的性别	女	2329	493	43	12	442	3319
		70.2%	14.9%	1.3%	0.4%	13.3%	100.0%
	男	1819	437	39	12	457	2764
		65.8%	15.8%	1.4%	0.4%	16.5%	100.0%
总计		4148	930	82	24	899	6083
		68.2%	15.3%	1.3%	0.4%	14.8%	100.0%

卡方检验

内容	值	自由度	渐进显著性(双侧)
皮尔逊卡方	16.019[a]	4	0.003
似然比	15.976	4	0.003
线性关联	15.402	1	0.000
有效个案数	6083	—	—

表 1－20 “您的年龄＊您认为陪审员应具备何种文化程度”交叉列表

内容		您认为陪审员应具备何种文化程度？					总计
		大专及以上	高中及以上	初中及以上	小学及以上	学历不重要，能读会写就好	
您的年龄	18～28 岁	1943	451	32	14	392	2832
		68.6%	15.9%	1.1%	0.5%	13.8%	100.0%
	29～40 岁	1326	270	24	5	283	1908
		69.5%	14.2%	1.3%	0.3%	14.8%	100.0%
	41～50 岁	531	108	16	5	123	783
		67.8%	13.8%	2.0%	0.6%	15.7%	100.0%
	51～60 岁	222	56	5	0	70	353
		62.9%	15.9%	1.4%	0.0%	19.8%	100.0%
	61 岁以上	129	50	3	1	38	221
		58.4%	22.6%	1.4%	0.5%	17.2%	100.0%
总计		4151	935	80	25	906	6097
		68.1%	15.3%	1.3%	0.4%	14.9%	100.0%

卡方检验

内容	值	自由度	渐进显著性（双侧）
皮尔逊卡方	33.449[a]	16	0.006
似然比	33.159	16	0.007
线性关联	10.483	1	0.001
有效个案数	6097	—	—

表1－21 “您的职业＊您认为陪审员应具备何种文化程度”交叉列表

内容		您认为陪审员应具备何种文化程度?					总计
		大专及以上	高中及以上	初中及以上	小学及以上	学历不重要,能读会写就好	
您的职业	党政机关干部	182	28	0	1	25	236
		77.1%	11.9%	0.0%	0.4%	10.6%	100.0%
	人民团体(如妇联、共青团)工作人员	68	28	1	0	15	112
		60.7%	25.0%	0.9%	0.0%	13.4%	100.0%
	社区、乡村基层干部	28	7	1	2	5	43
		65.1%	16.3%	2.3%	4.7%	11.6%	100.0%
	专业技术人员(如医生、教师)	418	53	6	2	64	543
		77.0%	9.8%	1.1%	0.4%	11.8%	100.0%
	其他事业单位工作人员	316	54	9	1	64	444
		71.2%	12.2%	2.0%	0.2%	14.4%	100.0%
	离退休干部职工	157	46	2	2	37	244
		64.3%	18.9%	0.8%	0.8%	15.2%	100.0%
	公司、企业工作人员	1121	188	18	3	222	1552
		72.2%	12.1%	1.2%	0.2%	14.3%	100.0%

续表

内容		您认为陪审员应具备何种文化程度？					总计
		大专及以上	高中及以上	初中及以上	小学及以上	学历不重要，能读会写就好	
	私营业主	333	91	5	0	100	529
		62.9%	17.2%	0.9%	0.0%	18.9%	100.0%
	城镇无固定职业居民	118	25	2	6	35	186
		63.4%	13.4%	1.1%	3.2%	18.8%	100.0%
	农民	173	62	5	0	63	303
		57.1%	20.5%	1.7%	0.0%	20.8%	100.0%
	进城务工人员	152	43	5	1	46	247
		61.5%	17.4%	2.0%	0.4%	18.6%	100.0%
	其他	1063	302	23	6	227	1621
		65.6%	18.6%	1.4%	0.4%	14.0%	100.0%
总计		4129	927	77	24	903	6060
		68.1%	15.3%	1.3%	0.4%	14.9%	100.0%

卡方检验

内容	值	自由度	渐进显著性（双侧）
皮尔逊卡方	178.108[a]	44	0.000
似然比	147.477	44	0.000
线性关联	12.496	1	0.000
有效个案数	6060	—	—

表 1－22 “您的学历＊您认为陪审员应具备何种文化程度”交叉列表

内容		您认为陪审员应具备何种文化程度？					总计
		大专及以上	高中及以上	初中及以上	小学及以上	学历不重要，能读会写就好	
您的学历	研究生	309	70	4	1	61	445
		69.4%	15.7%	0.9%	0.2%	13.7%	100.0%
	本科	1665	277	12	13	229	2196
		75.8%	12.6%	0.5%	0.6%	10.4%	100.0%
	大专	959	149	6	4	200	1318
		72.8%	11.3%	0.5%	0.3%	15.2%	100.0%
	高中	736	269	24	3	215	1247
		59.0%	21.6%	1.9%	0.2%	17.2%	100.0%
	初中	396	129	33	2	146	706
		56.1%	18.3%	4.7%	0.3%	20.7%	100.0%
	小学	77	34	0	1	40	152
		50.7%	22.4%	0.0%	0.7%	26.3%	100.0%

续表

内容	您认为陪审员应具备何种文化程度？					总计
	大专及以上	高中及以上	初中及以上	小学及以上	学历不重要，能读会写就好	
总计	4142	928	79	24	891	6064
	68.3%	15.3%	1.3%	0.4%	14.7%	100.0%

卡方检验

内容	值	自由度	渐进显著性（双侧）
皮尔逊卡方	278.538[a]	20	0.000
似然比	257.772	20	0.000
线性关联	107.620	1	0.000
有效个案数	6064	—	—

表 1－23　“您住在 * 您认为陪审员应具备何种文化程度”交叉列表

内容		您认为陪审员应具备何种文化程度？					总计
		大专及以上	高中及以上	初中及以上	小学及以上	学历不重要，能读会写就好	
您住在	农村	534	151	18	2	150	855
		62.5%	17.7%	2.1%	0.2%	17.5%	100.0%
	乡镇	424	123	10	6	116	679
		62.4%	18.1%	1.5%	0.9%	17.1%	100.0%
	城市（含县城）	3053	621	50	17	594	4335
		70.4%	14.3%	1.2%	0.4%	13.7%	100.0%
总计		4011	895	78	25	860	5869
		68.3%	15.2%	1.3%	0.4%	14.7%	100.0%

卡方检验

内容	值	自由度	渐进显著性（双侧）
皮尔逊卡方	39.362[a]	8	0.000
似然比	37.682	8	0.000
线性关联	20.023	1	0.000
有效个案数	5869	—	—

调查结果显示，无论是法律专业人士还是普通民众，普遍认为人民陪审员应具备大专及以上学历，表明社会公众对人民陪审员角色的认知存在某种程度的错位。但我们认为，适当降低人民陪审员学历条件，有利于大幅度拓宽人民陪审员选任范围，且学历条件虽在一定程度上与人民陪审员的参审能力相关，但其与人民陪审员参审所依赖的社会经验、社会阅历并非正相关关系，降低学历条件不会影响制度功能的发挥，反而能让更多民众有机会参与司法，更加契合了陪审制度的价值定位。实践中相当部分群体对人民陪审员学历条件的错位认知，还有待

于通过深化对陪审制度的认识予以纠正。

（三）人民陪审员选任的其他条件

《人民陪审员法》关于人民陪审员选任的其他条件包括政治条件、品格条件、身体条件、职务禁止条件、排除受到社会严重否定性评价的人等，分别规定在第5条、第6条、第7条。

人民陪审员选任的政治条件是“拥护中华人民共和国宪法”，没有将《陪审制度改革试点办法》中“具有选举权和被选举权”的规定吸收进来，原因可能在于《人民陪审员法》已将随机抽选的范围确定为辖区内的常住居民。改革试点过程中有试点法院曾尝试从当地选民名单中抽选人民陪审员，只是试点结果显示，选民名单本身可能会存在较多问题，此种方式抽选人民陪审员可操作性较差。因此《人民陪审员法》未将“具有选举权和被选举权”明确为选任条件。

第一，关于人民陪审员的品格条件，《人民陪审员法》在《陪审制度改革试点办法》的基础上增加了“遵纪守法”的要求。“品行良好、公道正派”仍是对人民陪审员的核心要求。

第二，关于人民陪审员的身体条件，《人民陪审员法》将《关于完善陪审制度的决定》和《陪审制度改革试点办法》“身体健康”的规定具体化为“具有正常履行职责的身体条件”。与公务员、法官、检察官遴选要求的身体条件相一致。

第三，关于人民陪审员的职务禁止条件，《人民陪审员法》第6条详细列举了不能担任人民陪审员的职务类型。域外陪审立法基本上包括了这一内容。关于具体的职务类型，《人民陪审员法》在《陪审制度改革试点办法》的基础上增加了“监察委员会的工作人员”“公证员”“仲裁员”，与国家监察体制改革、法律职业资格制度改革相衔接。

第四，关于排除受社会严重否定性评价的人，《人民陪审员法》第7条作了详细列举，在《陪审制度改革试点办法》规定的基础上增加了“被纳入失信被执行人名单”的人。

二、贯彻落实《人民陪审员法》相关规定需要重视解决的问题

1. 如何与人民陪审员随机抽选机制相衔接的问题。根据《人民陪审员法》第 9 条的规定，首次随机抽选人民陪审员候选人，应从司法行政机关辖区内的常住居民中随机抽取。按照这一规定，制作首次随机抽选的常住居民名单，确定人民陪审员候选人选任的范围，就成了选任的前提条件。《人民陪审员法》规定的选任条件中既有硬性条件，如年满28 周岁，一般应当具有高中以上文化程度；也有软性条件，如政治条件、品格条件、身体条件。有的硬性条件也具有一定的弹性，如学历条件，规定以应当具有高中以上文化程度为原则，但允许存在例外。此外，《人民陪审员法》还规定了消极条件，规定了除外事由和禁止条件，排除了部分群体担任人民陪审员的资格。按照《人民陪审员法》的规定，如果技术条件可以支撑，不符合年龄条件、学历条件等硬性规定的人员以及《人民陪审员法》第 6 条规定具有特定身份的人员、第 7 条规定不得担任人民陪审员的人员，均应被排除在候选人范围之外。

目前，除年龄、学历、是否受过刑事处罚、是否被纳入失信被执行人名单等具有可作为筛选条件的技术基础外，其他应初次排除的筛选条件缺乏相应信息库的技术支撑，故在技术上难以做到初次排除，需要在资格审查时逐项进行排除。还需注意，即便是学历条件，立法具有一定的弹性，一律将具有高中以下文化程度作为初次排除条件，似也不符合立法的精神。此外，政治条件、品格条件、身体条件等软性条件不能亦不宜作为初次排除条件，宜留待资格审查时再进行甄别。由于随机抽选通常以县级行政区的常住居民为对象，基数较大，如筛选条件设定不当，不仅可能需要反复抽选多次，大大增加工作量，使资格审查工作异常繁重；还会使部分适格的公民被排除在选任范围之外，而大量不符合条件的公民又被列为选任候选人。在调研中，我们得知，有试点法院已经出现过反复抽选的情形。如 J 省 N 市中级人民法院在随机遴选 600 名人民陪审员的过程中，第一次随机抽选 2000 余名候选人，但是经过资格审查和征求候选人意见后，还未进行第二次随机抽选，人民陪审员候选人数就已经不足 600 人了，只好再次补充抽选 3000 名人民陪审员

候选人。经过第二次随机抽选,共有2008名候选人愿意担任人民陪审员,但在进行资格审查后却发现有1010人不符合条件。

2. 如何进一步优化人民陪审员选任条件的问题。

> 访谈材料:
>
> 问:您认为陪审员的选任条件应该如何规定?
>
> 某律师(西北S省W市某律师事务所律师):应该有至少十年的社会阅历,大概35岁以上,学历可能不是十分重要;品格上也应当符合正直、善良的标准,应当有很强的责任意识。这样选出来的陪审员素质会比较高,在审理过程中能更加清晰地把握好案情。

《人民陪审员法》仅规定人民陪审员应具有正常履行职责的身体条件,但未规定任职年龄的上限。笔者在2014年的一次调研中,接触到的人民陪审员中年龄最大的达76岁,仍然能正常履行职责。由于人民陪审员身体条件各不相同,有的年龄条件符合但身体条件可能不符合履职需要,有的身体条件符合但年龄可能属"高龄",似有必要在规定身体条件的同时明确任职年龄的上限。但对于是否设置人民陪审员任职年龄上限的问题,还存在较大争议。从我们2014年组织的一项问卷调查来看,44.5%的人民陪审员和55.8%的法官认为需要设置年龄上限。(见表1－24)

对于学历条件,有的受访者认为,应根据各地的实际情况规定不同的文化程度要求。主要考虑是:各地公民受教育的程度不同,例如贫困地区高中以上学历的人相对较少。还有受访者认为,文化程度和认识判断能力不相关,公道正派最重要,建议取消文化程度限制。也有受访者认为,现在具有大专以上学历的人口数量大大增加,且人民陪审员需要具有较高的认知和判断能力,为了保证人民陪审员素质,应当提高学历要求,建议学历条件规定为大专以上文化程度,但考虑地区差异,特别是边远、深度贫困地区的实际情况,在学历条件上宜灵活处理,允许个别地区适当降低学历门槛,比如可规定农村和贫困偏远地区将学历要求放宽到高中以上。

表 1－24　是否需要对人民陪审员设置年龄上限统计分析表

单位：人次、%

内容		人民陪审员				法官			
		频率	百分比	有效百分比	累积百分比	频率	百分比	有效百分比	累积百分比
有效	需要	329	44.2	44.5	44.5	497	54.3	55.8	55.8
	不需要	410	55.0	55.5	100.0	393	43.0	44.2	100.0
	合计	739	99.2	100.0	—	890	97.3	100.0	—
无效	缺失	6	0.8	—	—	25	2.7	—	—
总计		745	100.0	—	—	915	100.0	—	—

3. 如何回应社会对人民陪审员专业素质具有较高期待的问题。

访谈材料:

问:从您的角度来讲,希望接受什么样的内容培训呢?

某陪审员(西南C市L区人民陪审员):最希望通过培训获取一些基础的法律知识,因为毕竟要和法官一起开庭审理案件,什么都不懂还是不行的,虽然是老百姓,但作为人民陪审员还是要懂一些法律知识的,不能做法盲。

问:您觉得自己倾向于用法律知识来作出判断,还是运用个人的社会阅历以及了解的社情民意呢?

某陪审员(西南C市L区人民陪审员):我作为一名普通的老百姓,论法律知识肯定没有法官那么专业,无论从个人角度来说还是更倾向于运用个人的社会阅历以及自己了解到的社情民意。

问:您认为陪审员需要像法官一样懂法律吗?

某律师(西北S省W市人民陪审员):陪审员毕竟是社会人,在法律知识这一块,不可能像法官一样专业,也不需要像法官一样专业。

根据调查,社会公众、民事当事人、刑事被告人认为人民陪审员很需要像法官一样懂法律的分别占47.7%、52.6%、66.8%,认为不太需要、很不需要的分别仅占9.1%、8.6%、6.4%。(见表1-25)有高达72.5%的人民陪审员认为人民陪审员比较需要或者很需要像法官一样懂法律。(见表1-25)在法律职业共同体中,法官、检察官、律师认为人民陪审员很需要或者比较需要像法官那样懂法律的比例分别为55.2%、55%、63.7%。(见表1-26)区分不同地区样本来看,可以得知不同地区的社会公众对人民陪审员法律专业素质的要求有一定差异,其中C市L区社会公众认为人民陪审员很需要像法官一样懂法律的比例最高,达60.5%。据前文分析,B市D区的社会公众对人民陪审员的年龄条件、文化专业素质要求都较高,认为人民陪审员应当年满28周岁、具有大专及以上的学历所占比例最高,但是被调查的B市D

区的社会公众中认为人民陪审员很需要像法官一样懂法律的比例最低，并且认为人民陪审员不太需要像法官一样懂法律的比例最高，可知B市D区社会公众虽然认同人民陪审员应当具有较高学历，但并不认为人民陪审员要像法官一样懂法律。（见表1－27）进一步分析可知，在不同性别、年龄、学历、职业、居住地（乡村、城镇）的社会公众中，认为人民陪审员比较需要或者很需要像法官一样懂法律的均占大多数。（见表1－28～表1－32）

在访谈中，有部分人民陪审员希望通过培训获得法律专业知识；有的人民陪审员认为自己需要有一定的法律知识，因为毕竟要和法官一起审理案件；还有的人民陪审员则认为没必要像法官那样熟悉法律。有不少法官认为人民陪审员应该懂一些法。从中可看出，各类主体均倾向于认为人民陪审员应当具有一定的法律专业素质。

表 1－25　您认为人民陪审员是否需要像法官一样懂法律?

(社会公众卷/当事人卷/刑事被告人卷/人民陪审员卷)

单位:人次、%

内容		社会公众		当事人		刑事被告		人民陪审员	
		频率	有效百分比	频率	有效百分比	频率	有效百分比	频率	有效百分比
有效	很需要	2941	47.7	215	52.6	199	66.8	130	17.7
	比较需要	2502	40.6	143	35	59	19.8	403	54.8
	不太需要	538	8.7	33	8.1	17	5.7	187	25.4
	很不需要	22	0.4	2	0.5	2	0.7	3	0.4
	不好说	160	2.6	16	3.9	21	7.0	13	1.8
	合计	6163	100	409	100	298	100	736	100
无效	缺失	27	—	6	—	3	—	15	—
总计		6190	—	415	—	301	—	751	—

表 1－26　您认为人民陪审员是否需要像法官一样懂法律？

（法官卷/检察官卷/律师卷）

单位：人次、%

内容		法官		检察官		律师	
		频率	有效百分比	频率	有效百分比	频率	有效百分比
有效	很需要	37	11.9	19	11.1	110	22
	比较需要	135	43.3	75	43.9	209	41.7
	不太需要	125	40.1	61	35.7	158	31.5
	很不需要	9	2.9	6	3.5	13	2.6
	不好说	6	1.9	10	5.8	11	2.2
	合计	312	100	171	100.0	501	100
无效	缺失	2	—	1	—	3	—
总计		314	—	172	—	504	—

表 1－27　不同地区社会公众对人民陪审员的法律专业素质的认知表

单位：人次、%

地区	很需要		比较需要		不太需要		很不需要		不好说	
	频率	有效百分比	频率	有效百分比	频率	有效百分比	频率	有效百分比	频率	有效百分比
B 市 D 区	320	42.1	324	42.6	101	13.3	2	0.3	13	1.7
S 市 W 区	358	43.3	374	45.2	79	9.6	2	0.2	14	1.7
X 市 Y 区	438	43.8	443	44.3	94	9.4	4	0.4	22	2.2
A 市①	493	50.2	374	38	76	7.7	3	0.3	37	3.8
L 市②	323	46.6	313	45.2	39	5.6	2	0.3	16	2.3
W 市	327	43.9	299	40.1	99	13.3	2	0.3	18	2.4
C 市 L 区	532	60.5	292	33.2	25	2.8	4	0.5	26	3.0
H 市	149	54.4	83	30.3	25	9.1	3	1.1	14	5.1
总计	2940	47.7	2502	40.6	538	8.7	22	0.4	160	2.6

①含 A 市 L 区数据。

②含 L 市 Y 区数据。

表 1－28 “您的性别＊您认为陪审员是否需要像法官一样懂法律”交叉列表

内容		您认为陪审员是否需要像法官一样懂法律？					总计
		很需要	比较需要	不太需要	很不需要	不好说	
您的性别	女	1625	1375	235	4	90	3329
		48.8%	41.3%	7.1%	0.1%	2.7%	100.0%
	男	1284	1112	297	17	66	2776
		46.3%	40.1%	10.7%	0.6%	2.4%	100.0%
总计		2909	2487	532	21	156	6105
		47.6%	40.7%	8.7%	0.3%	2.6%	100.0%

卡方检验

内容	值	自由度	渐进显著性（双侧）
皮尔逊卡方	36.913[a]	4	0.000
似然比	37.332	4	0.000
线性关联	8.112	1	0.004
有效个案数	6104	—	—

表 1－29 “您的年龄＊您认为陪审员是否需要像法官一样懂法律”交叉列表

内容		您认为陪审员是否需要像法官一样懂法律？					总计
		很需要	比较需要	不太需要	很不需要	不好说	
您的年龄	18～28 岁	1222	1312	238	7	64	2843
		43.0%	46.1%	8.4%	0.2%	2.3%	100.0%
	29～40 岁	925	738	193	10	47	1913
		48.4%	38.6%	10.1%	0.5%	2.5%	100.0%
	41～50 岁	445	257	56	2	27	787
		56.5%	32.7%	7.1%	0.3%	3.4%	100.0%
	51～60 岁	202	101	35	2	14	354
		57.1%	28.5%	9.9%	0.6%	4.0%	100.0%
	61 岁以上	122	83	12	1	5	223
		54.7%	37.2%	5.4%	0.4%	2.2%	100.0%

续表

内容	您认为陪审员是否需要像法官一样懂法律?					总计
	很需要	比较需要	不太需要	很不需要	不好说	
总计	2916	2491	534	22	157	6120
	47.6%	40.7%	8.7%	0.4%	2.6%	100.0%

卡方检验

内容	值	自由度	渐进显著性(双侧)
皮尔逊卡方	103.887[a]	16	0.000
似然比	104.478	16	0.000
线性关联	12.991	1	0.000
有效个案数	6119	—	—

表 1-30 “您的职业 * 您认为陪审员是否需要像法官一样懂法律”交叉列表

内容		您认为陪审员是否需要像法官一样懂法律？					总计
		很需要	比较需要	不太需要	很不需要	不好说	
您的职业	党政机关干部	91	113	29	1	3	237
		38.4%	47.7%	12.2%	0.4%	1.3%	100.0%
	人民团体（如妇联、共青团）工作人员	40	61	8	0	4	113
		35.4%	54.0%	7.1%	0.0%	3.5%	100.0%
	社区、乡村基层干部	21	16	4	0	2	43
		48.8%	37.2%	9.3%	0.0%	4.7%	100.0%
	专业技术人员（如医生、教师）	259	230	41	1	10	541
		47.9%	42.5%	7.6%	0.2%	1.8%	100.0%
	其他事业单位工作人员	208	187	41	1	9	446
		46.6%	41.9%	9.2%	0.2%	2.0%	100.0%
	离退休干部职工	146	78	15	0	7	246
		59.3%	31.7%	6.1%	0.0%	2.8%	100.0%
	公司、企业工作人员	699	666	151	5	35	1556
		44.9%	42.8%	9.7%	0.3%	2.2%	100.0%

续表

内容		您认为陪审员是否需要像法官一样懂法律?					总计
		很需要	比较需要	不太需要	很不需要	不好说	
您的职业	私营业主	304	151	51	6	23	535
		56.8%	28.2%	9.5%	1.1%	4.3%	100.0%
	城镇无固定职业居民	103	66	12	1	5	187
		55.1%	35.3%	6.4%	0.5%	2.7%	100.0%
	农民	170	90	33	2	12	307
		55.4%	29.3%	10.7%	0.7%	3.9%	100.0%
	进城务工人员	138	85	17	0	7	247
		55.9%	34.4%	6.9%	0.0%	2.8%	100.0%
	其他	725	726	129	5	38	1623
		44.7%	44.7%	7.9%	0.3%	2.3%	100.0%
总计		2904	2469	531	22	155	6081
		47.8%	40.6%	8.7%	0.4%	2.5%	100.0%

卡方检验

内容	值	自由度	渐进显著性(双侧)
皮尔逊卡方	134.596[a]	44	0.000
似然比	135.186	44	0.000
线性关联	0.399	1	0.528
有效个案数	6080	—	—

表 1－31 “您的学历＊您认为陪审员是否需要像法官一样懂法律”交叉列表

内容		您认为陪审员是否需要像法官一样懂法律？					总计
		很需要	比较需要	不太需要	很不需要	不好说	
您的学历	研究生	135	225	77	6	5	448
		30.1%	50.2%	17.2%	1.3%	1.1%	100.0%
	本科	917	1026	220	7	30	2200
		41.7%	46.6%	10.0%	0.3%	1.4%	100.0%
	大专	688	513	95	1	25	1322
		52.0%	38.8%	7.2%	0.1%	1.9%	100.0%
	高中	686	446	74	2	44	1252
		54.8%	35.6%	5.9%	0.2%	3.5%	100.0%
	初中	395	221	53	4	36	709
		55.7%	31.2%	7.5%	0.6%	5.1%	100.0%
	小学	82	45	12	2	13	154
		53.2%	29.2%	7.8%	1.3%	8.4%	100.0%

续表

内容	您认为陪审员是否需要像法官一样懂法律?					总计
	很需要	比较需要	不太需要	很不需要	不好说	
总计	2903	2476	531	22	153	6085
	47.7%	40.7%	8.7%	0.4%	2.5%	100.0%

卡方检验

内容	值	自由度	渐进显著性(双侧)
皮尔逊卡方	273.822[a]	20	0.000
似然比	257.323	20	0.000
线性关联	17.283	1	0.000
有效个案数	6084	—	—

表 1－32 “您住在＊您认为陪审员是否需要像法官一样懂法律”交叉列表

内容		您认为陪审员是否需要像法官一样懂法律？					总计
		很需要	比较需要	不太需要	很不需要	不好说	
您住在	农村	436	346	47	2	33	864
		50.5%	40.0%	5.4%	0.2%	3.8%	100.0%
	乡镇	316	282	57	4	21	680
		46.5%	41.5%	8.4%	0.6%	3.1%	100.0%
	城市（含县城）	2033	1786	417	15	96	4347
		46.8%	41.1%	9.6%	0.3%	2.2%	100.0%
总计		2785	2414	521	21	150	5891
		47.3%	41.0%	8.8%	0.4%	2.5%	100.0%

卡方检验

内容	值	自由度	渐进显著性（双侧）
皮尔逊卡方	26.201[a]	8	0.001
似然比	27.084	8	0.001
线性关联	0.531	1	0.466
有效个案数	5890	—	—

三、贯彻落实《人民陪审员法》选任条件规定的具体建议

1. 明确规定人民陪审员候选人首次随机抽选的筛选条件。考虑到随机抽选的技术性要求较高，在设定人民陪审员遴选条件时，应充分考虑技术上的可行性以及实践中的可操作性，尽可能化繁为简，避免在实践中各行其是。司法部、最高人民法院、公安部联合出台的《人民陪审员选任办法》第11条规定仅将年龄条件作为首次随机抽选的筛选条件。[1] 如此规定，可使人民陪审员首次随机抽选在操作上简单易行，但也会使大量不符合选任条件的民众进入候选人信息库，加大资格审查的工作量，且通过资格审查的候选人人数不一定能满足第二次随机抽选的需要。有的试点法院就出现了反复多次随机抽选、反复多次进行资格审查，才能进行第二次随机抽选的情况。

建议将积极条件中的年龄、学历、国籍（公民身份）条件以及消极条件中的受过刑事处罚、被纳入失信被执行人名单、因受惩戒被免除人民陪审员职务的列为首次随机抽选的筛选条件。这主要是考虑到在现有技术条件下，具有针对这几项条件建立比较完善数据库的可行性。为方便随机抽选，借鉴域外经验，可设定人民陪审员年龄条件的上限，如70岁。对于学历条件，考虑到人民陪审员遴选方式除随机抽选外，还保留了个人申请、组织推荐的方式，首次随机遴选可直接将不具有高中及以上文化程度的公民排除在外。对于偏远、贫困地区虽不具有高中以上文化程度但德高望重者，可经由个人申请、组织推荐的途径成为人民陪审员。如此，既符合立法的精神，也有利于提高遴选的质量和效率。

2. 契合人民陪审员职权配置二元化，分别设定选任条件。要实现陪审制度的民主功能，必须以制度的开放性为前提。只有尽可能多的民众参与进来，才可能最大化实现接近司法、接受司法、监督司法等价值。新一轮人民陪审员制度改革要求降低人民陪审员选任的学历条

---

〔1〕《人民陪审员选任办法》第11条规定："司法行政机关会同基层人民法院、公安机关，从辖区内年满二十八周岁的常住居民名单中，随机抽选拟任命人民陪审员数五倍以上的人员作为人民陪审员候选人。"

件，契合了制度开放性的要求。[1] 鉴于人民陪审员职权改革后，确立了人民陪审员职权配置与行使的“二元模式”，即人民陪审员与法官“同职同权”模式和人民陪审员只参与事实审模式。可以借鉴域外经验，在人民陪审员只参与事实审机制中，探索人民陪审员资格制改革，探讨设立只需排除特定人群的当然陪审员制度。凡是具有选民资格，未被剥夺政治权利，有正常语言表达能力的公民均可为候选人。[2] 通过资格制改革，进一步提高公民的参与度，改变群众发动难、可选面窄、选任成本高的现实局面，真正使人民陪审面向适格之公民。同时，设定一定的豁免陪审义务条件，允许民众在满足条件的情况下申请豁免陪审义务。当然，陪审制度的前提是通过制度设计吸引尽可能多的民众自觉自愿地参与到审判中来。长远来看，可以考虑以实行强制陪审义务为发展方向。当然，单纯调整遴选条件是不够的，还需改革人民陪审员遴选方式、遴选程序与之配套。至于“同职同权”配置模式下的人民陪审员选任，仍可在现行规定的基础上作进一步优化调整。

3. 探索为“专业陪审员”量身设定遴选条件。考虑到社会各界对建立专业陪审机制有较高的期待，加之金融法庭、知识产权法院（法庭）、海事法院等专业法院审判工作有现实需要，可以借鉴域外有关经验，探索建立符合我国实际的专业陪审员制度，并根据制度建设需要，为专业陪审员量身设定切实可行的遴选条件。根据我国城乡二元结构的国情，可以在经济发达、人才密集的地区吸纳有一技之长的社会精英参审。对于其遴选条件，除应满足人民陪审员的条件外，还应对其专业性条件提出要求，如法律专业条件与其他专业要求。在遴选这些陪审员时，应着重强调其在所在领域的专业资格。设置遴选条件，可先以案件类型为标准，确定需要引入专业陪审的具体案件类型，在遴选特定领域专家时，可以职业或行业类别为划分标准，将符合特定专业性条件的专家确定为专业陪审员。在遴选方式上，可借鉴德国等国经验，由专业机构或行业组织推荐产生专业陪审员。

---

[1] 参见刘方勇、廖永安：《我国人民陪审员制度运行实证研究——以中部某县级市为分析样本》，载《法学家》2016 年第 4 期。

[2] 参见刘方勇：《人民陪审员角色研究》，法律出版社 2011 年版，第 247 页。

第二章　人民陪审员选任程序改革实证考察

人民陪审员选任程序改革是本次选任机制改革的重要内容，关系到人民陪审员参审的正当性、合法性，更是司法民主化的客观要求。人民陪审员选任程序，从横向看包括选任方式、选任主体以及选任的程序（流程），从纵向看即指整个选任程序。选任方式、选任主体以及选任程序贯穿于人民陪审员的整个选任过程，并相互影响、相互关联。为提高人民陪审员选任的广泛性和代表性，《陪审制度改革试点方案》《陪审制度改革试点办法》对人民陪审员选任程序改革进行了顶层设计，三年的试点推动了《人民陪审员法》相关立法。从试点情况来看，人民陪审员选任程序还存在不少需要解决或完善的问题。本章将基于对人民陪审员选任程序改革试点的实证考察，围绕人民陪审员选任方式、选任主体以及具体选任程序展开，解读《人民陪审员法》相关规定，提出具体完善建议。

第一节　人民陪审员选任方式实证考察

应当说，适当降低遴选门槛并采取"随机抽选"方式，契合了人民陪审员遴选开放性和随机性的要求。有待研究的问题是，较大规模"随机抽选"人民陪审员所需支付的成本是否为社会所乐见，支撑较大规模"随机抽选"的基础条件和技术能力是否已经具备。经过试点，这些改革设计在《人民陪审员法》中得到了确认或体现。

一、人民陪审员选任方式改革与试点

（一）人民陪审员选任方式改革背景

选任环节是陪审制度运行的关键环节之一，决定着适格的公民能否通过正当程序参与到司法审判中来。在本轮改革前，《关于完善陪审制度的决定》等规范性文件规定凡符合条件的公民，可以通过组织推荐或本人申请的方式成为人民陪审员。但在实践中，这两种方式基本演变为法院主导，催生了“陪审专业户”等异化现象，导致人民陪审员的广泛性和代表性不足。对此，甚至有当事人认为人民陪审员是法院精心挑选和安排的，对人民陪审员能否公正审理案件缺乏信心。[1]根据实证考察，2014 年，H 省的 8170 名人民陪审员中有 5152 人是组织推荐的，有 3045 人是通过个人申请担任，分别占比 62.73%、37.27%。为了更清晰地了解改革前各类选任方式的运用情况，针对“请问您是通过何种方式当选为人民陪审员的？”问题，2014 年我们对人民陪审员进行了问卷调查，结果显示“自己主动申请”“单位或村委会、居委会等基层组织推荐”“法院主动联系”“多次当选，至少有以上两种当选方式”分别占比 35.6%、48.1%、11.5%、4.8%。（见表 2－1）由此可知，改革前，人民陪审员的选任方式以单位或基层组织推荐为主，且 2013 年最高人民法院实施“倍增计划”后，“增选”仍然主要依靠单位推荐。[2]

依赖于组织推荐的弊端在于，人民陪审员群体结构单一，多为公务员、事业单位人员，其他群众代表比例十分有限，事实上限制了人民陪审员的广泛性和代表性。此外，选任方式和渠道单一，不利于深化社会各界对陪审制度的认识，难以调动社会各界的参审积极性，阻碍“人民陪审”的理念深入人心。

---

〔1〕 参见贺小荣、胡夏冰、马渊杰：《我国人民陪审员制度的功能定位和改革路径》，载《人民法院报》2015 年 4 月 29 日，第 5 版。

〔2〕 参见贺小荣、胡夏冰、马渊杰：《我国人民陪审员制度的功能定位和改革路径》，载《人民法院报》2015 年 4 月 29 日，第 5 版。

表2-1 请问您是通过何种方式当选为人民陪审员的?
(2014年人民陪审员卷)

单位:人次、%

内容		次数	百分比	有效百分比	累积百分比
有效	自己主动申请	253	34.0	35.6	35.6
	单位或村委会、居委会等基层组织推荐	342	45.9	48.1	83.7
	法院主动联系	82	11.0	11.5	95.2
	多次当选,至少有以上两种当选方式	34	4.6	4.8	100.0
	合计	711	95.4	100.0	—
缺失		34	4.6	—	—
总计		745	100.0	—	—

在此背景下,《陪审制度改革试点方案》明确要求"建立和完善人民陪审员随机抽选机制,提高选任工作透明度和公信度"。《陪审制度改革试点办法》对人民陪审员选任方式改革作出了细化规定。(见表2-2)

表2-2 不同规范性文件关于人民陪审员选任方式的规定

文件	内容
《关于完善陪审制度的决定》(2004年8月)	第8条 符合担任人民陪审员条件的公民,可以由其所在单位或者户籍所在地的基层组织向基层人民法院推荐,或者本人提出申请,由基层人民法院会同同级人民政府司法行政机关进行审查,并由基层人民法院院长提出人民陪审员人选,提请同级人民代表大会常务委员会任命。
《选任、培训、考核工作实施意见》(2004年12月)	第6条 符合担任人民陪审员条件的公民,可以由其所在单位、户籍所在地或者经常居住地的基层组织在征得本人同意后,以书面形式向当地基层人民法院推荐,也可以由本人向户籍所在地或者经常居住地的基层人民法院提出书面申请。

续表

文件	内容
《陪审制度改革试点方案》(2015年4月)	(二)完善人民陪审员选任程序。增加选任的广泛性和随机性,建立和完善人民陪审员随机抽选机制,提高选任工作透明度和公信度
《陪审制度改革试点办法》(2015年5月)	第6条　人民法院每五年从符合条件的选民或者常住居民名单中,随机抽选本院法官员额数5倍以上的人员作为人民陪审员候选人,建立人民陪审员候选人信息库。 第8条　人民法院会同同级司法行政机关,从通过资格审查的候选人名单中以随机抽选的方式确定人民陪审员人选,由院长提请人民代表大会常务委员会任命…… 第16条　参与合议庭审理案件的人民陪审员,应当在开庭前通过随机抽选的方式确定。
《人民陪审员法》(2018年4月)	第9条　司法行政机关会同基层人民法院、公安机关,从辖区内的常住居民名单中随机抽选拟任命人民陪审员数五倍以上的人员作为人民陪审员候选人,对人民陪审员候选人进行资格审查,征求候选人意见。 第10条　司法行政机关会同基层人民法院,从通过资格审查的人民陪审员候选人名单中随机抽选确定人民陪审员人选,由基层人民法院院长提请同级人民代表大会常务委员会任命。 第11条　因审判活动需要,可以通过个人申请和所在单位、户籍所在地或者经常居住地的基层群众性自治组织、人民团体推荐的方式产生人民陪审员候选人,经司法行政机关会同基层人民法院、公安机关进行资格审查,确定人民陪审员人选,由基层人民法院院长提请同级人民代表大会常务委员会任命。 依照前款规定产生的人民陪审员,不得超过人民陪审员名额数的1/5。 第19条　基层人民法院审判案件需要由人民陪审员参加合议庭审判的,应当在人民陪审员名单中随机抽取确定。 中级人民法院、高级人民法院审判案件需要由人民陪审员参加合议庭审判的,在其辖区内的基层人民法院的人民陪审员名单中随机抽取确定。

(二)人民陪审员选任方式改革试点情况

我们通过调研发现,各试点法院结合实际探索了不同的随机抽选模式。

1. 全面实行随机抽选

> 访谈材料:
>
> 问:您是如何成为人民陪审员的?
>
> 某陪审员(西南 C 市 L 区人民陪审员):是单位推荐的,我那会儿还没退休,是我们单位的车间主任。
>
> 某陪审员(西南 C 市 L 区人民陪审员):之前是所在单位推荐的,改革后因为自愿继续担任人民陪审员,所以西南 C 市 L 区人民法院自动把我纳入了陪审员信息库,但是据我所知,2015 年后新的人民陪审员是从符合条件的选民中随机抽选的。

为实行全面随机抽选,所调研的法院主要是采取以下两种方式进行随机抽选:

(1)依靠信息技术收集候选人信息再随机抽选。所调研的法院中的大多数都是采取这种方式。例如,西南 C 市 L 区人民法院自主研发的人民陪审员随机抽选工作软件,可导入从公安机关获取的户籍人口数据包,并设定相应条件进行随机抽选,大大缩短了抽选时间,也减少了人力、物力成本。将条件录入以后,可以自主选取,也可以由系统自动选取。采取该种方式的前提是能获得有效的居民信息或者选民信息。

(2)人工收集统计候选人信息再随机抽选。西北 S 省 W 市中级人民法院自成为试点法院以来,为确保抽选的随机性,建立了"四级梯次信息库"。在初选阶段实行"海选",在乡镇、街道办事处的支持下,由村、社区人民调解员根据各村及社区居民的情况,入户收集符合人民陪审员基本条件的村(居)民名单及相关信息,制作可用于随机抽选的人员名单。首次随机抽选从中抽选出不低于该院法官员额数 20 倍的人民陪审员,建立该院初选人员信息库。在初选人员名单中随机抽选备选人员,经征询个人意见,建立法院员额数 8 倍的备选人员信息库。各基层人民法院会同当地司法局,对备选人员进行资格审查并从中随机抽选相应的人民陪审员候选人,建立法官员额数 6 倍的候选人员信息库。该院会同司法局从各县人民陪审员候选人信息库中再次进行随机抽选,确定拟任命的人民陪审员,建立法官员额数 4 倍的人民陪审员信息库。四级梯次信息库的建立,一方面为人民陪审员的科学化管理奠定了基础,另一方面也为人民陪审员增补做好了准备。

2. 随机抽选为主,个人申请与组织推荐为辅

访谈材料:

问:请问您是通过哪种方式当选为人民陪审员的?

某陪审员(西北 S 省 W 市人民陪审员):我当时是自己申请的。我是在报纸上看到消息在招人民陪审员,所以我就自己申请了,也是自己热心。

某陪审员(西北 S 省 W 市人民陪审员):单位推荐。我自己在单位报的名,经过四次选拔,最后当选了。

问:请问您对人民陪审选任制度有什么意见或您觉得有什么需要改进的地方吗?

某陪审员(西北 S 省 W 市人民陪审员):我觉得选任人民陪审员的途径可以多种方式相结合。因为现在大家的公众意识不强,所以参与陪审工作的热情很重要,有热情就会有认真完成的动力,所以个人申请的方式是很有必要的。单位推荐的人一般是在单位表现好或者有能力的人,陪审员队伍也需要这样的人,别人会比较信服。随机抽选的话就会比较公平公正,社会认可度也比较高。本来公众可能就对陪审员有误解,随机抽选更加透明,会提高社会公信力。

某法官(东南 F 省 L 市 Y 区人民法院行政庭庭长):以前组织、团体推荐的陪审员比现在随机抽选的陪审员积极性更高,并且被推荐者的综合素质、学历、法律素养总体上会高一点,更能发挥他应有的作用。随机抽选工作量大,效果也不是很好。个人申请的方式是最佳的,因为随机抽取还需要征求

候选人意愿。

根据调研情况，我们了解到，有些试点法院结合该院的实际情况，没有实行全面的随机抽选，而是探索了随机抽选与个人申请、单位推荐三者相结合或者按比例选任的方式。如西北S省X市Y区人民法院由于候选人信息缺失、滞后或候选人信息来源不畅，加上不少随机抽选产生的人民陪审员在陪审的过程中积极性不高，故确定20%的人民陪审员由自荐或组织推荐的方式产生。大多数受访者也认为，在选任人民陪审员时要多种方式结合，随机抽选的同时也应允许单位推荐或自荐。西北S省X市Y区人民法院某法官认为，大部分人民陪审员通过随机抽选的方式产生，可以保障人民陪审员的广泛性和代表性，但自荐和组织推荐的方式，既可以保护部分人民陪审员参审的积极性，又可以提高人民陪审员的选任质量。

（三）改革试点中存在的主要问题

从调研数据来看，试点未能完全实现随机抽选。在接受问卷调查的人民陪审员中，通过随机抽选担任人民陪审员的占40.5%，仍有59.2%的人民陪审员通过个人申请或者单位、基层组织推荐的方式产生。（见表2-3）[1]由于试点过程中全面实行随机抽选难度较大且不尽合理等原因，此次改革试点延期一年。主要问题表现在以下几个方面：

---

〔1〕需要说明的是，试点法院按随机抽选方式选任的只是新任人民陪审员，接受问卷调查的人民陪审员有相当一部分是改革前通过个人申请、组织推荐的方式选任的。

表2-3　请问您最近一次是通过哪种方式当选人民陪审员的?
(人民陪审员卷)

单位:人次、%

内容		请问您最近一次是通过哪种方式当选人民陪审员的?			
		频率	百分比	有效百分比	累积百分比
有效	自己主动申请的	88	11.7	12.0	12.0
	单位或者基层组织推荐的	349	46.5	47.5	59.5
	被随机选中的	297	39.5	40.5	100.0
	合计	734	97.7	100.0	—
无效	缺失	17	2.3	—	—
总计		751	100.0	—	—

1.随机抽选要求的基础信息采集难、成本高

访谈材料:

问:在选任过程中还有什么困难吗?

某主任(东南F省L市Y区人民法院陪管办主任):我们的信息来源只有公安机关,但还是受到几方面影响,一个是原来的信息化程度不高,地址、电话号码、人员去留等信息录入、更新不及时。另外,原来公安的信息不对我们开放,没有公安的信息我们没办法选任。后来逐级上报,我们当时区公安分局局长和我们院长是老乡,因为个人感情,局长又跟上面报告,才拿到了基本信息。如果没有信息,我们根本没办法操作。自己组建信息库,难度很大,工作量也特别大。

《陪审制度改革试点方案》要求人民法院每5年从符合条件的当地选民或者常住居民名单中随机抽选本院员额法官人数5倍以上的人作为人民陪审员候选人,这就需要人大提供选民名单或公安局提供常住居民名单。但实际情况比较复杂,不少地方选民名单每5年更新一次,信息滞后,一些地方甚至没有汇总选民名单,需要临时统计,这就使

得从当地选民中随机抽选人民陪审员的方式缺乏基本的操作前提。有的地方人口管理系统信息化程度低,不能满足随机抽选基本信息的需求。有的地方人口管理部门可以提供相关信息,但又因法律没有规定其提供信息的义务,基于保密等各种因素的考虑,不愿提供。如西北S省W市人大并没有选民档案,而是每一个选举季临时从公安系统的人口信息中统计当地的选民人数后制作当届的选民名单,选举季结束后名单并不保存,因此,无法提供选民名单。而当地公安的人口信息系统比较落后,能提供的信息量很少并很不准确。更重要的是,公安机关出于对公民信息保护的考虑,不太愿意配合该项工作。在此情况下,该市中级人民法院最终只能用人工统计和核查的方式收集公民个人信息进行随机抽选。东南F省L市中级人民法院亦存在这样的情况,候选人信息来源只有公安机关,但由于信息化程度不高,信息录入、更新不及时,很多基本信息得不到确认,给选任工作带来了很多障碍,随机抽选的难度和工作量非常大。

由于选任涉及面广,为保证随机抽选的原则不变,不少法院采取的是“海选”人民陪审员的方式,尝试借用基层司法所和人民法庭的力量人工完成信息收集工作,为此付出了巨大成本。以西北W市Y县人民法院为例。为完成配合W市中级人民法院随机选任的任务,首先,该县将6个镇的司法所和28个村、社区调解委员会主任及所有的基层法庭都吸纳到选任工作中。具体由各镇司法所所长会同各村、社区调解委员会主任等采取随机抽选的方法,从该县16万人口中提取28~70岁人员信息,并严格按照程序随机抽选出240名初选人员,耗费极大的人力资源。初选工作完成后,法院会同司法局到当地派出所了解候选人员有无犯罪记录,接着又深入所在村、社区、有关单位,了解候选人员具体情况,最终对候选人能否胜任人民陪审员的工作提出初步建议,整个过程耗费较大人力、物力。

2. 随机抽选效果不明显

随机抽选的预设目标是,让具有广泛代表性的社会主体按照特定程序的要求以民主的方式参与到案件的审判中来。在实际操作中,即使实行随机抽选制,人民陪审员代表性不足,民众参与积极性不高等问题仍然没有解决。通过我们对各试点法院的调研,从接受问卷调查的人民陪审员的职业情况来看,有53.8 %的人民陪审员是党政机关干部、社区乡村基层干部、专业技术人员以及其他事业单位工作人员。相比之下,其他民众所占的比例仅为37.6%,其中比例较大的是离退休干部职工、公司企业工作人员,而农民的比例仅占3.8%。(见表2-4)

表2-4 您的职业(人民陪审员卷)

单位:人次、%

内容		频率	百分比	有效百分比	累积百分比
有效	党政机关干部	68	9.1	9.5	9.5
	人民团体(如妇联、共青团)工作人员	15	2.0	2.1	11.5
	社区、乡村基层干部	198	26.4	27.5	39.1
	专业技术人员(如医生、教师)	59	7.9	8.2	47.3
	其他事业单位工作人员	62	8.3	8.6	55.9
	离退休干部职工	114	15.2	15.9	71.8
	公司、企业工作人员	101	13.4	14.0	85.8
	私营业主	20	2.7	2.8	88.6
	城镇无固定职业居民	7	0.9	1.0	89.6
	农民	27	3.6	3.8	93.3
	进城务工人员	1	0.1	0.1	93.5
	其他	47	6.3	6.5	100.0
	合计	719	95.7	100.0	—
无效	缺失	32	4.3	—	—
总计		751	100.0	—	—

3. 随机抽选的支持率不高

随机抽选的特质在于其能消除陪审员产生过程中主观和不确定印象性的判断。[1] 但调研结果显示,民众对随机抽选人民陪审员方式的支持率并不高。针对“您认为人民陪审员应该如何选出来?”问题,我们对社会公众、法官、律师、人民陪审员进行了问卷调查,虽然各主体认为应通过随机抽选方式确定的比例均超过 50%,但受访的社会公众、人民陪审员的支持率分别仅为 50.5%、51.3%;相对而言,法官、律师的支持率更高。(见表 2-5)区分不同样本地区来看,可知相当多地区的社会公众对随机抽选人民陪审员的支持率都在 50% 以下,其中 W 市、H 市分别为 40.7%、41.0%。(见表 2-6)进一步分析可知,对于随机抽选人民陪审员,在不同性别的社会公众中,支持随机抽选人民陪审员的男性多于女性;(见表 2-7)在不同年龄层次的社会公众中,61 岁以上年龄段的社会公众支持比例最低;(见表 2-8)在不同职业的社会公众中,城镇无固定职业居民相较其他职业群体支持比例最低;(见表 2-9)在不同学历层次的社会公众中,学历越高,支持随机挑选的比例越高,支持有关组织推荐选任人民陪审员的比例越低。其中,研究生学历的社会公众认为应当从符合条件的公民中随机挑选的比例为 60.9%,认为应当由有关组织推荐的比例为 19.9%;小学学历的社会公众认为应当从符合条件的公民中随机抽选的比例为 33.6%,认为应当由有关组织推荐的比例为 38.8%;(见表 2-10)不同居住地(乡村、城镇)的社会公众中,城市(含县城)的社会公众选择“从当地符合条件的公民中随机抽选”的比例较农村地区的高,为 52.5%;农村地区和乡镇地区选择“从当地符合条件的公民中随机抽选”比例均不到 50%,分别为 46.4% 和 45.0%。(见表 2-11)

---

[1] 参见[英]麦高伟、杰弗里·威尔逊主编:《英国刑事司法程序》,姚永吉等译,法律出版社 2003 年版,第 356 页。

表 2-5　您认为人民陪审员应该如何选出来？

（社会公众卷/法官卷/律师卷/人民陪审员卷）

单位：人次、%

内容		社会公众		法官		律师		人民陪审员	
		频率	有效百分比	频率	有效百分比	频率	有效百分比	频率	有效百分比
有效	从当地符合条件的公民中随机抽选	3088	50.5	169	54.9	296	59.9	357	51.3
	个人申请	1110	18.2	30	9.7	53	10.7	74	10.6
	有关组织推荐	1502	24.6	86	27.9	112	22.7	239	34.3
	其他	409	6.7	23	7.5	33	6.7	26	3.7
	合计	6109	100	308	100	494	100.0	696	100
无效	缺失	81	—	6	—	10	—	55	—
总计		6190	—	314	—	504	—	751	—

表 2-6　样本地区社会公众人民陪审员选任方式调查统计表

单位：人次、%

地区	从当地符合条件的公民中随机抽选		个人申请		有关组织推荐		其他	
	频率	有效百分比	频率	有效百分比	频率	有效百分比	频率	有效百分比
B 市 D 区	330	44.0	197	26.3	168	22.4	55	7.3
S 市 W 区	401	48.6	177	21.5	193	23.4	54	6.5
X 市 Y 区	468	47.2	202	20.4	250	25.2	72	7.3
A 市	433	44.5	221	22.7	232	23.9	86	8.8
L 市	333	48.1	131	18.9	178	25.7	51	7.4
W 市	301	40.7	165	22.3	221	29.9	53	7.2
C 市 L 区	409	47.1	134	15.4	253	29.1	72	8.3
H 市	111	41.0	54	19.9	85	31.4	21	7.7
总计	2786	45.59	1281	20.96	1580	25.86	464	7.59

表 2－7 “您的性别＊您认为陪审员应该如何选出来”交叉列表

内容		您认为陪审员应该如何选出来？				总计
		从当地符合条件的公民中随机抽选	个人申请	有关组织推荐	其他	
您的性别	女	1621	590	858	231	3300
		49.1%	17.9%	26.0%	7.0%	100.0%
	男	1436	509	633	176	2754
		52.1%	18.5%	23.0%	6.4%	100.0%
总计		3057	1099	1491	407	6054
		50.5%	18.2%	24.6%	6.7%	100.0%

卡方检验

内容	值	自由度	渐进显著性（双侧）
皮尔逊卡方	9.385[a]	3	0.025
似然比	9.407	3	0.024
线性关联	7.863	1	0.005
有效个案数	6054	—	—

表 2－8 “您的年龄＊您认为陪审员应该如何选出来”交叉列表

内容		您认为陪审员应该如何选出来？				总计
		从当地符合条件的公民中随机抽选	个人申请	有关组织推荐	其他	
您的年龄	18～28 岁	1418	533	709	165	2825
		50.2%	18.9%	25.1%	5.8%	100.0%
	29～40 岁	983	350	438	122	1893
		51.9%	18.5%	23.1%	6.4%	100.0%
	41～50 岁	381	131	205	67	784
		48.6%	16.7%	26.1%	8.5%	100.0%
	51～60 岁	181	52	88	26	347
		52.2%	15.0%	25.4%	7.5%	100.0%
	61 岁以上	100	36	57	27	220
		45.5%	16.4%	25.9%	12.3%	100.0%

续表

内容	您认为陪审员应该如何选出来?				总计
	从当地符合条件的公民中随机抽选	个人申请	有关组织推荐	其他	
总计	3063	1102	1497	407	6069
	50.5%	18.2%	24.7%	6.7%	100.0%

卡方检验

内容	值	自由度	渐进显著性(双侧)
皮尔逊卡方	27.494[a]	12	0.007
似然比	25.495	12	0.013
线性关联	5.939	1	0.015
有效个案数	6069	—	—

表 2-9 "您的职业＊您认为陪审员应该如何选出来"交叉列表

内容		您认为陪审员应该如何选出来？				总计
		从当地符合条件的公民中随机抽选	个人申请	有关组织推荐	其他	
您的职业	党政机关干部	123	36	60	14	233
		52.8%	15.5%	25.8%	6.0%	100.0%
	人民团体（如妇联、共青团）工作人员	64	16	27	5	112
		57.1%	14.3%	24.1%	4.5%	100.0%
	社区、乡村基层干部	24	7	10	3	44
		54.5%	15.9%	22.7%	6.8%	100.0%
	专业技术人员（如医生、教师）	273	109	128	26	536
		50.9%	20.3%	23.9%	4.9%	100.0%
	其他事业单位工作人员	232	87	106	20	445
		52.1%	19.6%	23.8%	4.5%	100.0%
	离退休干部职工	130	31	65	17	243
		53.5%	12.8%	26.7%	7.0%	100.0%
	公司、企业工作人员	861	252	351	78	1542
		55.8%	16.3%	22.8%	5.1%	100.0%
	私营业主	265	100	128	36	529
		50.1%	18.9%	24.2%	6.8%	100.0%
	城镇无固定职业居民	76	34	60	16	186
		40.9%	18.3%	32.3%	8.6%	100.0%

续表

内容		您认为陪审员应该如何选出来？				总计
		从当地符合条件的公民中随机抽选	个人申请	有关组织推荐	其他	
您的职业	农民	138	70	69	24	301
		45.8%	23.3%	22.9%	8.0%	100.0%
	进城务工人员	112	48	67	17	244
		45.9%	19.7%	27.5%	7.0%	100.0%
	其他	746	301	418	153	1618
		46.1%	18.6%	25.8%	9.5%	100.0%
总计		3044	1091	1489	409	6033
		50.5%	18.1%	24.7%	6.8%	100.0%

卡方检验

内容	值	自由度	渐进显著性（双侧）
皮尔逊卡方	80.711[a]	33	0.000
似然比	80.258	33	0.000
线性关联	29.211	1	0.000
有效个案数	6033	—	—

表2-10 “您的学历＊您认为陪审员应该如何选出来”交叉列表

内容		您认为陪审员应该如何选出来？				总计
		从当地符合条件的公民中随机抽选	个人申请	有关组织推荐	其他	
您的学历	研究生	270	68	88	17	443
		60.9%	15.3%	19.9%	3.8%	100.0%
	本科	1173	405	503	108	2189
		53.6%	18.5%	23.0%	4.9%	100.0%
	大专	658	249	318	85	1310
		50.2%	19.0%	24.3%	6.5%	100.0%
	高中	595	218	335	93	1241
		47.9%	17.6%	27.0%	7.5%	100.0%
	初中	306	134	184	77	701
		43.7%	19.1%	26.2%	11.0%	100.0%
	小学	51	20	59	22	152
		33.6%	13.2%	38.8%	14.5%	100.0%

续表

内容	您认为陪审员应该如何选出来？				总计
	从当地符合条件的公民中随机抽选	个人申请	有关组织推荐	其他	
总计	3053	1094	1487	402	6036
	50.6%	18.1%	24.6%	6.7%	100.0%

卡方检验

内容	值	自由度	渐进显著性（双侧）
皮尔逊卡方	108.320[a]	15	0.000
似然比	102.994	15	0.000
线性关联	85.984	1	0.000
有效个案数	6036	—	—

表 2-11 “您住在 * 您认为陪审员应该如何选出来”交叉列表

内容		您认为陪审员应该如何选出来?				总计
		从当地符合条件的公民中随机抽选	个人申请	有关组织推荐	其他	
您住在	农村	395	164	236	57	852
		46.4%	19.2%	27.7%	6.7%	100.0%
	乡镇	306	127	203	44	680
		45.0%	18.7%	29.9%	6.5%	100.0%
	城市(含县城)	2263	765	1003	279	4310
		52.5%	17.7%	23.3%	6.5%	100.0%
总计		2964	1056	1442	380	5842
		50.7%	18.1%	24.7%	6.5%	100.0%

卡方检验

内容	值	自由度	渐进显著性(双侧)
皮尔逊卡方	25.358[a]	6	0.000
似然比	25.068	6	0.000
线性关联	13.650	1	0.000
有效个案数	5842	—	—

（四）《人民陪审员法》有关选任方式的规定及解读

在总结试点经验的基础上，《人民陪审员法》以法律的形式将随机抽选的选任方式确定下来。按照《人民陪审员法》的规定，人民陪审员应通过“两次随机抽选”确定人民陪审员候选人。第一次是从常住居民名单中随机抽选人民陪审员候选人，第二次是从候选人名单中随机抽选确定人民陪审员人选。此外，《人民陪审员法》第 11 条还保留了个人申请和组织推荐方式作为随机抽选的补充，并对这两种方式产生人民陪审员的比例作出限制，即不能超过人民陪审员名额的 1/5。

选任方式改革实行随机抽选，最主要的目标就是实现公民的广泛参与。但在试点过程中，符合条件又有意愿担任人民陪审员的公民可能没有机会被抽选为人民陪审员，被随机抽选选中的部分公民却因各种原因不愿意参加陪审工作。改革顶层设计没有要求实行强制陪审义务。根据《陪审制度改革试点办法》第 7 条的规定，有关机关在进行资格审查时，还应当征求候选人意见。从调研中我们获知，候选人不同意担任人民陪审员的比例比较高。据 J 省高级人民法院提供的材料，华东 J 省 N 市中级人民法院在遴选人民陪审员时，第一轮从当地 560 万选民中通过摇号的形式随机抽选了 5000 名人民陪审员候选人，[1]但是在对候选人进行资格审查、征求意见时，能联系到的人民陪审员总计只有 3436 人，而这些能联系到的人民陪审员有 41.56% 明确表示不愿意担任人民陪审员。试点法院往往采取扩大抽选基数甚至反复抽选的方式，以达到抽选到法定数额人民陪审员的目标。例如，J 省 S 市 W 区就将第一次随机抽选的基数扩至人民陪审员名额数的 8 倍，大大增加了选任机关资格审查环节的工作量。

考虑到全面实行人民陪审员随机抽选在实践中仍存在的困难，《人民陪审员法》在规定“两次随机”遴选人民陪审员的前提下，保留了个人申请和组织推荐的方式，合理吸收了地方的探索经验，回应了社会的多元需求，确立了多轨并行的人民陪审员遴选机制，彰显了务实、稳

---

〔1〕 前文已述，这 5000 人是经过两次反复随机确定的，其中第一次随机抽选 2000 人，第二次随机抽选 3000 人。

妥、渐进的立法思路。这一规定，也有利于不适合作为随机抽选筛选条件的某些“弹性条件”“例外条款”通过个人申请和组织推荐的选任方式予以落实。如高中及以上学历的人民陪审员可通过随机抽选产生，作为例外情形，高中以下学历的人民陪审员可通过个人申请和组织推荐的方式产生。

二、域外陪审员选任方式

（一）英美法系国家陪审员的选任方式

1. 英国

英国的陪审团实行“一案一选”的随机抽取原则。遇到特殊案件，则可能需要筛选并设定条件。在进行选民登记后，法院主管官员利用计算机从选民登记册18～75岁者中随机挑选参加特定案件审判工作的陪审人员。根据英国1974年《陪审团法》规定，个案的陪审人员（包括候选陪审员）由法院在公开的法庭上以抽签的方式从被传唤到场的陪审人员中选出。

2. 美国

美国陪审团成员的选任，亦采取随机抽选的方式。通常首先从可靠的选民登记名册中产生符合陪审人员条件的公民名册，然后从总名册中随意排选出组团名单，再从组团名单中随意抽选出一些人担任特定案件的陪审人员。在审判当天，法院中的陪审团主任或法院书记员以随机的方式从一大批报到履行陪审人员义务的人中，选出分派到各特定审判中的陪审人员名单。当一组陪审人员被分派到法庭之后，陪审团主任或法院书记员会再以随机的方式决定其参加预先审核的顺序。通过预先审核程序对陪审员资格进行进一步审查。

（二）大陆法系国家陪审员的选任方式

1. 法国

法国仅在重罪法庭的审判中采用参审制度。法国重罪法庭个案参审人员的产生需要依次经过三个不同的遴选阶段。(1)年度参审员的产生。根据法国《刑事诉讼法典》的要求，法国每个重罪法院每年都要编制本年度的候选参审员名单并由一个专门委员会从当地居民中抽签选定。根据法国《刑事诉讼法典》的规定,年度参审员正式名单通常由上诉法院院长或重罪法院所在地的大审法院院长或他们的代表抽签确定。(2)开庭期参审员的产生。重罪法院在每次开庭前至少30天,应该在法院院长主持下公开从本法院的年度参审员名单中以随机抽签的方式挑选具体案件的候选参审员(一般为35名),即开庭期参审员。一般来说,一个候选人在一个年度内只担任一次参审员。另外,还要从候补名单中抽签确定6名候补参审员。(3)个案参审员的产生和审判陪审团的组成。在重罪法院法官宣布开庭及法庭组成人员后,由法院书记官从开庭期参审员名单中随机抽选审理该案的具体参审人员,以组成审判参审团。在名单人数少于23人时,开始组织抽签从候补参审员中补足。[1]

2. 德国

德国对参审员的挑选,原则上还是坚持随机性,从而保证民众的民主参与和管理。根据德国《法院组织法》和《法官法》的规定,德国的选任方式有两种:一是公民自愿到政府报名;二是政府根据居民名单随机编制,按照一定比例从居民中随机筛选。[2]

(三)域外陪审员选任方式的陈述

通过对上述国家陪审员遴选方式的比较,我们发现,各国关于陪审人员选任程序的规定虽各不相同,但各国陪审员选任方式坚持的原则是基本相同的,上述国家和地区的陪审人员选任的方式和程序基本都坚持了广泛性原则和随机性原则,只是在程度上有所差异。

关于随机性原则。无论是以英、美两国为代表的英美法系国家,还是以法国、德国为代表的大陆法系国家,其陪审人员的选任都具有随机性。美国的随机抽选组团名单、随机抽选陪审人员,英国、法国的抽签选定方式,都是这一原则的直接体现。德国原则上亦坚持随机性,其具体案件的陪审人员以随机抽签的方式确定,只是遴选委员会更偏爱在

---

〔1〕 参见邓宇:《法国的陪审制度》,载《人民法院报》2014年10月10日,第8版。

〔2〕 参见牛建华、刘峥、雷鸿:《德国"荣誉法官"制度评介及其思考》,载《法律适用》2011年第12期。

某些群体中选择，如教师、文职官员、管理人员等，这就相对限制了随机性原则在陪审人员选任中的运用。

关于广泛性原则。各国陪审人员候选人名单往往最能体现该原则。德国的参审员候选人的产生相对于英美法系等国家，范围更小。有的地方通过编制一个随机的居民名单进行提名，有的地方则实际上将提名权交给在市议会有议席的政党，还有的地方甚至允许警方否决临时性名单。[1] 这就很难保证广泛性。而法国从当地居民中抽签选定的方式，英国从选民登记册中选定的方式，能吸收更多的民众参与到陪审人员选任上来，因此更具有广泛性。

通过对上述各国陪审人员选任方式的比较，不难看出，各国在陪审员的选任方式虽有差异，具体程序亦有不同，但都基于随机性、广泛性的要求不断发展完善。

三、完善我国人民陪审员选任方式的具体建议

1. 合理确定人民陪审员候选人的遴选范围。确定人民陪审员遴选的范围，事关公民参与审判的基本权利。根据《人民陪审员法》规定，人民陪审员候选人应从司法行政机关辖区内的常住居民中随机抽取。前文已论述，尽管《人民陪审员选任办法》仅将年龄条件作为首次随机抽选的筛选条件，但是为降低随机抽选成本，特别是减少资格审查的工作量，建议将积极条件中的年龄、学历、国籍（公民身份）条件以及消极条件中的受过刑事处罚、被纳入失信被执行人名单、因受惩戒被免除人民陪审员职务的条件列为首次随机抽选的筛选条件。在当前条件下，受技术条件限制，如果在制定首次随机抽选的常住居民名单时，不能完全实现六项条件全筛选，至少可将年龄和学历两项条件作为筛选条件，将未满 28 周岁、不具有高中及以上文化程度的公民排除在外。考虑到人民陪审员遴选方式除随机抽选外，还保留了个人申请、组织推荐的方式，对于偏远、贫困地区虽不具有高中以上文化程度但德高望重者，可通过个人申请、组织推荐的方式成为人民陪审员。如此，既符合立法的

---

〔1〕 参见王晨光：《法官的职业化精英化及其局限》，载《法学》2002 年第 6 期。

精神，也有利于提高遴选的质量和效率。如果技术条件可以提供支撑，受过刑事处罚、被纳入失信被执行人名单的信息比较完整，也可将之排除在首次随机抽选的常住居民名单之外。从长远来看，应将年龄、学历、国籍（公民身份）、受过刑事处罚、被纳入失信被执行人名单、因受惩戒被免除人民陪审员职务六项条件作为首次筛选条件。为此，要尽可能改善随机抽选的技术条件，有针对性地建立相应的数据库、信息库，使制作人民陪审员候选人名单在技术上简便、易行。此外，由于绝大多数遴选条件需要在资格审查环节进行审核，在对弹性较大的遴选条件进行审查时，应注意把握资格审查的尺度，避免随意性，以防止不当排除适格的候选人或将不适格的人员遴选为候选人。建议制定详细的资格审查操作规程，明确资格审查标准，切实把握资格审查条件。

2. 建立健全人民陪审员缺额补选制度。虽然《人民陪审员法》要求建立人民陪审员候选人信息库，但这部分候选人成为正式陪审员还要经历一个资格审查阶段。根据《人民陪审员选任办法》第 26 条规定，[1] 当人民陪审员缺额超过名额数的十分之一时，或者因审判工作需要，可从通过资格审查的人民陪审员候选人名单中随机抽选确定，这不失为一个选项。如从节省抽选成本、减少资源消耗的角度考虑，可以考虑设立候补人民陪审员制度。在随机抽选人民陪审员拟任人选时，抽选一定名额的人民陪审员作为候补人民陪审员，并明确候补顺序，当出现缺额时，候补人民陪审员经人大常委会任命后即可履职。

3. 提高随机抽选的应召率。从规范的角度来看，当不当陪审员，应当根据公民的个人意愿自行决定。《人民陪审员法》并没有规定公民的强制陪审义务，特别是“对人民陪审员候选人进行资格审查，征求候选人意见”的规定，更突出了陪审员参审的权利属性，强调参与权、知情权、表达权和监督权等，而对其“义务”属性强调不多，参不参与往往

[1] 《人民陪审员选任办法》第 26 条规定：“人民陪审员缺额数超过基层人民法院人民陪审员名额数十分之一的，或者因审判工作需要，可以适时增补人民陪审员。增补人民陪审员人选从通过资格审查的人民陪审员候选人名单中随机抽选确定……”

取决于陪审员个人的自觉自愿。在没有明确强制陪审义务的前提下，如何尽可能地让更多候选人自觉自愿参与进来，提高随机抽选的应召率，是试点暴露出来的一大难题。值得注意的是，即便是在实行强制陪审的美国，陪审员征召在现如今也存在到位率较低的困扰。[1] 为提高随机抽选的应召率，当务之急是着力提高民众对人民陪审员制度的认知度，进而逐步增强民众的认同度，不断强化民众的陪审意识，不仅将参审视为法定权利，更要将之作为法定义务认真履行。在当前情势下，应当强化人民陪审制度的公益性、志愿性；要完善人民陪审员的保障机制，包括经济补偿、人身安全保障等方面，激发人民陪审员参审的积极性。

4. 推进人民陪审员选任信息化。按照随机抽选人民陪审员的制度设计，如果不依赖信息化技术，要实现两次随机抽选是不可思议的。尤其是首次随机抽选，需要筛选海量的信息，没有信息技术的支撑，几乎不可能完成。试点期间，有的法院限于技术条件，虽然靠“人海”战术，采取原始的、人工的统计方式也实现了随机抽选，但这是不可复制、不可持续的做法。要贯彻落实好随机抽选人民陪审员的规定，必须使人民陪审员遴选的信息化达到相当的程度。首先，需要完善常住人口的信息管理。由于公安机关的公民信息管理系统自成体系，试点期间，有的地方随机遴选人民陪审员需要的部分信息，公安机关要么提供不了，要么提供不全或不准。我们认为，有必要针对人民陪审员遴选的基本条件，建立人民陪审员遴选的专用基础数据库。这就要求公安机关加强辖区内常住居民信息管理，依法收集涉及人民陪审员遴选资格条件的相关信息，及时更新常住居民信息。其次，建立与遴选条件相对应的信息库。前文述及，几乎每一项人民陪审员遴选条件，都需要建立对应的信息库或数据库，除少数信息如失信被执行人已经建立了专门数据库外，多数信息库都没有建立起来，专门机构应加强对相关信息的收集、管理。最后，实现遴选信息的互联互通。随机遴选人民陪审员的基

---

〔1〕 参见［美］威廉·L. 德威尔：《美国的陪审团》，王凯译，华夏出版社2009年版，第199页。

础信息信息量大,分属不同机关管理,必须充分利用信息化手段,实现不同遴选主体、同一遴选主体上下级之间的互联互通,实现人民陪审员遴选信息系统与参审、管理信息系统的互联互通。可以借鉴国外陪审员遴选的经验,建立人民陪审员随机抽选的专门机构或专门平台,建立独立的人民陪审员遴选信息管理系统,依托该信息系统实现"两次随机抽选"。

第二节 人民陪审员选任主体改革实证考察

一、人民陪审员选任主体改革背景

无论是《关于完善陪审制度的决定》还是《陪审制度改革试点方案》,均规定由基层人民法院会同同级司法行政机关遴选人民陪审员候选人。但在实践中,由于对如何"会同"难以把握,"人民法院牵头、司法行政机关辅助"的选任模式几乎演变成了法院的"独角戏",存在不少弊端:第一,人民陪审员遴选在实践中多由法院主导,事实上由法院自选自用,难以避免利益冲突,造成了法院在遴选时既为"运动员"又为"裁判员"的尴尬局面。[1] 为补充审判力量,满足合议庭组成的需要,不少法院在遴选时倾向于选用方便参审、"好用"的人民陪审员,背离了遴选人民陪审员参审的初衷。第二,没有充分发挥司法行政机关遴选的作用。司法行政机关在提升遴选公信力、提高人民陪审员选任工作效率和质量方面有着独特优势。如基层司法行政机关在履行社区矫正、安置帮教等职责时,能够及时、全面、翔实地掌握人民陪审员资格审查中涉及的一些重要信息,如犯罪记录等;履行人民调解、基层法律服务、纠纷处理等职责,有助于司法所与辖区居民保持较为密切的联

---

〔1〕 参见何进平:《司法潜规则:人民陪审员制度司法功能的运行障碍》,载《法学》2013年第9期。

系，为人民陪审员选任工作的具体开展提供了极大的便利。[1] 但在法院主导选任工作的情况下，司法行政机关往往不能发挥其应有的作用。第三，由于法院在人民陪审员遴选等程序中所处的主导地位，给社会留下了这样的印象：人民陪审员是法院的陪审员，发展陪审制度是法院一家的事。这极不利于陪审制度的健康发展。《人民陪审员法》对遴选主体作出重大改革，将人民陪审员的两次随机遴选工作交由司法行政机关主要负责，实现选用分离，有利于消除这些弊端，改变"人民陪审员是法院的人民陪审员"的错误观念，发挥司法行政机关在遴选中的独特优势，提升人民陪审员工作的社会化程度，调动社会各方面的积极性，推动人民陪审员制度健康发展。

关于人民陪审员选任主体改革试点的主要内容，《陪审制度改革试点方案》《陪审制度改革试点办法》在《关于完善陪审制度的决定》的基础上作了适当调整，主要是将中级人民法院明确为遴选人民陪审员的主体，建立起由基层人民法院和中级人民法院会同同级司法行政机关对人民陪审员候选人进行资格审查，征求候选人意见，建立人民陪审员名册，提请同级人大常委会任命的选任制度。（见表 2－12）

表 2－12　关于人民陪审员选任主体的有关规定

文件	内容
《关于完善陪审制度的决定》（2004 年 8 月）	第 7 条　人民陪审员的名额，由基层人民法院根据审判案件的需要，提请同级人民代表大会常务委员会确定。 第 8 条　符合担任人民陪审员条件的公民，可以由其所在单位或者户籍所在地的基层组织向基层人民法院推荐，或者本人提出申请，由基层人民法院会同同级人民政府司法行政机关进行审查，并由基层人民法院院长提出人民陪审员人选，提请同级人民代表大会常务委员会任命。

[1] 参见刘昂、杨征军：《人民陪审员选任工作机制的完善——基于对某改革试点省的调研分析》，载《中国司法》2016 年第 5 期。

续表

文件	内容
《选任、培训、考核工作实施意见》(2004年12月)	第7条　对于被推荐和本人申请担任人民陪审员的公民,由基层法院依照《决定》* 第四条、第五条、第六条的规定进行审查,初步确定人民陪审员人选后,将人选名单及相关材料送同级人民政府司法行政机关征求意见。必要时,由基层人民法院会同同级人民政府司法行政机关到公民所在地、户籍所在地或者经常居住地的基层组织进行调查。 第8条　基层人民法院根据审查结果及本院人民陪审员的名额确定人民陪审员人选,并由院长提请同级人民代表大会常务委员会任命。
《陪审制度改革试点方案》(2015年4月)	主要内容 (二)完善人民陪审员选任程序。 基层和中级人民法院每五年从符合条件的当地选民(或者当地常住居民)名单中随机抽选当地法院法官员额数5倍以上的人员作为人民陪审员候选人,制作人民陪审员候选人名册,建立人民陪审员候选人信息库。 基层和中级人民法院会同同级司法行政机关对人民陪审员候选人进行资格审查,征求候选人意见,从审核过的名单中随机抽选不低于当地法院法官员额数3－5倍的人员作为人民陪审员,建立人民陪审员名册,提请同级人大常委会任命。
《陪审制度改革试点办法》(2015年5月)	第8条　人民法院会同同级司法行政机关,从通过资格审查的候选人名单中以随机抽选的方式确定人民陪审员人选,由院长提请人民代表大会常务委员会任命。人民法院应当将任命决定通知人民陪审员本人,将任命名单抄送同级司法行政机关,并逐级报高级人民法院备案,同时向社会公告。相关司法行政机关应当将任命名单逐级报省级司法行政机关备案。

续表

文件	内容
《人民陪审员法》(2018年4月)	第9条　司法行政机关会同基层人民法院、公安机关,从辖区内的常住居民名单中随机抽选拟任命人民陪审员数五倍以上的人员作为人民陪审员候选人,对人民陪审员候选人进行资格审查,征求候选人意见。 第10条　司法行政机关会同基层人民法院,从通过资格审查的人民陪审员候选人名单中随机抽选确定人民陪审员人选,由基层人民法院院长提请同级人民代表大会常务委员会任命。 第11条第1款　因审判活动需要,可以通过个人申请和所在单位、户籍所在地或者经常居住地的基层群众性自治组织、人民团体推荐的方式产生人民陪审员候选人,经司法行政机关会同基层人民法院、公安机关进行资格审查,确定人民陪审员人选,由基层人民法院院长提请同级人民代表大会常务委员会任命。

*《决定》为《关于完善陪审制度的决定》。——笔者注

二、人民陪审员选任主体改革试点的具体做法

(一)选任主体改革试点的两种模式

在试点的前两年,各试点地区仍由人民法院主导人民陪审员遴选。通过访谈我们了解到,L市Y区人民法院在选任陪审员过程中,该区司法行政机关仅在资格审查以及前期宣传工作中起辅助作用,法院基本上主导了包括遴选条件设定、公告、考察、提名在内的整个选任过程,事实上产生了自选自用的效果。在改革试点延期的一年里,部分试点法院开始探索“司法行政机关选任、人大任命、法院使用”的选用分离模式。

1. 人民法院主导,司法行政机关辅助

访谈材料:

问:您可以谈下你院选任人民陪审员的具体流程吗?

某法官(东南F省L市中级人民法院法官):关于陪审员

的选任,我们当时是根据最高人民法院关于人民陪审员改革的方案和相关的规定,由中级人民法院从公安部门中抽取全市符合条件的28周岁以上、高中以上学历常住人员的名单,再按照一定比例将名额分到每个乡、镇、区。选任过程其实是由中级人民法院全权负责,因为试点法院就是中级人民法院,而且选任的是中级人民法院的陪审员。基层人民法院要做的就是,按照陪审员户籍所在地,根据所辖范围对陪审员进行相应的审核,比如询问陪审员是否愿意担任人民陪审员,了解陪审员相关的个人品行、道德水准,这是由基层人民法院包括当地的司法行政部门协助完成的。

具体怎么选,是先由中级人民法院选出来一部分人,然后按照我们设置的一个软件,筛选出28周岁以上65周岁以下,具有高中以上学历的人员,再与公安户籍管理部门数据库的数据对接,筛选出每个县市区符合条件的人。在这个过程中,再根据公安提供的信息剔除有违纪违法、不良记录或者是老赖及被纳入失信被执行人员名单的人员,而且还要和纪检部门联系,再筛选一次,经过其他部门的协助,层层筛选,范围就缩小了。

问:司法局和法院之间关于陪审员的选任和管理工作是怎样分工的呢?

某副院长(西北S省X市Y区人民法院副院长):这个存在很大问题。司法局只选不管,由法院使用和管理,就会缺乏监督,而且在选任和管理的衔接上也可能存在问题。最好的方法是让司法局抽选和管理,法院只是在用的时候从库里抽选,这样的话就能防止陪审员和法院之间有牵连、捆绑,相对隔离。但法院不管理的话,选任效率又可能会降低。陪审员由谁来管理,现在还没有明确的规定,无论是司法局管还是人大管都能说得过去。其实最好的方法是由人大来管。由司法局抽取,由人大参照人大代表的退出、管理方式考核之后,再由法院抽取,这样相对好一点。

问:那么在以后的改革中,司法局是否愿意承担更多有关人民陪审员的工作呢? 还是说就是以法院为主导司法局配合的这种工作方式呢?

某科长(西北S省X市司法局基层科科长):就现阶段来说,我还是倾向于法院主导我们配合的方式,因为毕竟还是法院在使用。如果让司法局更多地参与到这项工作中,就是让司法局更多地参与到法院的审理工作中。因为承担工作的前提是要了解这项工作,但是既然现在主张法院独立审判,法院又更加专业一些,那就应该还是维持他们主导我们配合的方式。

试点要求各遴选主体加强协调配合,各试点法院要主动向当地人大报告改革试点情况并接受人大监督;要会同司法行政部门,与公安等部门密切协作,形成工作合力,不断完善人民陪审员工作机制。[1] 但在改革的实际操作过程中,人民法院往往主导了整个的选任过程,司法局发挥的作用甚微。以东南F省L市Y区为例,通过访谈我们了解到,无论是调取符合条件的人员信息,还是组织随机抽选,第一轮随机抽选工作完全由Y区人民法院完成,司法局并未参与其中。第一轮随机抽选后,人民法院与司法局联合进行资格审查、考察。司法局亦只是"配合"法院进行考察,"参与"前期的宣传工作,并没有发挥实质作用。再以西北S省X市Y区为例,Y区人民法院在选任人民陪审员时,司法局主要负责前期准备工作(如张贴选任公告等)以及人民陪审员初选的资格审查工作,选任工作主要由法院负责;对于选任结果,法院只是知会司法局,司法局并不会再次对名册上候选人的资格进行核查确认。在整个选任过程中,选任工作仍由法院主导。在实践中,还存在完全由人民法院选任、司法局全程不参与的情形。

---

〔1〕 参见安克明:《周强:深入推进人民陪审员制度改革》,载最高人民法院网2015年4月28日,http://www.court.gov.cn/zixun-xiangqing-14326.html。

2. 司法行政机关主导,人民法院辅助

访谈材料:

问:请问您所在的司法局,在人民陪审员的选任过程中的角色是怎样的呢?

某所长(华东J省S市某司法所所长):我们华东J省作为试点的地区,今年(2017年)是根据司法行政改革的意见进行选任工作,总体来说就是三点:司法行政部门选取、人大任命、法院使用。

问:具体是如何操作的?

某科长(华东J省S市W区司法局基层科科长):改革之前,我们是和法院共同完成选任工作的。改革之后,就是根据文件的要求,我们负责选任工作,法院监督、配合、协调。

为避免出现法院自选自用人民陪审员的现象,一些试点法院探索了人民陪审员遴选"选用分离"模式,遴选工作由司法行政机关主导,人民法院在选任中仅起辅助作用。以华东J省S市W区为例,该院只需要确定遴选的人民陪审员名额,其他具体的选任工作均由司法局及其司法所完成,实现了人民陪审员"选用分离"。具体做法是:首先由W区人民法院根据受理案件情况、人口等相关因素确定需要随机抽选的人民陪审员人数。由当地司法局从公安局人口信息数据库中筛选出首次随机抽选的人民陪审员候选人名单,再由司法局主导完成随机抽选工作。资格审查工作由司法局交由所辖司法所完成,人民法院也不参与。在整个遴选过程中,法院只需提供所需陪审员名额,参与遴选宣传工作,负责提请任命工作,其他具体的选任工作由司法局完成,既避免了自选自用的尴尬,也确保了人民陪审员选任的中立性和公正性。

(二)人大常委会在选任中的角色

为了彰显人民陪审员的地位与作用,法律规定人民陪审员需要由法院提请同级人大常委会进行任命,这同时也是对人民陪审员遴选进行把关与监督。在调研中,有访谈对象认为可以由人大常委会来选任人民陪审员,因为同级的人大常委会不是司法机关,由其选任人民陪审员更为客观。但对这一观点还存在不少争议。在目前的选任过程中,人大常委会更需要扮演的是一个监督者的角色,不仅对人民法院提请任命的人民陪审员进行监督,也需要对法院及司法局的遴选行为进行监督,使选任公正在更大程度上得到保障。在实践中,有些地方人大对陪审员的选任工作的认识显然还不够,我们调研的西北S省W市中级人民法院在报请人大对人民陪审员进行任命时,人大认为人员过多,工作量大,第一批仅任命90人,导致改革试点工作中宣誓、岗前培训等工作不能一次完成,选任工作也不能按照上级要求的节点完成。

(三)公安机关在选任中的角色

访谈材料:

问:您认为随机抽选还有哪些问题?

某副局长(华中N省A市L区司法局副局长):公安机关的户籍系统的信息并不全面,给我们的工作带来了一定的阻碍。比如空户比较多,教育背景不明、健康程度不明。

问:制作人民陪审员信息库还顺利吗?

某庭长(西北S省H市中级人民法院立案庭庭长):不太顺利。公安系统不太配合而且也没有全面的个人信息。

由于人民陪审员候选人要从当地常住居民名单中随机抽选,而这些常住居民个人信息主要由公安机关管理,没有公安机关的参与、配合,随机抽选工作很难正常开展。我们在调研时发现,有的地方公安机关以没有法律依据为由不予配合,不愿提供公民个人信息。由于受限于落后的经济技术条件,公民信息管理手段也十分落后,有的地方公安机关无法提供遴选所需的公民个人信息。即使能够提供相关信息,但由于信息收集不完整,更新不及时,所提供的信息也不准确。

三、《人民陪审员法》有关选任主体的规定及解读

(一)司法行政机关主导遴选实现"选用分离"

《陪审制度改革试点方案》和《陪审制度改革试点办法》要求人民

法院会同同级司法行政机关开展人民陪审员选任工作。《人民陪审员法(草案)》沿用了原有规定,但《人民陪审员法》正式出台时将之调整为由司法行政机关会同基层人民法院、公安机关选任的模式。(见表2-8)这意味着,今后人民陪审员遴选工作将由司法行政机关牵头负责,基层人民法院、公安机关协助完成,最终将建立司法行政机关选荐、人大任命、法院使用的工作机制。

(二)明确中级人民法院只用不选人民陪审员

根据《陪审制度改革试点方案》《陪审制度改革试点办法》规定,基层人民法院和中级人民法院人民陪审员遴选工作分别由基层人民法院、中级人民法院会同同级司法行政机关开展。《人民陪审员法》明确基层人民法院为人民陪审员遴选主体,没有再明确中级人民法院应负遴选之责。按照《人民陪审员法》的规定,中级人民法院、高级人民法院只用不选人民陪审员,其审判案件需要由人民陪审员参加合议庭审判的,在其辖区内的基层人民法院的人民陪审员名单中随机抽取确定。主要原因是:中级人民法院所需人民陪审员数量不多,单独进行一次随机抽取费时费力,实无必要。[1]《人民陪审员法》规定中级人民法院所用人民陪审员从"其辖区内的基层人民法院"的人民陪审员名单中随机抽取,但通常中级人民法院下辖多个基层人民法院,具体如何抽取还需作出进一步解释、说明。对此,《陪审员参审规定》明确是"其所在城市的基层人民法院",这一规定的范围似乎要比"其辖区内的基层人民法院"要窄。考虑到中级人民法院有不少案件通常要巡回审判,特别是刑事案件。我们认为可对"其辖区内的基层人民法院"作扩大解释,包括"巡回审判地基层人民法院""所在城市的基层人民法院"。如此规定,可以方便人民陪审员就近参审,也有利于减少人民陪审员随机抽选的成本消耗,降低中级人民法院人民陪审员使用成本。

---

〔1〕参见最高人民法院政治部:《〈中华人民共和国人民陪审员法〉条文理解与适用》,人民法院出版社2018年版,第221页。

（三）首次明确公安机关为负有法定职责的人民陪审员遴选主体

《人民陪审员法》以立法的形式明确规定了公安机关在遴选人民陪审员中的法定义务，既提供了公安机关配合开展随机抽取的法律依据，也有助于公安机关适应人民陪审员遴选的需要，加强人民陪审员信息的收集、管理以及信息系统的技术开发，提高人口信息管理的规范化、科学化、信息化水平。

四、域外陪审员选任主体的考察

美国陪审员的选任通常由州最高法院陪审团事务办公室负责，该事务办公室根据辖区内选民登记名单制作陪审员候选名单，并负责传召候选陪审员等。由于美国实行"一案一选"，个案陪审员的遴选实际上由审理案件的法官负责。在遴选过程中，律师发挥着十分重要的作用。缺少了律师的参与，陪审员选任程序甚至无法进行。"控辩双方不仅可以实质性地参与挑选程序，而且在程序中有机会充分表达对陪审员候选人的意见。"[1]英国设立陪审员召集署，统一管理全国的陪审员选任。

与英美法系国家选任陪审员的做法相比，德国参审员选任具有明显的国家职权干预色彩，国家有关机关在参审员选任中占据主导地位。德国成立了参审员遴选委员会专门负责参审员的遴选工作，当事人在参审员选任过程中，基本上没有发言权。德国参审员遴选委员会从被提名人选中挑选参审员制作候选名单，候选名单最后交议会选举通过。具体案件参审员的确定由法院行政办公室随机抽签确定。也就是说，德国参审员的选任工作由各机关或机构分工进行，其选任工作亦带有强烈的行政化色彩。在法国，通常由各市镇的行政长官主持抽选预备参审员，专门委员会（一般由法官、当地政府官员和当地议会代表组成）进行资格审查并由法院抽选最终参审员。事实上各选任主体之间

〔1〕 胡荣、胡夏冰：《美国：陪审员选任程序及其特色》，载《人民法院报》2017 年 9 月 29 日，第 8 版。

形成了明确的职能分工,且联系紧密,这在一定程度上减轻了法院的负担。

五、完善人民陪审员选任主体制度的具体建议

(一)加强选任机关的协同配合

《人民陪审员法》规定由司法行政机关会同基层人民法院、公安机关通过“两次随机抽选”遴选人民陪审员,建立了司法行政机关牵头负责,基层人民法院、公安机关协作配合的遴选机制。但试点经验表明,选任主体之间分工不太明确,联系较为松散,各遴选机关如何加强协同配合,在遴选陪审员过程中做到权责明晰,既分工又合作,事关遴选机制的有序运行。首先,要加强横向的协同配合。根据《人民陪审员法》的规定,人民陪审员遴选由基层人民法院同级的司法行政机关牵头负责,会同基层人民法院、公安机关完成。“会同”意味着三机关都负有遴选人民陪审员的法定职责。为确保各遴选机关既不缺位,也不越位,有必要明确各遴选机关的职责分工。作为牵头负责单位,司法行政机关负有组织协调之责,并应担负起遴选程序的启动、两次随机抽选、资格审查、确定拟任人民陪审员名单等职责,基层人民法院、公安机关除应依法积极配合司法行政机关的遴选外,还负有其他遴选职责。根据《人民陪审员法》规定,人民陪审员名额由基层人民法院根据审判案件的需要,提请同级人大常委会确定。由于人民法院还掌握了失信被执行人名单,负有在遴选中提供这些信息的义务。人民陪审员经任命后,人民法院还应牵头组织就职宣誓仪式。在日常管理中,及时向司法行政机关通报人民陪审员缺额情况,便于司法行政机关根据审判需要及时增补人民陪审员。公安机关在遴选中主要负责提供准确的常住居民信息,以及辖区受过刑事处罚的居民名单,参与相关遴选工作。其次,要加强纵向的业务指导。表面上,《人民陪审员法》没有规定上级司法行政机关、上级人民法院、上级公安机关在人民陪审员遴选中的角色。事实上,这些机关往往在遴选中扮演政策解读、提供指导性意见、制定规范性文件等角色,负有统一法律适用标准的职责。最后,应对专门法院等法院的人民陪审员遴选作特殊安排。由于我国人民法院设置没有

完全对应行政区划,有些法院如铁路运输法院并没有对应的遴选机关。这些法院的人民陪审员如何遴选,还有待出台更细化的司法解释或规范性文件。

(二)探索设立单一选任主体的机制

设立单一的、专门的选任主体的最大优势就是可以有效整合各种信息资源,形成统一的、专门的人民陪审员基础信息收集系统、随机遴选系统。借鉴英国、德国的经验,可以在我国设立统一的、专门的选任机构全面负责人民陪审员的选任工作。可以考虑在现有规定基础上,进一步明确由司法行政机关设立专门机构统一行使遴选职权,彻底实现人民陪审员"选""用"分离。

(三)探索人民陪审员自动当选机制

实行随机抽选后,人民陪审员遴选的规模大为扩张,仍然采用原有的提请人大常委会任命模式,将大大增加工作量和经济成本。此外,需要重视的是,中级人民法院审判案件需要人民陪审员时,从其辖区内的基层人民法院人民陪审员名单中随机抽选。根据《人民陪审员法》有关任命主体、任命程序的规定,将出现基层人民法院同级人大常委会任命的人民陪审员既可以参审中级人民法院案件,又可以参审基层人民法院案件的局面,这与《人民法院组织法》的相关规定有冲突。可以探索、创新人民陪审员任命机制,随机抽选产生的人民陪审员,可由法律规定自动当选为人民陪审员;而个人申请、组织推荐产生的人民陪审员仍由人大常委会任命。

第三节　人民陪审员选任程序改革实证考察

一、人民陪审员选任程序改革与实践

(一)规范中的人民陪审员选任程序

从广义的角度而论,人民陪审员选任程序包括选任方式、选任主体以及选任的具体流程。从《关于完善陪审制度决定》到《陪审制度改革试点方案》《陪审制度改革试点办法》再到《人民陪审员法》,人民陪审

员选任程序经历了一个不断改革发展的过程。(见表2－13)选任方式从“所在单位或者户籍所在地的基层组织向基层人民法院推荐,或者本人提出申请”调整为“全面实现随机抽选”,再调整为“以随机抽选为主,个人申请和所在单位、户籍所在地或者经常居住地的基层群众性自治组织、人民团体推荐为辅”;选任主体从“基层人民法院会同司法行政机关”选任调整为“司法行政机关会同基层人民法院、公安机关进行审查”;而对有关人民陪审员任期、任命等规定未作调整。本节所指选任程序是狭义的选任程序,即从确定人民陪审员名额到人民陪审员任命、公示的具体流程。

表2－13　关于人民陪审员选任程序的法律规范

法律规范	选任方式	选任主体	名额确定	范围来源
《关于完善陪审制度的决定》(2004年8月)	所在单位或户籍所在地基层组织推荐;本人申请	基层人民法院会同同级人民政府司法行政机关进行审查,并由基层人民法院院长提出人民陪审员人选,提请同级人大常委会任命	人民陪审员的名额,由基层人民法院根据审判案件的需要,提请同级人民代表大会常务委员会确定	—
《陪审制度改革试点方案》(2015年4月)	全面随机抽选	基层和中级人民法院会同同级司法行政机关对人民陪审员候选人进行资格审查,征求候选人意见;提请同级人大常委会任命	人民陪审员候选人:法官员额数5倍以上;人民陪审员:法官员额数3～5倍	当地选民或者当地常住居民名单

续表

法律规范	选任方式	选任主体	名额确定	范围来源
《人民陪审员法》(2018 年 4 月)	随机抽选;个人申请;所在单位、户籍所在地或经常居住地的基层群众性自治组织、人民团体推荐	司法行政机关会同基层人民法院,从通过资格审查的人民陪审员候选人名单中随机抽选确定人民陪审员人选,由基层人民法院院长提请同级人大常委会任命	随机抽选人民陪审员:不低于法官数的 3 倍;以推荐或申请方式:不超过人民陪审员名额数的五分之一	辖区内的常住居民名单

根据《选任、培训、考核工作实施意见》第 4 ~ 9 条规定,改革前,选任人民陪审员时应当遵循公平、公正、公开的原则,其基本遴选程序如图 2 – 1 所示。总体来看,改革试点前人民陪审员与法官的选任程序无实质差别,都是由法院院长提名,由同级人大常委会表决任命。一旦获得任命,陪审员有 5 年的任期。《陪审制度改革试点办法》规定中级人民法院也要进行陪审员选任工作,试点也作了相应调整。在选任程序改革中,人民法院、司法行政机关应主动收集当地居民信息、筛选候选对象,通过两次随机抽选的方式选出适格人民陪审员。尽管设置了门槛,但这种俗称“海选”的选任方式让更广泛的群众有更多的机会参与到司法审判之中。较以往的选任方式,全面随机抽选有助于抑制法院自选自用的操控性。同时,建立候选人信息库和人民陪审员信息库的方式有助于人民陪审员随机遴选,为人民陪审员的遴选和退出提供基础数据库。

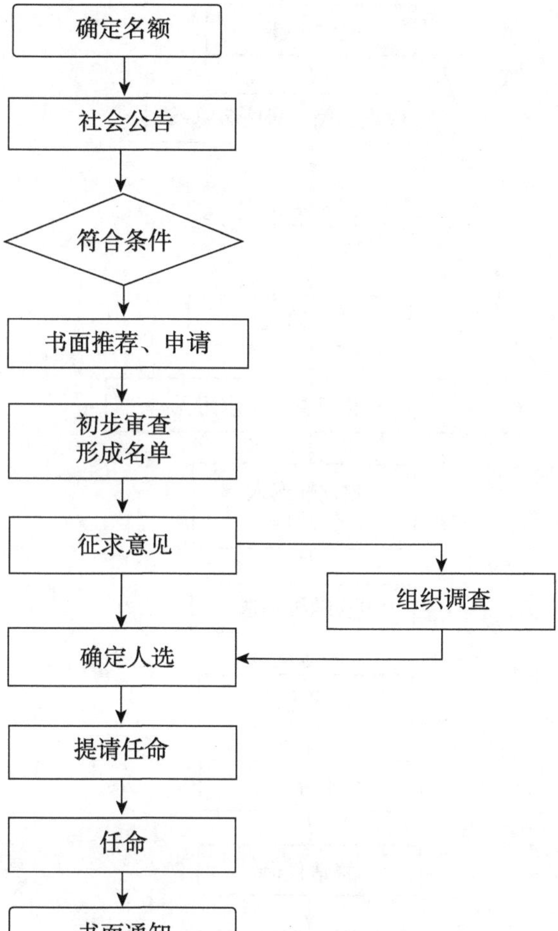

图2－1　非试点地区人民陪审员遴选流程

（二）人民陪审员选任程序改革试点情况

从调研的情况来看，各试点法院基本上都是按《陪审制度改革试点办法》规定的流程选任人民陪审员。根据《陪审制度改革试点办法》第5～10条的规定，试点地区选任程序如图2－2所示。

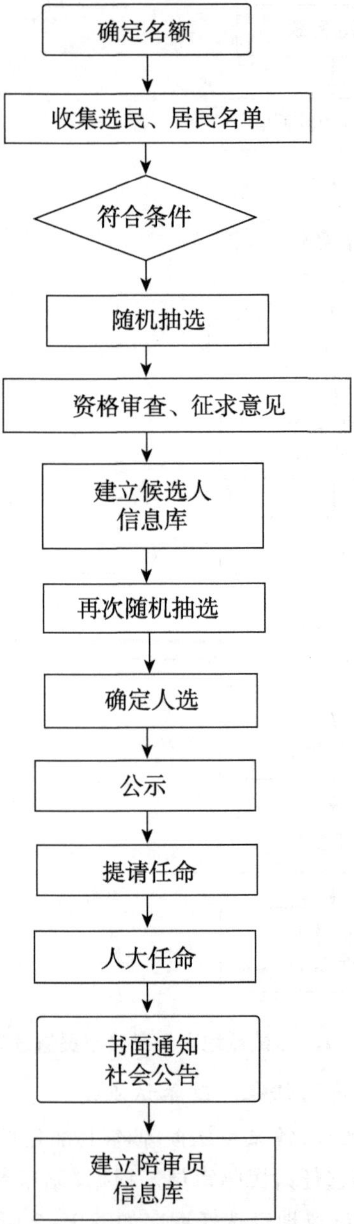

图 2－2　试点地区人民陪审员选任流程

(三)《人民陪审员法》有关选任程序的规定及解读

1.人民陪审员名额的确定

《陪审制度改革试点方案》规定人民陪审员名额是当地法院法官员额数3~5倍[1],《陪审制度改革试点办法》规定基层人民陪审员名额不低于本院法官员额数的3倍,陪审案件数量较多的法院也可以将人民陪审员名额设定为本院法官员额数的5倍以上[2]。《人民陪审员法》明确人民陪审员人数不低于本院法官数的3倍。相较于《陪审制度改革试点办法》,《人民陪审员法》不再规定中级人民法院亦可合理确定其人民陪审员名额,而是由基层人民法院统一确定。影响人民陪审员名额确定的因素比较多,如设立人民陪审员制度的价值目标、国家对人民陪审的资源投入、案件审判的需要等。以法官员额的倍数作为人民陪审员名额确定的标准,以法官员额的3倍作为人民陪审员员额的下限,这一规定是否科学还有待进一步研究。结合《人民陪审员法》第19条、第24条的规定,确定人民陪审员员额,还需要考虑人民陪审员年度参审案件数上限的规定以及中、高级人民法院选用人民陪审员的需求。

2.选民名单的规定

《人民陪审员法》调整了《陪审制度改革试点办法》从符合条件的选民或者常住居民名单中随机抽选候选陪审员的规定,规定不再从选民名单中抽选,而是只从辖区内的常住居民名单中抽选。为何如此规定?前文已阐述,可能主要是考虑到选民名单更新缓慢,信息滞后

---

[1] 《陪审制度改革试点方案》第二部分“主要内容”规定:“基层和中级人民法院会同同级司法行政机关对人民陪审员候选人进行资格审查,征求候选人意见,从审核过的名单中随机抽选不低于当地法院法官员额数3-5倍的人员作为人民陪审员,建立人民陪审员名册,提请同级人大常委会任命。”

[2] 《陪审制度改革试点办法》第5条第1~2款规定:“基层人民法院根据本辖区案件数量和陪审工作实际,确定不低于本院法官员额数3倍的人民陪审员名额,陪审案件数量较多的法院也可以将人民陪审员名额设定为本院法官员额数的5倍以上。中级人民法院根据陪审案件数量等实际情况,合理确定本院人民陪审员名额。试点期间,尚未开展法官员额制改革的,法官员额数暂按中央政法专项编制的39%计算。”

严重。

3. 资格审查的标准

根据《人民陪审员法》第 11 条的规定，应由司法行政机关会同基层人民法院、公安机关进行司法审查，但在资格审查的分工上，三主体的分工还有待进一步明确。从实地调研的情况来看，资格审查的内容多为人民陪审员遴选条件中的软性条款，大多具有较大的弹性，如品格条件，审查标准不太容易把握，带有较强的主观性。在实践中，存在资格审查随意性过大的问题。W 市中级人民法院一位参加过资格审查的法官在访谈中提到，有时候资格审查就是看候选人给审查者留下的第一印象，有一次一个候选人因身上有文身而没有通过资格审查。如不严格把握人民陪审员候选人的资格条件，不仅会排除适格的公民参与审判，也会导致人民陪审员遴选的法定条件被虚置。

二、域外陪审员选任程序考察

美国联邦法院和各州法院陪审员的选任程序存在一定差异，不同审级法院也有所不同。从总体上来看，美国陪审员选任程序通常包括：(1)制定陪审员候选人名单。为了让符合条件的公民能够进入候选陪审员名单，通常借用选民名单编制候选陪审员名单，有的州也会根据驾驶执照持有者名单编制候选陪审员名单，因为驾驶执照持有者名单的人员范围比选民登记名单人员更广。(2)传唤候选陪审员到庭。候选陪审员名单编制完成后，由法院官员或者书记官从名单中随机抽选一定数量的候选陪审员，同时法院会向其寄送书面通知、有关陪审信息材料及调查问卷表，调查问卷表涉及该候选陪审员的基本情况和有关信息资料，候选人将填写完毕的书面通知寄回法院。(3)法官询问候选陪审员。在这一程序上，各州规定又不尽相同。有的州为了保证候选陪审员能够自由表达意见，选择在相对封闭的环境下进行；有的州则规定全程公开进行，以实现这一程序最大程度的公开和透明。法官向候选陪审员提问的通常是一些常规性问题，但也不排除有例外的情况，诸如在涉及枪支或毒品案件时会问到其是否对枪支或毒品有强烈的偏见等。(4)控辩律师挑选陪审员。美国的陪审制离不开律师的参与。作为一项技术活,由律师而不是当事人挑选陪审员更具有可行性。控辩律师一般通过回避的方式挑选陪审员,包括有因回避和无因回避。[1]

与美国法院主要根据选民登记名单编纂候选陪审员名单不同,法国所有参审员名单均来自选民名单。笼统地说,法国参审员选任程序即为确定“三份名单”的过程:(1)预选并确定年度名单。通常在各市镇市长的主持下以抽签的方式从选民名单中产生预备参审员名单,每个重罪法庭每年都要编制本年度的候选参审员名单。(2)抽选并确定名单。由上诉法院院长或者重罪法院所在地的大审法院院长主持,至少在开庭30日以前,抽签选任庭期参审员名单。(3)产生最终参审员名单。由审判长在开庭审理当日从正式参审员名单中抽签决定参与审判的参审员名单(包括1名候补参审员)。

德国参审员的选任程序包括以下几方面:(1)编造候选人名册。该名册由德国地方乡镇行政长官主持,且需经乡镇代表会2/3以上代表同意,面向行政辖区内的所有居民团体,适当考虑性别、年龄、职业以及社会地位等进行编制。(2)制作参审员名册。遴选委员会(由区法院法官、联邦政府指派的行政官员以及居民代表组成)从名册中选举参审员。(3)抽取参审员。由法官主持,在参审员名册中抽签选取参审员。[2]

无论是英美法系国家还是大陆法系国家,毫无疑问,其陪审员选任程序均显示了广泛性与民主性,只不过程度有所差异。较之于法国、德国等国家,美国的陪审团成员遴选范围更广。一般来说,美国陪审团成员来自社会的各个阶层,没有种族、年龄(一般最低年龄满18岁)、信仰等的差别,不局限于某一特定人群,也不将某一特定人群排除在外;德国通过相应的制度设计让更多的公民参加司法审判,例如对参审员每年参加陪审案件数量的上限作出了禁止性规定。在选任方式上,虽

[1] 参见胡荣、胡夏冰:《美国:陪审员选任程序及其特色》,载《人民法院报》2017年9月29日,第8版。

[2] 参见牛建华、刘峥、雷鸿:《德国“荣誉法官”制度评介及其思考》,载《法律适用》2011年第12期。

然各国一般都采取随机抽选(抽签)的方式选任陪审员,但其中亦存在差异。美国、英国通常会利用计算机从选民登记名册中随机抽选陪审人员。法国在抽签选取庭期参审员时由审判长决定,德国亦由法官主持抽签选取参审员。而在日本,根据日本《裁判员法》和《裁判员规则》的规定,每年9月1日,地方裁判所根据最高裁判所规则,在其管辖区域内的市、町、村内,分配第二年必要的裁判员候选人人数,并必须将此通知上述市、町、村的选举管理委员会。所谓"裁判员候选人人数",是指根据最高裁判所规则,地方裁判所考察其处理的案件以及相关事项后,计算得出的人数。[1]

三、贯彻落实《人民陪审员法》相关规定需要重视解决的问题

(一)如何科学确定人民陪审员名额

各国陪审员员额的确定主要有两种方式,第一种方式是不确定具体的数额,将全体公民作为候选人,然后根据一定的条件排除不符合条件者,剩余人员就是该国候选陪审员的数额;第二种方式是根据一定的标准确定具体的陪审员数额。第一种方式是英美法系国家的选择,第二种方式则是大陆法系国家的选择。选择何种陪审员员额确定方式与各国陪审制度的特点以及陪审员的职责有关。在英美法系国家,陪审员参与审判通常是从常识、常情、常理出发认定案件事实,故对陪审员几乎没有除年龄、语言能力之外的条件限制,也没有员额限制。而在大陆法系国家,陪审员的职责是对法律适用和事实认定进行判断,客观上对陪审员的要求更高,使这些国家陪审员的选任条件更加严格,选任程序相对也更加复杂,通常对陪审员员额有专门要求。我国《人民陪审员法》采取人民陪审员员额制,与大陆法系国家的做法类似。需要考虑的是如何科学确定人民陪审员的名额。根据《人民陪审员选任办

〔1〕 参见李立丰:《司法民主与刑罚适用:以日本裁判员制度为研究视角》,中国政法大学出版社2015年版,第158页。

法》第5条〔1〕规定,基层人民法院在确定人民陪审员名额数时应考虑审判案件的需要以及法院辖区人口数量、地域面积、民族状况等多重因素,并需结合上级人民法院随机抽取人民陪审员的需要。根据《人民陪审员选任办法》第29条规定〔2〕,有的基层人民法院还需考虑海事法院、知识产权法院、铁路运输法院随机选用人民陪审员参审的需要。主要是因为这些法院以及开发区法院、跨区划设置的法院没有对应的同级人大常委会,不能任命人民陪审员。同时,有的法院管辖地域较广,选任人民陪审员存在一定困难。基层人民法院在确定人民陪审员名额时需要综合考虑这些因素。

(二)如何科学确定资格审查标准

资格审查是遴选程序中的重要环节。资格审查包括客观条件审查和主观条件审查两方面。客观条件是遴选程序对人民陪审员设置的年龄条件和学历条件,以客观标准即可判断是否符合要求。主观条件是人民陪审员的身体状况、表达能力等需靠审查人员进行主观判断的条件。审查主观条件时,审查人员具有较大的裁量权。为避免审查人员在遴选中恣意排除适格的候选人或吸收不适格的对象为候选人,应当严格规范审查流程,明确资格审查的标准。

(三)如何增强程序的正式性

法院如何将抽选结果通知候选人民陪审员?在实践中多是采简便易行的方式。在访谈中,某人民陪审员表示其收到的参审通知是由随机抽选的软件系统自动发送的,在开庭前,书记员亦会以电话的方式通知。一般而言,社会公众并不了解或者不够了解陪审员选任的整个程

---

〔1〕《人民陪审员选任办法》第5条规定:"基层人民法院根据审判案件的需要以及本辖区人口数量、地域面积、民族状况等因素,并结合上级人民法院随机抽取人民陪审员的需要,提出不低于本院法官数三倍的人民陪审员名额数的意见,提请同级人民代表大会常务委员会确定。"

〔2〕《人民陪审员选任办法》第29条规定:"海事法院、知识产权法院、铁路运输法院等没有对应同级人民代表大会的法院一般不单独进行人民陪审员选任,需要由人民陪审员参加合议庭审判案件的,在其所在地级市辖区内的基层人民法院或案件管辖区内的人民陪审员名单中随机抽取确定。"

序，也不清楚陪审制度的内容，这涉及民众对陪审的认知问题。我们认为，可以借鉴美国的做法，在通知候选陪审员时应向其寄送正式的法律文书，并一并寄送有关陪审的信息材料及人民陪审员基本情况调查表。此举既可以逐步增强公民的陪审意识，明确其陪审义务，也便于人民陪审员候选人主动申报其基本情况，有利于资格审查工作顺利进行。

（四）如何简化资格审查程序

根据《人民陪审员法》规定，人民陪审员选任程序中的资格审查由司法行政机关会同基层人民法院、公安机关进行。从审查的能动性来讲，现行法律规定的资格审查是一种主动性审查。但在实践操作中，主动审查工作烦琐、审查标准难掌握，且不一定能达到审查的目的。我们认为，从完善人民陪审员选任程序的角度出发，应当逐步简化人民陪审员的资格审查程序，转主动审查为候选人主动申报，审查机关被动审查。在对人民陪审员进行初次随机抽选后，由被抽选的人民陪审员候选人主动向资格审查机关提交审查申请及相关证明材料，司法行政机关、基层人民法院及公安机关再对照遴选条件对提交申请的人民陪审员候选人进行审查。对于不主动提交资格审查申请的人民陪审员候选人可自动确认为人民陪审员。这样既简化了资格审查程序，又能解决实践中部分人民陪审员候选人积极性不高，浪费司法资源的问题。

（五）如何契合二元职权配置模式实行分类随机抽选

《人民陪审员法》调整了人民陪审员的参审职权，在区分三人合议庭与七人合议庭的基础上实行“事实审”“法律审”相分离。然而，现有法律规定并未对人民陪审员的遴选进行分类。特别是在实行随机抽选后，笼统地进行选任产生了一系列问题。为了适应这一变化，同时为使人民陪审员选任程序更加多元，我们认为在对人民陪审员进行遴选时，可以探索契合人民陪审员职权配置二元模式的分类随机抽选方式。在选任三人合议庭的人民陪审员时，按照现有制度设计，通过两次随机抽选选任符合人民陪审员条件的人员；在选任七人合议庭的人民陪审员时，可借鉴域外陪审团遴选经验，探索实行“一案一选”“当庭选定”模式，以放宽选任条件，让更多具有丰富社会阅历的人参与到陪审中来。

第三章　人民陪审员参审职权改革实证考察

人民陪审员制度“事实审”和“法律审”问题，即人民陪审员参审职能是否包含事实认定和法律适用问题，是人民陪审员制度的核心问题。[1] 传统意义上，陪审团制与参审制划分的主要标志在于陪审员的参审职权是否包含事实认定和法律适用。根据《关于完善陪审制度的决定》规定，我国人民陪审员职权被定义为“参加合议庭审判案件，对事实认定、法律适用独立行使表决权”[2]，与大陆法系参审制框架下参审员角色并无二致。此次改革将“逐步实行人民陪审员不再审理法律适用问题，只参与审理事实认定问题”，似有借鉴英美法系陪审团与法官分权经验的考量，开启了人民陪审员制度创新之路。《人民陪审员法》以法律的形式确立了我国人民陪审员只参与事实审机制。根据该法第22条的规定，人民陪审员参加七人合议庭审判案件，对事实认定，独立发表意见，并与法官共同表决；对法律适用，可以发表意见，但不参加表决。这意味着，人民陪审员制度在我国的发展开辟了“第三条道路”。当人民陪审员不再审理法律适用问题后，如何准确定位人民陪

〔1〕 参见张思尧：《人民陪审制度事实审与法律审的困惑与出路》，载《法律适用》2015年第6期。

〔2〕 根据《人民法院组织法》《刑事诉讼法》《民事诉讼法》等法律规定，人民陪审员在法院执行职务，是其所参加的合议庭的组成人员，同法官具有同等的权力。人民陪审员除不能担任审判长主持庭审活动和撰写法律文书外，在审理案件时，同合议庭的法官一起，共同评议案件、共同讨论和决定案件的事实问题和法律问题。全国人大常委会《关于完善陪审制度的决定》第11条对此有明确规定。

审员角色?人民陪审员角色表现是否可如预期那样消除“陪而不审”等弊端,并彰显民主功能?这些问题亟待解答。此外,在事实审和法律审都未被我国三大诉讼法明确区分的情况下,如何对事实认定问题和法律适用问题进行区分,也成为实践的一大难点。本章拟聚焦这一规定,基于对部分试点地区的实证考察,对《人民陪审员法》第22条进行评析,以期对相关规定的贯彻落实和人民陪审员只参与事实审机制的完善有所助益。

第一节 人民陪审员参审职权改革与试点

一、人民陪审员参审职权改革背景和主要内容

《关于完善陪审制度的决定》规定了人民陪审员在案件审理中既参与事实认定,也参与法律适用。但由于法律知识和司法审判经验不足,人民陪审员无法理解庞杂的法律知识,更多是以“旁观者”的姿态参与庭审。名义上是“全面参审”,实质上却是“名不副实”,陪审职权难以落实。[1] 调研情况表明,人民陪审员在参审过程中,“陪而不审”现象广泛存在,这一现象即使是在试点期间也没有得到明显改观。

访谈材料:

问:您认为现在的陪审制度有哪些问题呢?您有哪些建议?

某法官(东南F省L市Y区人民法院民二庭法官):主要还是陪而不审,应该让陪审员具有责任意识。

问:您觉得改革前和改革后相比,陪而不审的情况有变化吗?

某庭长(西南C市L区人民法院民一庭庭长):没有变

[1] 参见杨馨馨:《陪审员参审职权调整的实践困惑与路径突破——从“同职同权”到“分工合作”》,载《法学论坛》2016年第6期。

> 化。在实践中，完全程序化地审理案件是无法按时按量完成任务的，还是需要简化合议步骤，陪审员提意见，法官也提意见。最后，法官为陪审员解释法律适用，达成一致。

为保障人民群众参与司法，党的十八届四中全会通过的中共中央《关于全面推进依法治国若干重大问题的决定》要求“逐步实行人民陪审员不再审理法律适用问题，只参与审理事实认定问题”。《陪审制度改革试点方案》《陪审制度改革试点办法》明确人民陪审员只就案件事实认定问题独立发表意见亦进行表决，对案件的法律适用问题不再参与表决。（见表 3－1）全国 50 家法院（包括我们考察的 10 家试点法院）对此开展了为期三年的改革试点，探索人民陪审员只参与事实审机制。

表 3－1　有关人民陪审员职权规定的比较

<table>
<tr><th colspan="2">法律规范</th><th>事实认定</th><th>法律适用</th><th>与法官的职权对比</th></tr>
<tr><td colspan="2">《关于完善陪审制度的决定》（2004 年 8 月）</td><td>独立行使表决权</td><td>独立行使表决权</td><td>同职同权</td></tr>
<tr><td colspan="2">《陪审制度改革试点办法》（2015 年 5 月）</td><td>应当独立发表意见并进行表决</td><td>可以发表意见，但不参与表决</td><td>分职分权</td></tr>
<tr><td rowspan="2">《人民陪审员法》（2018 年 4 月）</td><td>三人合议庭</td><td>独立发表意见并进行表决</td><td>独立发表意见并进行表决</td><td rowspan="2">除法律另有规定外，同职同权</td></tr>
<tr><td>七人合议庭</td><td>独立发表意见，并与法官共同表决</td><td>可以发表意见，但不参加表决</td></tr>
</table>

二、人民陪审员参审职权改革试点的具体做法

调研资料显示，试点法院对于人民陪审员参审职权改革的具体做法各有不同。各试点法院结合本院实际情况，在执行相关法律文件的

基础上，形成了具有自己特色的做法。

（一）三人以上大合议庭试行参审职权改革

访谈材料：

问：请问你们是怎么探索职权改革的？

某主任（东南F省L市Y区人民法院政工室主任）：陪审员的参审职权根据合议庭的组成方式决定。传统“1+2”模式，即一个法官加两个陪审员，这种模式尤其适合基层人民法院。三人合议庭模式，改革前和试点期间都有，但是陪审员只审事实，不对法律发表意见，组建形式虽然是合议庭，但是在法律适用问题上是独任制。我们现在也明确了，尽量不用，能独任就独任，合议庭就尽量多用“3+4”“3+6”模式。

以东南F省L市Y区人民法院为例。该院认为在三人合议庭的模式下，由于人民陪审员不再对法律适用问题发表意见，如果事实审和法律审分离，将导致法律适用问题由法官独任审理，不符合法定审判程序。因此，在试点中要尽量避免适用三人陪审合议庭审理案件，确需人民陪审员审理的案件通常适用“3+4”或者“3+6”的合议庭形式。其他试点法院亦有此种做法。但其他试点法院探索的三人以上大合议庭组成模式更具有多样性，如“1+4”“2+3”“3+6”等多种模式。

（二）三人合议庭不区分事实审与法律审

访谈材料：

问：对于事实审和法律审的区分，您在审理案件中是怎么做的呢？

某法官（西北S省X市Y区人民法院刑庭法官）：我在庭审前都会让陪审员先阅卷，在法庭调查阶段也会让陪审员发问。庭审结束后合议庭进行合议时，基本上都还是按照以前的模式，事实认定和法律适用问题都会让陪审员参与。对于比较容易判断的事实部分，完全让陪审员独立作出判断；而对于法律适用部分，法官自己会讲解，向陪审员解释、介绍，合议结果也是以法官的意见为主。因为在量刑上,很多陪审员对于从轻处罚、减轻处罚的规定不是很清楚,很难让其具体适用,只能以法官的意见为主,不过还是会让陪审员表达自己的观点。也就是说,在出现分歧时法官会以自己的意见为主。

有的试点法院认为,我国现有的职权改革借鉴了英美法系国家的方式,但事实问题和法律问题两者难以区分,而且我国诉讼法的传统和规范也决定了两者不能被完全区分开来(尤其是在民事诉讼中不易区分)。因此,即使是在试点已有明确要求的情形下,其依然采取原有审理模式,即人民陪审员既参与事实审,亦参与法律审,只是法律适用部分以法官的意见为主。

(三)探索事实审与法律审区分的规则

访谈材料:

问:你院对人民陪审员参审作了指引吗?

某主任(东南F省L市Y区人民法院政工室主任):我们编写了两本事实审指引丛书,让没有法律知识的普通陪审员,看了这个就可以上岗。比如,婚姻案件重点要把握哪几个问题,在合议的时候就可以更快更好地发言。

虽然事实问题和法律问题难以分离是司法实践中较难解决的问题,但是不少试点法院在司法实践中边探索边推行。在试点中,有的试点法院从刑事、民事和行政案件类型出发,对案件事实认定作了较为明确的规定,即根据犯罪构成四要素说来确定,刑事案件的事实包括主体事实、客体事实、主观事实、客观事实四部分;民事案件的事实是根据不同案件类型的请求权规范基础解析出来的构成要件事实;行政案件的事实主要是与审查行政行为合法性相涉的行为主体、内容、程序等方面的事实。为了确定人民陪审员在不同类型的案件中需要认定的案件事实部分,有些法院也积极作了一些尝试。一些法院相继出台了相关规范性文件,就事实审的案件适用范围、事实审与法律审的区别、人民陪审员单独就事实认定发表意见等问题作出了明确的规定。B市法院总结前期改革试点经验,尝试提出了区分事实问题和法律问题的一般原则，分领域列举了一般的事实问题，并初拟了《B 市法院关于区分事实问题与法律问题的指导意见》，为事实问题与法律问题区分的规则和程序进行了有益的探索。在区分原则方面，列举出一般遵循的五个原则：(1)在证据采信环节，原则上将证据真实性、关联性的认定纳入事实问题范围，将合法性纳入法律问题范围。(2)在法律事实构成要件认定环节，原则上将回答“是”与“否”的问题归入事实问题，将回答“对”与“错”的问题归入法律问题。(3)在制作个案问题清单时，以是否涉及法律专业判断为区分原则，将不涉及法律专业判断的问题归入事实问题。(4)在撰写裁判文书时，法院“经审理查明”部分大体上属于事实问题，“本院认为”部分基本属于法律问题。(5)案件事实问题和法律问题难以区分的，按事实问题进行处理。N 省试点法院制定了《关于大陪审案件区分事实认定与法律适用问题的指导意见(试行)》，以此来指导大陪审案件中事实认定与法律适用问题的区分。我们认为，可以以这些试点经验为出发点，探索制定区分案件事实认定与法律适用问题的一般规则，对刑事、民事、行政案件事实认定与法律适用的区分制定特别规则。同时，针对不同案件类型民事、刑事、行政案件建立相应的事实认定规则，有助于法官在归纳事实争点或事实清单的过程中根据相应规则来确定人民陪审员需要认定的案件事实部分。J 省试点法院为明确事实审与法律审的适用范围，起草了《人民陪审员参审案件职权改革试点工作实施办法》《人民陪审员参与合议庭审理案件规则(试行)》《人民陪审员参审案件事实审实施意见(试行)》等文件，就事实审的案件适用范围、事实审与法律审的区别、人民陪审员单独就事实认定发表意见等问题作出了明确的规定。

三、改革试点中存在的主要问题

虽然试点法院在人民陪审员参审职权改革中探索了不少可供借鉴的经验，但还存在不少问题。

(一)三人以上大合议庭的适用频率低

访谈材料:

问:您之前参加过大合议庭吗?在一般陪审案件中,合议庭是怎么组成的呢?

某庭长(华北B市D区人民法院民七庭庭长):基层人民法院很少采用大合议庭。正常情况下是由两个审判员和一个陪审员组成合议庭,特殊情况下由一个审判员和两个陪审员组成。其实不管是正常情况还是特殊情况我们基本都是随机分,陪审员约定起来会比较方便,主要看工作安排和法官的工作量。

问:请问你们一般适用哪种合议庭组成模式?适用过大合议庭吗?

某庭长(华中N省A市L区人民法院民一庭庭长):我都是用“1+2”模式,没用过大合议庭。

某庭长(华中N省A市L区人民法院民二庭庭长):好像用过两三次大合议庭。下周四,我将再开一次大合议庭,大部分都是三人合议庭。

如果在三人合议庭中区分事实审和法律审,对法律适用问题的审理就演变成了法官独任审判。且如果合议庭中法官人数为两名,在双方意见不一致的情形下,对法律适用问题的合议无法形成多数意见,故部分试点法院在人民陪审员职权改革中,探索了至少由3名法官与陪审员组成合议庭的模式,试行了“3+2”“3+4”“3+6”组成模式的陪审合议庭。即便如此,依然产生了不少问题。采用这种人数较多(3人以上单数)的合议庭形式,成本特别是人力成本显然更高。尤其是在“案多人少”的压力下,该种模式难以全面推广,在实践中适用频率比较低。J省高级人民法院的资料显示,J省试点法院共适用陪审制审理案件23,419件。其中,适用陪审制大合议庭审理案件857件(包括五人大合议庭审理718件、七人大合议庭审理139件),仅占3.66%。

（二）法官适用大合议庭的积极性不高

访谈材料：

问：您觉得这种大合议庭模式和小合议庭模式相比，哪种更有利于陪审员发挥作用？

某庭长（华中N省A市L区人民法院刑庭庭长）：这个得具体看案件情况吧。我们适用“1+2”模式多些，“3+4”模式用得不多，也不好说到底哪种模式的陪审员发挥作用多一些。“3+4”这种模式更加民主，但是结果并不一定能让人满意，毕竟大多数陪审员是以直观的感觉对案件作出判断。而且在基层人民法院案件数量特别多的时候，适用“3+4”模式会极大地影响我们的结案率。

问：您对试点工作还有什么建议，或者说对下一步陪审改革有什么好的想法？

某庭长（华中N省A市中级人民法院行政庭庭长）：首先，要对陪审员的陪审领域进行专业划分；其次，试点后要对事实审和法律审进行区分，陪审要推行大合议庭，且合议庭中陪审员人数要多于法官人数。但我不明白为什么要这样改革。陪审员对案件的结果不承担责任，那如果出现错案，由谁来承担责任？陪审员不对案件结果负责，也不对本人的言行负责，我们难以追究他的责任。因此我不明白为什么要采用大合议庭的方式。在顶层设计中可能没有考虑这种情况，在我们基层人民法院实行时，实际上带来了很多麻烦，这种制度其实是存在矛盾的。我们要设立一种机制，对陪审员进行约束，不能完全对陪审员的责任进行豁免。

不少法院法官适用大合议庭审理案件的积极性并不高。究其原因，“案多人少”的压力是不容忽视的原因之一。考虑到结案率，部分法官不愿意适用大合议庭的形式审理；同时，亦有法官表示适用大合议庭与适用小合议庭审理案件并没有太大的区别。加之目前相关法律文件并未要求陪审员对案件审理结果负责，不少法官对于这一合议庭组成模式比较排斥。

（三）事实清单制度未全面落实

访谈材料：

问：请问您一般会在什么情况下列出事实问题清单？通常是怎么列清单的？

某法官（华中N省A市L区人民法院刑庭某法官）：在案情复杂，影响大的案件中一般会列清单，一般会在开庭前提前列出来，但是有些问题可能会问不到。

问：案件审理前，您会列事实清单吗？

某庭长（华中N省A市L区人民法院刑庭庭长）：有时候会，但大多数时候不会。

问：开庭前您会列案件事实清单吗？

某庭长（华北B市D区人民法院民七庭庭长）：目前没有，因为精力有限，这样就加重了法官的工作量。如果陪审员想知道案情可以提前来阅卷，也可以当面聊，要书面写一个东西就是在加重工作量。

问：那您会为陪审员在庭前列出事实清单吗？

某庭长（华东J省S市W区人民法院某法庭庭长）：一般不会列清单，因为时间来不及。基层人民法院审理的基本上都是简单的案件，由法官包办的情况很多，法官在庭审中会对焦点进行释明和阐述，会让陪审员参与法庭调查，但法官主导是常态。

推行事实清单制度，是人民陪审员职权改革的重要内容。但从调研情况来看，事实清单制度在试点法院并未得到很好地贯彻和运用。J省S市W区人民法院探索制定了《类型化要素事实明细表》，即对类案所涉事实问题逐项列举，当主审法官阅卷时，结合该表列明待查事实清单，引导人民陪审员围绕清单了解案情、精准发言、逐项评议。对于影响案件事实认定的程序和实体法律规定，法官应主动向人民陪审员解说，为人民陪审员指引审查方向。这可能是一个有效简便的方法。

从调研的情况来看,如果在每个具体案件中都要根据案情列出案件事实问题清单,对于审判压力较大的法官来说是难以承受的,因此,只有少数试点法院会要求在庭审前列简单的事实清单。针对类案,有的法院会以"指引丛书"的方式对事实问题进行指引或解释。对于事实问题和法律问题难以区分的,有些试点法院"要求法官制作事实清单,对于一些事实审和法律审区分不清的问题,先纳入事实审范畴,由人民陪审员发表意见并参与表决"[1]。

(四)事实审与法律审难以区分

访谈材料:

问:您如何看待有关陪审员参与事实审的相关规定呢?

某庭长(西南C市L区人民法院民一庭庭长):其实,事实审与法律审是无法真正地区分开来的。由没有专业知识的陪审员来确认案件事实,这和法官依据举证规则来判断有所不同。当然会存在差距较大的情况,事实部分完全交予陪审员恐怕不太合适,因为有些陪审员的文化素质跟不上。

问:那你们是按照事实审和法律审分开进行合议吗?

某法官(华北B市D区人民法院行政庭法官):没那么严格,一般就是根据案子总体的情况发表意见。

问:法律问题和事实问题是否容易区分呢?

某法官(西北S省W市中级人民法院刑二庭法官):在一些简单的案件中,法律和事实问题易区分,但在一些复杂的案件中确实不好区分。许多时候二者都是牵连在一块的,难以分开,包括我自己有时候也区分不开这些问题,但是我们会尽力引导,通过个案提升法院的司法公信。

对事实问题和法律问题区分,学界比较一致的看法是:有些问题归属为事实问题,有些问题归属为法律问题,另外一些问题则属于法律和

---

[1] 参见《最高人民法院关于人民陪审员制度改革试点情况的中期报告》,载中国人大网2016年7月1日,http://www.npc.gov.cn/npc/xinwen/2016-07/01/content_1992685.htm。

事实的混合问题。正如苏力所说,“纠缠于事实与法律之间”。从司法实践来看,虽然试点法院积极探索采用事实清单、问题列表等方式区分事实问题和法律问题,但在我国三大诉讼法未明确区分事实审和法律审的情况下,如何区分事实认定问题和法律适用问题,还有待进一步探索。[1] 在调研中,大部分试点法院的法官都认为事实审与法律审不能完全区分开来;在实践中,法院也无法给法官提供明确、具体的操作规则,导致这一制度难以落实。

(五)实质参审没有得到完全保障

访谈材料:

问:虽然赋予人民陪审员与法官同职同权,但是还存在“陪而不审”的现象,您如何看待这一问题呢?

某庭长(华东J省S市W区人民法院少年庭庭长):陪而不审的多了,现在招进来的很多陪审员大多是陪而不审,但是你审什么,他确实都听着呢,他们都听明白了,但是你叫他们问什么,他们也问不出啥。基本上只能这样,因为他们的功能定位是听审判长的指挥。

问:陪审员只审理事实问题,是否能更好地提高他的履职能力呢,解决陪而不审问题?

某庭长(西北S省W市中级人民法院庭长):作用没有想象中那么大吧。

问:区分事实审与法律审是否有助于解决陪而不审的问题?

某副庭长(西南C市L区人民法院法庭副庭长):事实审与法律审的区分太难了。说到“陪而不审”的问题,像一些陪审员在庭审中一般不提问,或者提出的问题没有任何意义,这不就相当于陪而不审了?还有就是一些案件开庭次数太多,

---

〔1〕 参见《最高人民法院关于人民陪审员制度改革试点情况的中期报告》,载中国人大网2016年7月1日,http://www.npc.gov.cn/npc/xinwen/2016-07/01/content_1992685.htm。

> 中途又更换陪审员,判决书上签名的是最后一次来开庭的陪审员,那之前陪审员认定的事实部分又该如何?

从对试点法院的调研情况来看,“陪而不审”的问题仍未得到解决。即使是在推行人民陪审员只参与事实审机制,实行事实清单制度之后,“陪而不审”的现象仍未得到明显缓解。这与相关保障制度不健全甚至缺失有很密切的关系,如在法官指引制度缺失的情况下,无论是同职同权还是分职分权的职权设置,要实现人民陪审员实质参审几乎是不可能的。

第二节　人民陪审员参审职权立法与解读

在试点的基础上,《人民陪审员法》第22条[1]以法律的形式确立了人民陪审员只参与事实审机制。值得注意的是,通过比较《人民陪审员法》《陪审制度改革试点办法》《关于完善陪审制度的决定》等相关规定,我们发现《人民陪审员法》虽然以立法的形式规定了人民陪审员只参与事实审机制,但对其适用范围、审判组织、职权行使等进行了适当限制,事实上确立了人民陪审员与法官“同职同权”和“分职分权”双轨并行机制可参见表3-1。

一、《人民陪审员法》及其司法解释有关参审职权的具体规定

《人民陪审员法》第21条[2]、第22条对人民陪审员和法官的职权配置作出了明确规定:在三人合议庭中,人民陪审员和法官共同对事实认定、法律适用负责;在七人合议庭中,人民陪审员和法官共同负责

〔1〕《人民陪审员法》第22条规定:“人民陪审员参加七人合议庭审判案件,对事实认定,独立发表意见,并与法官共同表决;对法律适用,可以发表意见,但不参加表决。”

〔2〕《人民陪审员法》第21条规定:“人民陪审员参加三人合议庭审判案件,对事实认定、法律适用,独立发表意见,行使表决权。”

事实认定,法官负责法律适用。《人民陪审员法》仅规定在七人合议庭中陪审员只参与事实审体现了探索性立法的思路。一般认为,这有助于发挥人民陪审员深谙民情民意的优势、融民意于审判。《人民陪审员法解释》第9条规定:“七人合议庭开庭前,应当制作事实认定问题清单,根据案件具体情况,区分事实认定问题与法律适用问题,对争议事实问题逐项列举,供人民陪审员在庭审时参考。事实认定问题和法律适用问题难以区分的,视为事实认定问题。”第13条规定:“七人合议庭评议时,审判长应当归纳和介绍需要通过评议讨论决定的案件事实认定问题,并列出案件事实问题清单。人民陪审员全程参加合议庭评议,对于事实认定问题,由人民陪审员和法官在共同评议的基础上进行表决。对于法律适用问题,人民陪审员不参加表决,但可以发表意见,并记录在卷。”

二、《人民陪审员法》有关参审职权规定解读

1. 人民陪审员参审职权配置仍以与法官“同职同权”为原则。根据《人民陪审员法》第2条[1]、第21条的规定,在法官担任审判长的三人合议庭中,人民陪审员和法官同职同权,人民陪审员既要参与事实审,也要参与审理法律适用问题。同时,根据《人民陪审员法》第15条关于参审范围的规定,大部分陪审案件将由三人合议庭进行审理。这就意味着,《人民陪审员法》出台后,人民陪审员参审职能配置仍以与法官“同职同权”为原则。

2. 人民陪审员只参与审理事实审机制适用范围较窄。根据《人民陪审员法》第22条的规定,只有在由三名法官和四名人民陪审员组成的七人合议庭中,才对事实审和法律审进行区分,人民陪审员只参与审理事实认定问题。根据规定,人民陪审员只参与审理事实审机制仅在审理有社会重大影响的案件时适用。其中,根据《民事诉讼法》《行政诉讼法》提起的公益诉讼案件一律适用人民陪审员只参与审理事实审

---

[1] 《人民陪审员法》第2条第2款规定:“人民陪审员依照本法产生,依法参加人民法院的审判活动,除法律另有规定外,同法官有同等权利。”

机制。[1] 比较《人民陪审员法》第15条、第16条规定可知，人民陪审员只参与事实审机制实际上是被限制在比较窄的范围内。之所以如此规定，主要是因为试点经验表明，全面推行人民陪审员只参与事实审机制还存在不少阻碍，条件尚不成熟。从这一角度而言，《人民陪审员法》第22条规定具有探索性立法或实验性立法的特点，其适用范围自然不宜较大。此外，根据《人民陪审员法》第16条的规定，人民陪审员只参与事实审机制的适用具有一定的强制性，符合适用条件的案件必须适用七人合议庭。

3. 人民陪审员只参与事实审机制有别于传统的法官与陪审员分权模式。法谚有云："法官不回答事实问题，陪审团不回答法律问题。"传统意义上的陪审团制，陪审员负责事实认定，法官负责法律适用，法官不参与事实认定。根据《人民陪审员法》第22条的规定，法官应参与审理事实认定问题，并与人民陪审员共同表决。这表明，即便在适用人民陪审员只参与事实审机制审理的案件中，法官既要审理事实认定问题，也要审理法律适用问题。这一分权模式与英美陪审团法官仅负责法律适用的模式明显不同。

三、《人民陪审员法》第22条的立法意义

（一）创新发展：采取探索性立法的方式逐步推行

《人民陪审员法》首次规定了三人合议庭、七人合议庭两种审判组织，其中三人合议庭延续了人民陪审员与法官同职同权的传统模式，七人合议庭实行事实审、法律审"两审分离"，事实问题仍由人民陪审员与法官共同认定，创新发展了陪审制度的中国模式。《人民陪审员法》虽然规定了人民陪审员与法官同职同权，但允许在七人合议庭中实行一定限度的分职分权；虽然规定了事实审、法律审"两审分离"，但将案件范围限制在较小的范围内。这些规定体现了探索性或实验性立法的特征，彰显了务实、稳妥、渐进的立法思路。

---

[1] 参见《人民陪审员法》第16条。

(二)职权分化:回应了社会对人民陪审员的角色期望

当下,人民陪审员制度引发争议的一个根本原因在于人民陪审员能否有效参与审判,能否实质影响审判过程和结果,也就是理论界常常诟病的司法实践中出现的“陪而不审”“审而不议”现象。[1]《人民陪审员法》要重点解决“陪而不审”的问题,增加普通群众参与司法的平等性和有效性,事实审与法律审的区分是破除“陪而不审”现象的制度支点。[2] 因为法官对法律的理解适用较为擅长,而人民陪审员则更具有社会经验,更了解世态人情,让人民陪审员负责其擅长的事实认定部分,有助于人民陪审员根据自己的社会经验、朴素的价值观判断案件事实,改变以往留给人们的“陪而不审”的印象。针对“陪审员只审理事实问题,是否有助于解决‘陪而不审’问题”,我们对律师、法官、陪审员、检察官分别进行了问卷调查,结果显示,47.2%的律师、42.6%的法官、52.8%的人民陪审员、43.3%的检察官认为陪审员只审理事实问题,有利于解决“陪而不审”问题。(见表3-2)

---

〔1〕 参见刘峥:《我国人民陪审员制度改革的再思考》,载《法律适用》2015年第12期。

〔2〕 参见姚宝华:《论人民陪审员制度的功能定位》,载《法律适用》2017年第11期。

表 3-2　据您观察，陪审员只审理事实问题，是否有助于解决“陪而不审”问题？
（律师卷/法官卷/人民陪审员卷/检察官卷）

单位：人次、%

内容		律师		法官		人民陪审员		检察官	
		频率	有效百分比	频率	有效百分比	频率	有效百分比	频率	有效百分比
有效	有助于	205	47.2	132	42.6	372	52.8	74	43.3
	无助于	95	21.9	66	21.3	99	14.0	32	18.7
	不好说	134	30.9	112	36.1	234	33.2	65	38.0
	合计	434	100.0	310	100.0	705	100.0	171	100.0
无效	缺失	1	—	4	—	46	—	1	—
总计		435	—	314	—	751	—	172	—

（三）规则衔接：解决了与合议庭评议规则的冲突

民主评议制度是合议制的内在灵魂，如果合议庭审理时缺乏民主的评议机制，合议庭为个别法官的意志所左右，沦为独任制，那么合议庭相对于独任制的功能优势将荡然无存，多名法官与陪审员的参与、烦琐的诉讼程序无非是对司法资源的浪费。[1] 客观上，合议制要求由三名以上法官或陪审员组成合议庭，对案件进行审理并作出裁判。民主评议制中的一个重要原则就是少数服从多数，民主评议允许发表自己的观点，必然会有不同的观点出现，最简便的民主方式莫过于遵从少数服从多数原则。《陪审制度改革试点办法》规定了人民陪审员只对事实认定问题负责，虽然客观上有利于发挥人民陪审员在事实认定问题上了解社情民意的优势，"扬事实认定之长，避法律适用之短"，但是该规定没有对人民陪审员只参与事实审的审判组织作出规定，在事实上对合议庭评议规则产生了冲击。在试点期间，试点地区适用了"1 +2""1 +4""1 +6""2 +3""2 +5""3 +2"等多种审判组织形式，试行了人民陪审员只参与事实审机制。如果是由一名或两名陪审员与法官组成三人合议庭，则人民陪审员与法官共同对案件事实认定负责，就符合"少数服从多数"的合议庭评议规则。但在法律适用问题上，仅有一名或两名法官进行表决，不符合合议制的规定，两名法官可能会存在分歧而无法形成多数意见；如果仅有一名法官对法律适用问题进行审理，那么事实上将合议制转化成了独任制。《人民陪审员法》明确人民陪审员只参与事实审机制只能适用三名法官与四名人民陪审员组成的七人合议庭，由三名法官对法律适用问题负责，按照"少数服从多数"的原则形成多数意见，解决了与合议庭评议规则的冲突。

四、完善人民陪审员只参与事实审机制需要重点解决的问题

根据对人民陪审员只参与事实审机制改革试点的实证调研，笔者认为，完善人民陪审员只参与事实审机制仍需要重视解决以下问题：

---

〔1〕 参见林劲送：《我国合议庭评议制度反思》，载《法学》2005 年第 10 期。

1. 事实认定问题与法律适用问题如何准确区分。

访谈材料:

问:在实践中,您觉得事实问题和法律问题能否分离?

某法官(东南F省L市中级人民法院法官):有些法律问题和事实问题可以分开,有些是根本没办法分开的。我感觉民事案件不好分,刑事案件还是相对好分的。要说不好分,是他们把证据规定的一些问题也作为法律适用来看待,这样是永远分不清的。

问:在实践中,您觉得事实问题和法律问题能否分离?

某庭长(东南F省L市Y区人民法院生态庭庭长):我认为事实问题与法律问题是能分开的,陪审员对整个案件事实作出认定,认定刑事案件的整个犯罪事实,认定是否构成犯罪。量刑由法官来认定,陪审员只对犯罪事实作出认定。

黑格尔提出:“审判行为作为法律对个别案件的适用,可以分为两个方面,一是根据案件的直接单一性来认识事件的性状,二是使事件归属于法律之下。”[1]事实认定是从诉讼证据中运用生活经验和日常逻辑推理得出证据事实,并根据证据事实整合、认定案件事实的过程。而案件的法律适用是对法律规范进行解释,并运用法律推理将要件事实逐一归入法律规范,得出案件最终审判结果的过程。事实问题和法律问题的区分一直为学界所讨论,始终没有形成明确的标准。有的人恪守一套固有的模式和绝对的区分标准,因此主张事实问题与法律问题完全不能区分;有的人从更为抽象的角度论证事实问题与法律问题是可以区分的;另有一部分人则相对中立,主张事实问题与法律问题部分可以区分,部分不能区分。调研结果显示,不同主体对事实认定问题、法律适用问题能否区分还有不少疑虑。针对事实问题和法律问题能否分离的问题,多达64.2%的人民陪审员、62.5%的律师、49.8%的法官认为不能分离,还有23.2%的法官认为不好说。(见表3-3)由此可

〔1〕 [德]黑格尔:《法哲学原理》,范扬、张企泰译,商务印书馆1961年版,第273页。

知,无论是哪一类主体,大多数都认为案件事实问题和法律问题难以分离。

表 3-3 您认为案件事实问题和法律问题能分离吗?
(律师卷/法官卷/人民陪审员卷)

单位:人次、%

内容		律师		法官		人民陪审员	
		频率	有效百分比	频率	有效百分比	频率	有效百分比
有效	能	136	31.5	84	27.0	140	19.3
	不能	270	62.5	155	49.8	467	64.2
	不好说	26	6.0	72	23.2	120	16.5
	合计	432	100.0	311	100.0	727	100.0
无效	缺失	3	—	3	—	24	—
总计		435	—	314	—	751	—

在访谈中,不少法官认为,要将事实问题和法律问题区分开来,首先法官的专业素质要高,即使这样在有些案件中也根本无法将两者区分开来。相对而言,刑事法官认为刑事案件区分事实认定问题和法律适用问题更具可能性。不少法官认为事实认定问题即认定是否构成犯罪,而法律适用问题则是根据相应的罪行予以量刑。民事法官则反映,由于民事案件类型多样,还有许多新类型案件,在司法实践中将事实问题和法律适用问题区分开来是一个很头疼的问题。虽然《人民陪审员法解释》通过授权法官结合个案具体情况区分事实问题和法律问题,并且为了保障人民陪审员参审的权利,将事实问题范围扩大,事实问题和法律问题难以区分时视为事实问题。但区分事实问题和法律问题的规则尚未建立,即使是法官也需要根据一定的区分规则再结合具体个案,才能更准确地区分事实问题和法律问题。

如何区分事实问题和法律问题,是正确贯彻实施《人民陪审员法》的一个重点和难点问题。尽管实践中存在诸多问题,但改革和立法对此已有明确要求,其他领域的改革如审级制度改革等,也要求对案件审理中的事实问题和法律问题进行适当的区分，因此有必要建构区分事实问题与法律问题的规则或者标准。英美陪审团的分权模式或可借鉴，但由于我国是成文法国家，诉讼中法官的职权主义色彩还比较浓厚，缺乏英美陪审制赖以发挥作用的直接原则、言词原则、不间断原则、庭审集中主义、非法证据排除规则以及发达的律师代理制等配套制度的有力支撑，英美陪审制中法官与陪审员分别对法律和事实问题进行裁决的模式难以照搬过来。〔1〕可以考虑总结各试点法院的经验，在司法实践中边探索边推行。需要明确的是，对于事实认定问题与法律适用问题的区分，不能以绝对的观点作判断。对事实问题与法律问题作"纯事实""纯法律"的区分是不现实的，这太过绝对。

2. 人民陪审员只参与事实审机制的适用范围如何科学确定。有关参审机制和参审职权改革旨在推动人民陪审员实质参与审理案件，最大程度发挥人民陪审员富有社会阅历、了解社情民意的优势。〔2〕人民陪审员只参与审理事实认定问题，是否能发挥人民陪审员具有丰富的社会阅历或社会经验的优势，明显改善"陪而不审"现象呢？我们认为，合理确定人民陪审员参与事实认定的案件类型，是一项重要因素。《人民陪审员法》第16条规定了人民陪审员只参与事实审机制的适用范围。除该条第1款第2项规定〔3〕较为明确外，其他三项规定均要求符合社会影响重大的条件才适用陪审制度。对于何为"社会影响重大的案件"，尤其是何为该条第4项规定的"其他社会影响重大的案件"，还需要进一步作出解释和明确。如何与该法第15条第1款第2项规定的"社会影响较大"的案件相区分，也需要进一步厘清。何为"社会影响重大""社会影响较大"？这一规定弹性较大，可解释

〔1〕参见廖永安、刘方勇：《社会转型背景下人民陪审员制度改革路径探析》，载《中国法学》2012年第3期。

〔2〕参见贺小荣、何帆、危浪平：《〈人民陪审员制度改革试点工作实施办法〉的理解与适用》，载《人民法院报》2015年5月22日，第4版。

〔3〕《人民陪审员》第16条第1款第2项："根据民事诉讼法、行政诉讼法提起的公益诉讼案件。"

的空间也较大,使人民陪审员参与事实审机制的适用范围还不够明确。

3. 人案矛盾压力下,法官的指引、指示作用如何有效发挥。《陪审员参审规定》第 8 条首次就法官对陪审员的指示作了较明确的规定。[1] 但该规定仅以司法解释的形式出现,且适用的范围限于合议庭评议案件。人民陪审员来自普通民众,普遍不具有法律专业背景,即使只参与审理事实认定问题,也必须遵循严格的程序规则和证据规则,"正确理解和接受法官的提示和引导,将社会生活中'活的法律'——习惯、道德、伦理规则嫁接到法律适用过程中来,为最后判决的正当性寻找充足的理由,并将判决的社会效果发挥到最大"[2]。然而,人民陪审员受各自生活经历、教育程度、智力水平等的影响,在解决事实问题时,由于人的背景不同,会把不同的先验因素带进来,如果法官不对人民陪审员作出必要的指示,人民陪审员在认定事实问题时就难免失准失真。对于人民陪审员能否独立判断案件事实,通过对律师、法官、陪审员、检察官四类主体的问卷调查,(见表 3 - 4)可以得知大多数人民陪审员、律师、法官、检察官都认为人民陪审员不能独立判断案件事实。这就从另一个角度印证了强化法官指引作用的重要性和必要性。

---

〔1〕 参见《陪审员参审规定》第 8 条规定:"合议庭评议案件时,先由承办法官介绍案件涉及的相关法律、审查判断证据的有关规则,后由人民陪审员及合议庭其他成员充分发表意见,审判长最后发表意见并总结合议庭意见。"

〔2〕 陈林林:《陪审在现代法治社会中的功能——以形式合理性为中心的若干思考》,载《法律科学》2001 年第 5 期。

表 3－4 “您认为陪审员能独立判断案件事实吗?”问卷调查统计表（律师卷/法官卷/人民陪审员卷/检察官卷）

单位:人次、%

内容		律师		法官		人民陪审员		检察官	
		频率	有效百分比	频率	有效百分比	频率	有效百分比	频率	有效百分比
有效	能	94	21.8	100	32.2	165	22.6	31	18.1
	不能	276	63.9	114	36.7	416	57.1	89	52.0
	不好说	62	14.4	97	31.2	148	20.3	51	29.8
	合计	432	100.0	311	100.0	729	100.0	171	100.0
无效	缺失	3	—	3	—	22	—	1	—
总计		435	—	314	—	751	—	172	—

《人民陪审员法》第20条第1款规定“审判长应当履行与案件审判相关的指引、提示义务”[1]。《陪审制度改革试点办法》第23条第1款规定“合议庭评议案件前,审判长应当归纳并介绍需要通过评议讨论决定的案件事实问题,必要时可以书面形式列出案件事实问题清单”,《人民陪审员法》第23条对此予以确认。但《陪审制度改革试点办法》《人民陪审员法》均没有进一步解释“必要时”的具体适用情况。在调研中我们发现,法官并未充分履行对人民陪审员的指引、提示义务。在对J省S市W区人民法院民庭某法官进行访谈时,他谈到基层人民法院合议庭审理的一般是简易程序转普通程序的案件,而此类案件的事实认定或法律适用比较复杂,或者证据较多,一般会吸收人民陪审员参审。对于合议庭审理的案件,在法官没有提前为人民陪审员列出事实争议点或者事实清单,且人民陪审员没有提前阅卷的情况下,仅依靠朴素价值判断而无法律专业知识的人民陪审员很难当庭对案件事实作出认定。为了指引人民陪审员对案件事实进行认定,J省S市W区人民法院试点时曾要求建立事实问题“一案一清单”制度,这一保障措施目的在于明确法官对人民陪审员进行事实认定的指引责任,规范指引方式。然而,“一案一清单”制度并未得到完全贯彻落实。在实践中,很少有法官会主动列明事实问题清单。调查发现,47.1%的法官、30.2%的人民陪审员认为法官通常不会(偶尔会、不会、不清楚)为人民陪审员归纳事实争点或出具案件事实清单。[2](见表3-5)

---

〔1〕根据该条规定,审判长不得妨碍人民陪审员对案件的独立判断。合议庭评议案件,审判长应当对本案中涉及的事实认定、证据规则、法律规定等事项及应当注意的问题,向人民陪审员进行必要的解释和说明。

〔2〕由于问卷是把归纳事实争点和出具案件事实清单两种情况作为一个问题进行调查,笔者认为法官制作事实问题清单的比例只会更低。

表3-5　法官是否会为人民陪审员归纳事实争点或出具案件事实问题清单问卷调查统计表(法官卷/人民陪审员卷)

单位:人次、%

内容		法官		人民陪审员	
		频率	有效百分比	频率	有效百分比
有效	通常会	151	52.8	499	69.8
	偶尔会	87	30.4	161	22.5
	不会	45	15.7	44	6.2
	不清楚	3	1.0	11	1.5
	合计	286	100.0	715	100.0
缺失		28	—	36	—
总计		314	—	751	—

原因何在？一方面,人案矛盾压力突出是法官不想、不能进行指引的一个重要因素。当前法院案多人少是普遍现象。我们收集了位于华北B市D区人民法院2012~2017年6月人民陪审员参审案件情况(见表3-6),可知该院2016年的普通程序案件总数已经上万,再加上简易程序案件,法官的审判任务之重可想而知。通过对部分法官进行访谈,他们表示在司法实践中,因为办案压力大,一天可能要开五六个庭,如果在庭前制作事实问题清单、归纳争议焦点,庭后评议时对人民陪审员解释清楚案件中复杂的证据规则、法律规定等,毫无疑问会耗费大量的时间,法官没有精力和时间对人民陪审员进行引导,因此,大多数法官并不会列明案件事实清单。还有的法官认为事实审与法律审的区分缺乏统一标准,部分案件难以完全区分开来,即使能够列出个案问题清单,但因案件基数大,案情千差万别,归纳总结难度也较大,效率也较低。

表 3-6　B 市 D 区人民法院 2012 ~ 2017 年 6 月人民陪审员参审案件总数

单位:件、%

年度	结案				适用陪审程序案件情况						
	普通程序案件总数	刑事普通程序案件	民事普通程序案件	行政普通程序案件	民事	民事案件陪审率	刑事	刑事案件陪审率	行政	行政案件陪审率	总数
2012	3909	374	3238	297	2963	91.51	370	98.93	296	99.66	3629
2013	4432	286	3754	392	3754	100.00	286	100.00	392	100.00	4432
2014	5179	375	4027	777	4027	100.00	375	100.00	777	100.00	5179
2015	7068	309	5641	1118	5591	99.11	309	100.00	1118	100.00	7018
2016	11,088	240	9664	1184	9512	98.43	227	94.58	1154	97.47	10,893
2017 年 1 ~ 6 月	3601	98	2801	702	2700	96.39	91	92.86	699	99.57	3490

另一方面,也是根本性的原因,在于法官未充分认识到人民陪审员参审的重要作用以及人民陪审员制度实施的初衷,在实践中人民陪审员被异化为缓解“案多人少”压力的工具。在访谈中,大多数法官都表达了这样的观点:人民陪审员虽然可能起到一定的司法宣传、调解等作用,但最主要的作用是和法官组成合议庭缓解法院案多人少的压力。不少法官还认为适用陪审制度的案件程序复杂、周期较长,感觉被束缚住了手脚,因此在实际工作中容易产生畏难情绪和消极应付现象。

访谈材料:

问:请问您对人民陪审员制度有什么看法?

某庭长(东南F省L市Y区人民法院民二庭庭长):在案多人少的情况下可以用于缓解案多人少的不足,像我们民二庭,改革前一年有六七百件案件,我们庭只有三个法官,如果所有普通程序的案件都是由法官审判,压力太大,我们也没有那么多的精力,每个人每年平均下来都有两百多件,所以这个制度也缓解了我们的压力。

4. 人民陪审员只参与事实审机制运行成本如何合理控制。陪审制是一项昂贵的事业,容易给有限的司法资源带来极大压力。[1] 如前文所述,法院案多人少、法官办案压力大是普遍现象。《人民陪审员法》有关七人合议庭的规定,使合议时人民陪审员人数较之法官多一人,虽然有助于解决人民陪审员不敢发表意见、盲目服从法官意见等问题,但是七人合议庭的运行成本也更高。首先,法庭设施可能需要改建。例如,J省S市W区人民法院最大的法庭也只能供五人合议庭开庭使用,因此该法院在试点中采用的大合议庭模式是五人合议庭模式。根据《人民陪审员法》的规定,大合议庭需要由三名法官与四名人民陪审员组成,那么该试点法院还需要重新改建法庭。其次,随着法官员额制改革的推进,员额法官数量及办案负荷也是需要考虑的重要因素。采用七人合议庭模式审理的案件过多,一方面会导致员额法官办案压力

---

〔1〕 参见姚宝华:《论人民陪审员制度的功能定位》,载《法律适用》2017年第11期。

增大,另一方面也可能会使法官刻意回避适用七人合议庭,使一些应当适用该模式审理的案件譬如社会影响重大的案件未能得到适用,相关规定被虚置。

第三节　完善人民陪审员只参与事实审机制的具体建议

一、区分事实认定问题与法律适用问题应考虑的因素

我们认为,法律问题与事实问题之间没有绝对的标准或界限,在我国语境下讨论事实认定与法律适用区分的问题应考虑以下因素。

(一)成文法传统与体系

成文法是我国传统的法律体系。在成文法的框架内,历来没有区分事实审与法律审的传统。在审理案件时,事实问题和法律问题往往交叉,认定事实以法律规定为前提,所谓事实问题即为法律事实,事实问题与法律问题的界限本身并不清晰。在此情况下,需要考虑区分的制度成本以及体系衔接。

(二)人民陪审员职权配置模式

如前文所述,我国人民陪审员职权配置仍以与法官"同职同权"为原则,与"分职分权"模式双轨并行。同一名人民陪审员在三人合议庭中既要参与审理事实认定问题也要参与审理法律适用问题,而在七人合议庭则只参与审理事实认定问题。且在七人合议庭中对案件事实的认定是由三名法官与四名人民陪审员共同作出的。在缺乏成熟且被广泛接受的区分方案前,事实认定问题与法律适用问题区分的界限是否必须清晰明确?

(三)改革与立法的目的

促进人民陪审员实质性参审,消除"陪而不审"弊端,是改革和立法的目的。区分事实认定问题与法律适用问题的制度设计应以实现立法目的为导向,而不是为了区分而区分。且立法本身具有探索性、实验性的特点,有关方案可在实践中逐步完善。

(四)人民陪审员的认知能力

是事实认定问题还是法律适用问题，决定了人民陪审员裁判权作用范围的大小。有关方案应考虑是否适合统一进行规范，以及规范内容是否能契合人民陪审员的普遍认知。考虑到实践中，法官的指引能力普遍还有待增强以及法院人案矛盾的压力，制度设计应简便易行，便于法官指引。

(五)人民陪审员参与认定事实的性质

1. 人民陪审员参与认定的事实限于实体法事实。案件审理中需要认定的事实既包括实体法事实，也包括程序法事实(如当事人申请回避的事实与理由)，还包括证据法事实(如证明证据来源合不合法的事实)。域外国家无一例外地将事实问题和法律问题的区分限于实体法领域。笔者认为，人民陪审员参与审理、认定的事实应限于实体法事实；至于程序法、证据法中的事实问题、法律问题不仅没有区分的必要，且应毫无疑问地交给法官负责审理、认定，人民陪审员不参与审理。

2. 人民陪审员参与认定的事实属于法律事实。作为裁判依据的事实是法律事实，即法律规定的能够引起法律关系产生、变更和消灭的现象，它的一个主要特征是必须符合法律规范逻辑结构中假定的情况。只有当这种假定的情况在现实生活中出现时，人们才有可能依据法律规范使法律关系得以产生、变更和消灭。在案件的审理过程中，从自然事实或生活事实转向法律事实，通常首先要经历生活事实转变为证据事实的过程，这一过程需要大量地适用程序法和证据规则。然后，再从证据事实向法律事实转变，这一过程需要适用实体法。这时需要人民陪审员认定的事实并不是用普通的生活语言描述的生活事实、原生事实、自然事实，而是这些事实在庭审过程能否达到法律的证明标准，得到充分的证明，是否符合实体法规范的构成要件。因此，陪审员认定的事实应是法律事实，或者法律要件事实。

二、构建事实认定问题与法律适用问题区分的基本规则

莎士比亚曾说："一千个读者就有一千个哈姆雷特。"我们认为，法律问题与事实问题之间没有绝对的标准或界限，要对二者作出实质上

的安全区分是不太可能的，但是我们可以从司法政策、发展策略层面探索解决之道。“刚性的程序规定是人民陪审员充分参与法庭审判的保障。”[1]如何解决人民陪审员只参与事实审机制在实践中可能面临的问题，我们结合改革试点期间各地的经验做法，提出以下拙见供参考：

1. 建议方案一：区分案件类型，明确人民陪审员参与认定的法律要件事实。根据改革试点经验，可将案件类型区分为刑事、民事和行政案件，对人民陪审员应参与审理、认定的法律要件事实作出明确的界定。对于刑事案件，可以将判断某个具体行为是否构成犯罪所必需具备的事实明确为人民陪审员应参与审理的事实问题，即根据犯罪构成四要素说来确定事实认定部分，即主体事实、客体事实、主观事实、客观事实四部分。行政案件的案件事实则主要是审查行政行为合法性所必须具备的事实，包括行政行为的行为主体、行为内容、行为程序等方面的案件事实。

对于民事案件，可以将一方当事人是否应承担另一方当事人诉请的民事责任的构成要件事实明确为人民陪审员应参与审理、认定的事实问题。一般情况下，是否有损害事实、是否有违法性行为、违法性行为与损害事实是否存在因果关系的事实、行为人是否有过错的事实是民事责任构成的要件事实。对于特殊民事责任，法律另有明确规定，可从其规定确定人民陪审员参与审理、认定的责任构成要件事实。依照《民法典》第 179 条第 1 款规定：“承担民事责任的方式主要有：（一）停止侵害；（二）排除妨碍；（三）消除危险；（四）返还财产；（五）恢复原状；（六）修理、重作、更换；（七）继续履行；（八）赔偿损失；（九）支付违约金；（十）消除影响、恢复名誉；（十一）赔礼道歉。”如原告诉请被告停止侵害，则应由人民陪审员参与审理并认定的事实有：原告是否受到侵害、被告的行为是否违法、被告的行为与原告受到的侵害是否有因果关系、被告是否存在过错。如原告诉请被告赔偿损失，则应由人民陪审员参与审理并认定赔偿损失的要件事实。这些事实是根据不同民事责任

---

[1] 参见李玉华、张思尧、杨亮：《中国特色陪审制度的新发展》，中国政法大学出版社 2014 年版，第 157 页。

构成要件规范解析出来的。需要指出的是，对于确认之诉、形成之诉，由于并不涉及民事责任承担的问题，不能适用这一规则，因此可以明确将民事案件的确认之诉和形成之诉排除在七人合议庭审理的案件范围之外。从有关人民陪审员只参与事实审机制案件范围的规定来看，此类案件亦不宜适用七人合议庭审理。如此规范，应可界定清楚人民陪审员只参与事实审机制的职权，辅之以法官的有效指引，应可以发挥人民陪审员情理判断、常识判断、良心判断的优势。

2. 建议方案二：区分人民陪审员参与审理的问题与法官单独审理的问题。在方案一的基础上更进一步，在区分民事、刑事、行政案件不同属性的基础上，通过立法或司法解释明确不同案件类型中人民陪审员参与审理的问题（与法官共同审理的问题，通常是有利于发挥人民陪审员在事实认定中优势作用的问题，但不论该“问题”是否可能属于通常意义上的事实问题或者法律问题）以及由法官单独审理的问题（通常是法律适用问题）。对于刑事、行政案件，陪审员的职责应限制在依据一定规则对罪与非罪以及具体行政行为是否合法的判定上。也就是说，刑事案件明确罪与非罪的问题由人民陪审员与法官共同审理，共同作出认定；其他问题包括立功、自首等量刑情节问题均由法官负责审理。行政案件明确具体行政行为合不合法、合不合理的问题由人民陪审员与法官共同审理，共同作出认定；其他问题由法官负责审理。民事案件当事人是否应承担民事责任由人民陪审员和法官共同参与审理，共同作出认定（如原告诉请停止侵害，则应由人民陪审员与法官对此共同进行审理并作出是否应停止侵害的认定）；其他问题由法官单独审理、认定。如原告诉请被告赔偿损失，则应由人民陪审员与法官对此诉讼请求共同进行审理并作出是否应当赔偿的认定，至于赔偿多少、如何赔偿等其他问题则由法官认定。需要指出的是，此方案仍需将民事案件的确认之诉和形成之诉排除在人民陪审员参审范围之外。

3. 建议方案三：授权合议庭确定人民陪审员和法官共同审理的个案的事实认定问题。笔者建议，可考虑对事实认定与法律适用问题仅作策略上、程序上的处理，授权合议庭依据一定规则对其审理的个案的事实问题和法律问题进行区分。

三、完善人民陪审员只参与事实审机制的配套制度

（一）建立事实问题清单等配套制度

通过事实要件分解及逻辑过程推演，事实问题清单制度能够确保人民陪审员准确认定案件事实。这也是法官引导人民陪审员进行事实认定的有效途径。案件事实问题清单，是法官针对每个具体案件所列举出来的事实清单，能够帮助人民陪审员在庭审前较快地了解案件的争议焦点，以及人民陪审员在庭审中需要重点关注的双方当事人阐述的内容。L区人民法院在试点中，创新推行陪审案件审理清单制度，探索“七何要素”事实认定方法，引导陪审员围绕“何时间、何地点、何事件、何人物、何行为、何后果、何责任”认定案件事实。事实清单的推广应用对准确认定事实、规范履职行为、固定判定重点、业绩考评和实证研判等发挥了积极功效。J省S市W区人民法院推行了《类型化要素事实明细表》。《类型化要素事实明细表》是根据案件类型化的共性特点，编制类案的事实审要素信息表，类似于给法官提供类型化案件事实清单制作模板。合议庭可根据案件具体情况增减要素，以要素式引导陪审员参与事实审，结合审判实践，列出每种案件类型可能涉及的事实要素。在具体案件的审理中，主审法官应当在开庭前结合类案的事实审要素表，拟定待查的事实清单，供陪审员庭审时参考。我们认为，这些试点经验不仅方便法官对事实问题与法律问题进行区分，也可以帮助法官引导人民陪审员对案件事实进行认定，在以后的司法实践过程中可以进一步探索和完善。

在事实清单的制定形式上，仍然可以考虑借鉴法国、俄罗斯等国颇具特色的问题列表制度，探索建立符合我国国情的问题列表制度，化繁为简，按图索骥，依据一定的规则引导人民陪审员作出适当的判断。以法国和俄罗斯的问题列表制度为例，即由审判长采用“概括式”的提问方式：除被告人减刑或被告人系未成年人的问题之外，审判长应以如下形式向陪审员提问，“被告人是否实施了XX犯罪行为而有罪……”陪审员应回答“是”或“否”（《重罪法典》第337条及以下条款）；问题列表以起诉状的内容为限：依《重罪法典》第338条之规定，庭审辩论中

所讨论的任何情况都不得成为问题列表中的内容,但犯罪加重情节除外;等等。[1] 根据2001年《俄罗斯联邦刑事诉讼法典》的规定,陪审员应审理案件的情况以及所要面临的任务都将由审判长向陪审员报告,且陪审员在庭审过程中有权以书面叙述的形式通过审判长向被害人、受审人等提出问题。在控辩双方围绕由陪审员解决的问题展开辩论之后,审判长再向陪审团提出其应解决的问题。同时,该法典第338条、第339条对法官形成问题列表的过程以及法官拟定问题列表的内容作出了详细规定。[2] 借鉴以上制度,在我国亦可以法官列明问题清单的方式对案件有关情况予以指引,但这就要求法官必须具有较高的专业素养。只要通过合理制度设计,保障人民陪审员作为平均理性人依据常识、情理和良心作出判断,就可以建构程序的正当性基础,也可以使参与其中的人民群众发挥常识判断、常情判断、常理判断的优势。

(二)建立区分争议解决的规则和程序

"法律向下滋生进事实的根部,而事实持续不断地向上延伸进法律。"事实因素与法律因素不断趋近并逐渐交织融合时,就产生了区别或定性的难题,犹如一枚磁铁的两极,越渐趋中间对其自行属于哪端越难以定性。[3] 事实审与法律审的区分既关系到人民陪审员的表决权不被侵犯和剥夺,也与当事人的权利密不可分。因为我国对于事实认定问题和法律适用问题的区分尚处于初步探索阶段,在区分事实认定问题和法律适用问题后,适用人民陪审员只参与事实审机制依旧存在争议,或者在技术上存在难以区分的可能,这就需要建立解决区分争议的程序。有的试点法院在产生区分争议或无法进行区分时,采取了"事实认定问题扩大解释,法律适用问题限缩解释"的原则,在无法判断争议为事实认定问题还是法律适用问题时,将其认定为事实认定问题。这种做法可能扩大了人民陪审员认定事实问题的范围,但不失为

---

〔1〕 参见施鹏鹏:《法国的陪审制移植失败了吗?——以法国陪审制发展史为中心展开》,厦门大学出版社2009年版,第287~306页。

〔2〕 参见高一飞:《俄罗斯陪审团制度:观察与展望》,载《俄罗斯学刊》2015年第1期。

〔3〕 参见陈杭平:《论"事实问题"与"法律问题"的区分》,载《中外法学》2011年第2期。

一种解决问题的办法。这就需要明确争议解决的主体,我们主张对于事实认定问题与法律适用问题的区分权及争议解决时的评判权,可依法授予合议庭的审判长,如审判长与主审法官非同一人,可由审判长决定是否授权给主审法官。

(三)严格限制人民陪审员只参与事实审机制适用的案件范围

如前文所述,人民陪审员只参与事实审机制具有探索性立法的明显特征,其适用范围不宜过宽。在实践中须严格执行《人民陪审员法》第16条的规定,合理确定人民陪审员只参与事实审机制适用的范围。这一问题的关键在于,如何对该条第4项“其他社会影响重大的案件”进行解释。何为“社会影响重大”?这一规定弹性较大,可解释的空间也较大。在司法实践中,法院往往主导这一规定适用的标准,法院或法官对此具有很大的自由裁量权。且人们普遍感觉人民陪审员参审的案件范围不够明确,导致启动陪审的条件不具确定性。在“案多人少”压力和政治效果激励的双重需求下,陪审制度被过度启用,从而滋生出外界对此项制度的质疑和误读。[1] 加之这一条款属兜底条款,通过司法解释等方式使之清晰化在技术上也有不小难度。我们认为,基于《人民陪审员法》第22条规定探索性立法的特征,应当严格限制法院对该条款行使解释权和自由裁量权,以避免适用范围泛化。在实践中,应以该条第1~3项列举的案件类型,作为应当适用人民陪审员只参与事实审的案件类型,除非司法解释作出明确规定,实践中不能随意扩大适用范围。

(四)完善法官对人民陪审员的指引制度

世界各国陪审制度发展的经验表明,人民陪审员要在参与审理案件过程中发挥出其应有的作用,必须高度依赖职业法官在法律规定的限度内对其自始至终的指引、提示。实践证明,法官在庭审中对人民陪审员是否加以引导,会直接影响人民陪审员参审权利的行使,影响人民陪审员实质参审。为确保人民陪审员实质参审,无论是贯彻落实人民

---

〔1〕参见刘峥、刘知行:《论人民陪审员制度中的参审案件范围》,载《法律适用》2018年第9期。

陪审员只参与审理事实审机制，还是践行人民陪审员与法官同职同权模式，必须强化法官对人民陪审员参与事实审的指引、提示义务，明确法官对案件涉及的事实认定、证据规则、法律规定等事项及应当注意问题的解释和说明责任，努力增强法官指引意识，提高其指引能力。

1. 指引的范围

审判长应当就案件审判相关的诉讼程序、证据规则、诉（控）辩意见及争点、实体法律规范等内容向人民陪审员进行提示、提醒，解释相关内容，引导人民陪审员依照法律规定、遵循法定程序进行案件审理。结合《人民陪审员法》第 2 条的规定，指引、提示的内容应当包括陪审的基本权利和义务、人民陪审员参审案件的范围等。

2. 指引的内容

法官对陪审员认定事实的指示内容，主要包括以下几个方面：（1）自然事实与法律要件事实的区别。（2）请求权基础规范或者其他实体法规范的要件事实的构成。通过指示，可以使陪审员知道哪些要件事实需要当事人进行证明，从而明确事实认定的对象。（3）主张责任、证明责任的分配。陪审员认定事实时，需要知道特定要件事实应当由哪一方当事人予以主张和进行证明，在有疑问时，法官应当适时作出指示。（4）证明标准。陪审员对当事人主张的要件事实形成内心确信时，才能对该事实予以认定，这就涉及证明标准的理解和适用问题。而"内心确信"存在"绝对确信""排除合理怀疑""高度盖然性""盖然性的优势"的区别，法官应当指示陪审员适用何种证明标准。（5）直接事实与间接事实的关系、事实推定的适用。在需要运用间接事实推定直接事实时，法官应当就推定应遵循的经验法则向陪审员作出指示。

3. 指引的过程

法官的指引贯穿于整个审判过程。我们认为，可以根据审判流程建立庭审中、庭审后法官指引机制。在不同阶段，法官应该通过不同的方式对人民陪审员行使具体权利加以指引，并提供保障，帮助人民陪审员认定案件事实。

在庭审过程中，法官可以按照争议焦点逐项组织双方举证、质证。可结合初步问题清单，对人民陪审员进行证据规则指引，使其在庭审中能更好地判断证据与事实的关联性。庭审时,应根据审前程序的工作成果,在法庭调查阶段做好分工。如出现新的情况,审判长应当庭履行指引、提示义务,且允许控辩双方质疑。此外,法官应当充分保障人民陪审员提问的权利,首先可以采取让陪审员自主提问的方式,在法庭辩论环节结束之后询问人民陪审员是否还有问题询问,并明确"提问不打断"原则。对法官进行访谈时,有些法官提到他们会在庭前事先安排人民陪审员在庭审中发问,促使人民陪审员在庭审敢发问进而想发问,增强人民陪审员的参与感,引导人民陪审员认真参与庭审。我们认为,这不失为一种可行的指引方式,当然前提是让人民陪审员明白为什么要提这样的问题。在庭审中,法官还有一项更重要的指引任务,就是根据证据规则提醒人民陪审员在庭审中排除依法不能适用的证据。另外,在庭审中,法官应尊重人民陪审员的裁判者地位,法官不能仅依据自己对案件的熟悉程度进行审理,而应充分考虑人民陪审员的接受能力,对其进行充分有效的指引,以充分发挥人民陪审员的作用。

在庭审后即合议过程中,根据《人民陪审员法》第20条第2款的规定,合议庭评议案件时,审判长应当对本案涉及的事实认定、证据规则等事项及应当注意的问题,向人民陪审员进行必要的释明。合议时,法官可结合事实问题清单,就证据规则、个案法律要件事实对应的具体法条等进行细致阐释。对事实问题的表决可由人民陪审员独立针对事实问题清单所列问题逐项回答。我们认为,条件成熟时,应考虑出台更明确的七人合议庭合议规则。

4. 指引的限度

法官的指引和提示,对于保证人民陪审员准确判断事实问题意义重大。一方面,人民陪审员对案件事实的认定,即使是对原生事实问题的判断,也应受证据规则等法律规范的约束。人民陪审员如果不能理解并遵守这些法律规范,就不可能准确判断事实问题。另一方面,法官对控辩双方基本立场和证据的客观总结,有助于人民陪审员厘清思路和回忆案情,从而更好地对事实问题作出判断。如果法官违反中立要求,滥用人民陪审员指示权,造成人民陪审员在事实认定上产生偏差,就会影响案件的公正审判。为避免法官指示对人民陪审员独立发表意见形成专业观念的影响,要求法官不得妨碍人民陪审员对案件进行独立判断。法官对人民陪审员的引导贯穿庭前、庭审、合议三个阶段的诉讼全过程,法官应随时对人民陪审员进行参审指导,但应保持客观中立,不对人民陪审员作任何偏向性的指引,不妨碍人民陪审员对案件事实的独立判断。不管是采取哪种指引方式,不管在哪个诉讼阶段,均应当由具有专业知识的法官加以引导。需要注意的是,各个环节的指引、提示内容应当清晰明了、逻辑一致。特别是庭审中的指引、提示,应当在当事人在场的情况下作出,并记入庭审笔录,以便于当事人及其代理人或律师进行必要的监督,从而保证法官指引、提示的中立性和公正性。鉴于访谈中有部分法官反映不知如何指引人民陪审员,笔者建议最高人民法院统筹力量编写对陪审员的指引指南,并对法官进行培训。只有法官对于人民陪审员只参与事实审机制有了充分的理解,并掌握了指引的要求、方法,方能更好地指引人民陪审员认定案件事实。另外,可以考虑赋予代理律师参与提出指示建议的权利和人民陪审员对指示内容质疑的权利,以对法官指引、提示行为进行规制。

法官要履行好对人民陪审员的指引职责必须认识到,“具有公民意识的公民对司法活动的参与,是司法在实际上取得民主性、公正性结果而不流于形式的重要环节”[1]。同时,人民陪审员参与审判能引入社情民意的角度,从普通群众朴素的价值观来看待问题,能使判决结果更容易被民众接受。只有从内心高度认同人民陪审员制度的价值,法官才能在人民陪审员参与审判过程中扮演更积极、更关键的“引路人”角色。

(五)探索陪审大合议庭集中审理模式

英美陪审团制的运作有集中审理模式与之相配套。我国现行法律规定没有明确要求实行集中、不间断审理模式。在实践中,人民陪审员只参与事实审的案件相对复杂,可能需要多次开庭,但就现状来看,实现集中审理还有一定难度。即便是法律规定人民陪审员享有参加合议并行使评议权的权利,但在实践中,庭后当即当面合议很难落实。有法

---

〔1〕 张建伟:《刑事司法体制原理》,中国人民公安大学出版社2002年版,第348页。

官表示:“因为案件量大的原因,有时候一天要开两三个案,完整的合议很难实现。”考虑到大陪审合议庭运作成本较高,为便于人民陪审员参审,更重要的是让人民陪审员在对案件留有清晰印象时作出裁决,充分发挥人民陪审员在事实认定中的作用,可考虑借鉴英、美等国经验,人民陪审员只参与事实审的案件应当与集中审理模式相配套,尽量实现连续不间断审理,努力实现一次性完成庭审。

人民陪审员只参与事实审机制,是对传统人民陪审员制度的创新发展,有助于人民陪审员基于日常生活经验和朴素的价值判断对事实问题行使实质裁判权,充分发挥人民陪审员了解社情民意的优势作用。但是,作为一项仍有待探索、完善的制度,其生命力在于理论上能否提供有力支撑,技术上能否提供可行方案。更为重要的是,其价值功能和实践效果能否获得广泛认同。因此,仍有必要对其实际运行情况持续进行跟踪研究,经由从实践到理论的路径,在实践中不断予以完善,在理论上予以科学总结。

第四章　人民陪审员参审案件范围实证考察

人民陪审员制度是司法民主的重要体现，人民陪审员参审范围的确定直接关系到公民参与审判的有效性以及公民参与司法的广度和深度。科学而准确地界定参审范围是实现公民参与司法的价值目标，是彰显其功能、作用的关键。同时，陪审制度也是一项成本较大，需要一定人力和物力支出的制度。倘若参审范围设置过于狭窄，则无法保障公民充分有效地参与审判活动，难以达到让人民群众在每一个司法案件中感受到公平正义的司法改革目标。如果参审范围设置过宽，则可能变成司法所无法承受之重。合理界定并适当扩大人民陪审员参审范围，是此次人民陪审员制度改革的重点与难点。在总结改革试点经验的基础上，《人民陪审员法》第 15 ~ 17 条对人民陪审员参审案件范围进行了规定。本章拟在对人民陪审员参审案件范围改革试点的实证考察的基础上，对《人民陪审员法》的相关规定进行分析和解读。

第一节　人民陪审员参审案件范围改革与试点

一、人民陪审员参审案件范围改革背景和主要内容

（一）实践中人民陪审员参审案件的范围

改革前，《关于完善陪审制度的决定》《陪审员参审规定》对陪审案件的适用范围作了明确规定。（见表 4 – 1）根据 2014 年我们组织的对

H省陪审制度实施情况的调查结果,受访的745名人民陪审员中,有92.1%参审过民事案件,有55.7%参审过刑事案件,有32.7%参审过行政案件,调查表明人民陪审员参审的案件涵盖了刑事、民事、行政三类诉讼案件。但参审案件中"社会影响较大"的案件比例尚不高。在受访的一线审判法官中,认为社会影响较大的陪审案件比较多、很多的分别只有26.3%、5.3%,认为不太多、不多、几乎没有的分别占36.7%、24.7%、7.0%。(见表4-2)在对人民陪审员的问卷调查中,认为社会影响较大的案件比较多、很多的合计只有36.2%,与法官的看法基本一致。

表4-1　2004年以来有关人民陪审员参审范围的主要规定

时期	法律或文件	条文规定
改革前	《关于完善陪审制度的决定》(2004年8月)	第2条　人民法院审判下列第一审案件,由人民陪审员和法官组成合议庭进行,适用简易程序审理的案件和法律另有规定的案件除外: (一)社会影响较大的刑事、民事、行政案件; (二)刑事案件被告人、民事案件原告或者被告、行政案件原告申请由人民陪审员参加合议庭审判的案件。
	《陪审员参审规定》(2010年1月)	第1条　人民法院审判第一审刑事、民事、行政案件,属于下列情形之一的,由人民陪审员和法官共同组成合议庭进行,适用简易程序审理的案件和法律另有规定的案件除外: (一)涉及群体利益的; (二)涉及公共利益的; (三)人民群众广泛关注的; (四)其他社会影响较大的。 第2条　第一审刑事案件被告人、民事案件原告或者被告、行政案件原告申请由人民陪审员参加合议庭审判的,由人民陪审员和法官共同组成合议庭进行。 人民法院征得前款规定的当事人同意由人民陪审员和法官共同组成合议庭审判案件的,视为申请。

续表

时期	法律或文件	条文规定
		第3条　第一审人民法院决定适用普通程序审理案件后应当明确告知本规定第二条的当事人,在收到通知五日内有权申请由人民陪审员参加合议庭审判案件。 人民法院接到当事人在规定期限内提交的申请后,经审查符合本规定的,应当组成有人民陪审员参加的合议庭进行审判。
改革中	《陪审制度改革试点方案》(2015年4月)	扩大人民陪审员参审范围。合理界定并适当扩大人民陪审员参审案件范围,充分发扬司法民主,提高司法公信力。 涉及群体利益、社会公共利益的,人民群众广泛关注或者其他社会影响较大的第一审刑事、民事、行政案件,以及可能判处十年以上有期徒刑、无期徒刑的第一审刑事案件,原则上实行人民陪审制审理。 第一审刑事案件被告人、民事案件当事人、行政案件原告申请由人民陪审员参加合议庭审判的,可以实行人民陪审制审理。
	《陪审制度改革试点办法》(2015年5月)	第12条　人民法院受理的第一审案件,除法律规定由法官独任审理或者由法官组成合议庭审理的以外,均可以适用人民陪审制审理。 有下列情形之一的第一审案件,原则上应当由人民陪审员和法官共同组成合议庭审理: (一)涉及群体利益、社会公共利益、人民群众广泛关注或者其他社会影响较大的刑事、行政、民事案件; (二)可能判处十年以上有期徒刑、无期徒刑的刑事案件; (三)涉及征地拆迁、环境保护、食品药品安全的重大案件。 前款所列案件中,因涉及个人隐私、商业秘密或者其他原因,当事人申请不适用人民陪审制审理的,人民法院可以决定不适用人民陪审制审理。

续表

时期	法律或文件	条文规定
		第13条 第一审刑事案件被告人、民事案件当事人和行政案件原告有权申请人民陪审员参加合议庭审判。人民法院接到申请后，经审查决定适用人民陪审制审理案件的，应当组成有人民陪审员参加的合议庭进行审判。
改革后	《人民陪审员法》（2018年4月）	第15条 人民法院审判第一审刑事、民事、行政案件，有下列情形之一的，由人民陪审员和法官组成合议庭进行： （一）涉及群体利益、公共利益的； （二）人民群众广泛关注或者其他社会影响较大的； （三）案情复杂或者有其他情形，需要由人民陪审员参加审判的。 人民法院审判前款规定的案件，法律规定由法官独任审理或者由法官组成合议庭审理的，从其规定。 第16条 人民法院审判下列第一审案件，由人民陪审员和法官组成七人合议庭进行： （一）可能判处十年以上有期徒刑、无期徒刑、死刑，社会影响重大的刑事案件； （二）根据民事诉讼法、行政诉讼法提起的公益诉讼案件； （三）涉及征地拆迁、生态环境保护、食品药品安全，社会影响重大的案件； （四）其他社会影响重大的案件。 第17条 第一审刑事案件被告人、民事案件原告或者被告、行政案件原告申请由人民陪审员参加合议庭审判的，人民法院可以决定由人民陪审员和法官组成合议庭审判。
	《人民陪审员法解释》（2019年2月）	第5条 人民陪审员不参加下列案件的审理： （一）依照民事诉讼法适用特别程序、督促程序、公示催告程序审理的案件； （二）申请承认外国法院离婚判决的案件； （三）裁定不予受理或者不需要开庭审理的案件。

表4-2　陪审案件中社会影响较大的多不多?(2014年法官卷)

单位:人次、%

内容		频率	百分比	有效百分比	累积百分比
有效	很多	41	4.5	5.3	5.3
	比较多	202	22.1	26.3	31.6
	不太多	282	30.8	36.7	68.3
	不多	190	20.8	24.7	93.0
	几乎没有	54	5.9	7.0	100.0
	合计	769	84.0	100.0	—
缺失		146	16.0	—	—
总计		915	100.0	—	—

在调研中,有的法官明确指出"人民陪审员面对复杂的案件无所适从""人民陪审员并不适合于案情比较复杂的案件审理,只适合比较简单的案件审理,因为审理案件是个很精细的过程,有些都已经量化,需要算出来,人民陪审员完全不懂。对于简单民商事案件审理,他可以站在一个比较公正的角度,可以有一些比较亲民的行为,这可以起到一些作用"。有的人民陪审员基于自身的参审经验提出"刑事案件、行政案件专业性强,特别是行政案件的政策性很强,不适合人民陪审员参审",有的则认为"很简单的案子根本就不需要人民陪审员,其他有重大影响的案子可以请人民陪审员参审,像上访的案件也可以邀请人民陪审员"。还有人民陪审员认为"民事、刑事、行政案件都可以参与陪审。案情简单的,人民陪审员容易参与审理,也容易理解,但是案子越复杂,对社会的影响就越大,老百姓就越容易信服,所以我认为越难的案子参与陪审对社会的影响就越好"。总的来看,对于陪审案件的适用范围,法官和人民陪审员似乎还很难达成共识。

总体来看,改革之前,人民陪审员参与案件审理存在"应陪不陪""为陪而陪"等现象,人民陪审员参审存在比较严重的泛化现象。

(二)顶层设计中的人民陪审员参审案件范围

党的十八届四中全会通过的《中共中央关于全面推进依法治国若

干重大问题的决定》明确要求扩大人民陪审员参审案件范围。《陪审制度改革试点方案》进一步提出要合理界定并适当扩大人民陪审员参审案件范围,并对人民陪审员的参审范围提出了具体的要求。随后,《陪审制度改革试点办法》第12条、第13条对人民陪审员的参审范围作出更为细化的规定。(见表4-1)根据党的十八届四中全会精神,改革顶层设计要求合理界定并适当扩大人民陪审员参审案件范围:(1)涉及群体利益、社会公共利益的,人民群众广泛关注或者其他社会影响较大的第一审刑事、民事、行政案件,原则上实行人民陪审制。(2)可能判处十年以上有期徒刑、无期徒刑的第一审刑事案件,原则上实行人民陪审制。(3)第一审刑事案件被告人、民事案件当事人、行政案件原告申请由人民陪审员参加合议庭审判的,可以实行人民陪审制。[1]

二、人民陪审员参审案件范围改革试点的具体做法

(一)样本法院人民陪审员参审案件数量的基本情况

在调研中,我们收集到了部分样本法院2012~2017年6月人民陪审员参审案件数量的基本情况。(见表4-3~表4-7)分析这些数据可知,改革前后人民陪审员参审率几乎没有发生变化。改革后,B市D区人民法院和S市W区的民事、刑事案件陪审率并未发生太大变化,依旧维持在90%~100%。相比2014年来说,C市L区人民法院2015~2016年两年的陪审率几乎未发生变动,民事案件的陪审率依旧维持在90%左右,刑事、行政案件的陪审率保持在100%。X市Y区人民法院的民事案件陪审率自2014年以来一直处于上升的趋势,已由2014年的62.6%上升至2016年的85%,仅2015年一年就增长了21.3%;刑事案件的陪审率由2014年的97.6%增长至100%;行政案件的陪审率由2014年的39.3%增长至2015年的76%,又于2016年降为57.4%,但还是明显高于改革之前的陪审率。L市Y区人民法院适用陪审的案件绝对数量逐年增多。

---

〔1〕 参见贺小荣、胡夏冰、马渊杰:《我国人民陪审员制度的功能定位和改革路径》,载《人民法院报》2015年4月29日,第5版。

表 4-3　B 市 D 区人民法院人民陪审员参审案件统计分析

年度	结案				适用陪审程序案件情况						
	普通程序案件总数（件）	刑事普通程序案件（件）	民事普通程序案件（件）	行政普通程序案件（件）	民事（件）	民事案件陪审率（%）	刑事（件）	刑事案件陪审率（%）	行政（件）	行政案件陪审率（%）	总数（件）
2012	3909	374	3238	297	2963	91.51	370	98.93	296	99.66	3629
2013	4432	286	3754	392	3754	100.00	286	100.00	392	100.00	4432
2014	5179	375	4027	777	4027	100.00	375	100.00	777	100.00	5179
2015	7068	309	5641	1118	5591	99.11	309	100.00	1118	100.00	7018
2016	11,088	240	9664	1184	9512	98.43	227	94.58	1154	97.47	10,893
2017 年 1~6 月	3601	98	2801	702	2700	96.39	91	92.86	699	99.57	3490

表 4－4　L 市 Y 区人民法院人民陪审员参审案件统计分析

年度	结案情况							适用陪审程序案件情况			
	民事（件）	刑事（件）	行政（件）	总计（件）	上诉率（%）	发改率（%）	民事调解率（%）	民事（件）	刑事（件）	行政（件）	总数（件）
2010	1620	252	37	1909	—	—	—	62	20	0	82
2011	2051	299	29	2379	6.48	0.52	32.57	189	86	6	281
2012	2933	330	15	3278	5.39	0.70	45.74	401	181	11	593
2013	2731	283	29	3043	6.10	0.55	29.92	555	168	28	751
2014	2440	303	26	2769	6.92	0.45	29.07	438	212	23	673
2015	2681	378	30	3089	8.25	0.35	20.59	446	267	22	735
2016	2467	467	41	2975	9.08	0.74	19.83	609	314	39	962
2017 年 1～6 月	1123	145	23	1291	5.59	0.33	24.26	162	104	23	289
合计	18,046	2457	230	20,733	—	—	—	2862	1352	152	4366

表 4－5　S 市 W 区人民法院人民陪审员参审案件统计分析

年度	结案				适用陪审程序案件情况						
	普通程序案件总数（件）	刑事普通程序案件（件）	民事普通程序案件（件）	行政普通程序案件（件）	民事（件）	民事案件陪审率（%）	刑事（件）	刑事案件陪审率（%）	行政（件）	行政案件陪审率（%）	总数（件）
2006	672	319	353	—	0	0.00	231	72.41	0	—	231
2007	1090	318	772	—	2	0.26	201	63.21	0	—	203
2008	1226	355	911	—	361	39.63	275	77.46	1	—	637
2009	1043	345	698	—	397	56.88	331	95.94	0	—	728
2010	1119	408	711	—	605	85.09	403	98.77	13	—	1021
2011	1226	456	770	—	704	91.43	454	99.56	13	—	1171
2012	1770	509	1261	—	1108	87.87	507	99.61	19	—	1634
2013	1667	304	1363	—	1263	92.66	300	98.68	16	—	1579
2014	2353	509	1844	—	1764	95.66	504	99.02	43	—	2311
2015	2686	498	2188	—	2184	99.82	498	100.00	30	—	2712
2016	2918	374	2524	—	2521	99.88	374	100.00	25	—	2920
2017 年 1～6 月	1470	164	1292	14	1292	100.00	164	100.00	14	100.00	1476

表 4-6　X 市 Y 区人民法院人民陪审员参审案件统计分析

年度	案件类型（件）	收案数（件）	结案数（件）	调解率（%）	上诉率（%）	发回重审率（%）	改判率（%）	陪审案件数（件）	陪审率（%）
2014	刑事	1105	915	45.60	8.00	1.00	0.00	774	97.60
	民事	11,009	6209	55.70	17.60	6.00	6.00	2788	62.60
	行政	241	173	76.30	12.70	1.00	1.00	68	39.30
2015	刑事	1251	1154	42.60	7.50	0.00	0.00	890	98.90
	民事	15,101	10,724	48.80	16.60	0.10	0.40	6599	83.90
	行政	216	204	24.40	23.40	0.00	0.00	155	76.00
2016	刑事	1266	1111	38.70	10.20	0.10	0.20	815	100.00
	民事	16,104	13,484	48.00	12.30	0.31	0.98	8241	85.00
	行政	65	61	40.70	42.60	0.10	0.20	35	57.40
2017 年 1~6 月	刑事	966	685	47.40	10.90	0.00	0.14	385	99.50
	民事	11,165	5395	44.70	25.00	0.05	0.26	2490	77.30
	行政	35	25	0.00	2.70	0.00	4.00	18	94.70

表4－7　C市L区人民法院人民陪审员参审案件统计分析

年度	结案				适用陪审程序案件情况						
	普通程序案件总数（件）	刑事普通程序案件（件）	民事普通程序案件（件）	行政普通程序案件（件）	民事（件）	民事案件陪审率（%）	刑事（件）	刑事案件陪审率（%）	行政（件）	行政案件陪审率（%）	总数（件）
2004	496	122	367	7	367	100.00	83	68.03	7	100.00	457
2005	500	153	338	9	338	100.00	125	81.70	9	100.00	472
2006	469	126	339	4	339	100.00	113	89.68	4	100.00	456
2007	984	103	874	7	874	100.00	81	78.64	7	100.00	962
2008	612	125	479	8	479	100.00	41	32.80	8	100.00	528
2009	756	140	606	10	606	100.00	103	73.57	10	100.00	719
2010	741	141	591	9	161	27.24	102	72.34	9	100.00	272
2011	806	176	617	13	432	70.02	141	80.11	13	100.00	586
2012	772	122	637	13	600	94.19	119	97.54	13	100.00	732
2013	741	55	639	47	581	90.92	55	100.00	47	100.00	683
2014	857	67	734	56	672	91.55	67	100.00	56	100.00	795
2015	810	89	674	47	611	90.65	89	100.00	47	100.00	747
2016	937	145	717	75	649	90.52	145	100.00	72	96.00	866
2017年1～6月	299	55	243	18	220	90.53	49	89.09	14	77.78	283

(二)人民陪审员参与审判的案件类型

通过表4－8可知,接受问卷调查的人民陪审员中,31.4%的人民陪审员参与审理过民事案件和刑事案件,28.8%的人民陪审员参与审理过民事案件、刑事案件和行政案件,25.4%的人民陪审员只参与审理过民事案件,6.6%的人民陪审员只参与审理过刑事案件。从参审的绝对数量来看,人民陪审员参与审理的民事案件最多,其次为刑事案件,行政案件较少,这与基层人民法院这三类案件的受理数量比例是相匹配的。对于人民陪审员参审案件的具体类型,我们在2014年从H省法院中选择了4个基层人民法院进行案由分析[1],以了解实践中人民陪审员参审的具体案件类型。

表4－8　请问您参与审理过哪种类型的案件?(人民陪审员卷)

单位:人次、%

内容		次数	百分比	有效百分比	累积百分比
有效	民事案件	184	24.5	25.4	25.4
	刑事案件	48	6.4	6.6	32.1
	行政案件	6	0.8	0.8	32.9
	民事案件、刑事案件	227	30.2	31.4	64.3
	民事案件、行政案件	46	6.1	6.4	70.7
	刑事案件、行政案件	4	0.5	0.6	71.2
	民事案件、刑事案件、行政案件	208	27.7	28.8	100.0
	合计	723	96.3	100.0	—
无效	缺失	28	3.7	—	—
总计		751	100.0	—	—

[1] 这4个基层人民法院包括城区法院、相对发达地区法院、欠发达地区法院、少数民族地区法院各1个。选择这4个法院作为样本法院,除了考虑样本的典型性外,还考虑了基础材料的真实性、完整度等因素。

1. 民事陪审案件案由分析

人民陪审员参审较多的主要是离婚、民间借贷、道路交通事故损害赔偿、劳动争议、买卖合同纠纷等案件。2011～2013年，四个基层法院人民陪审员参审的民事案件分别为502件、500件、607件，涉及64个案由，这五类案件占全部参审案件的比例分别为58.37%、64.2%、61.6%。其中，离婚纠纷分别占26.29%、20.60%、25.86%，民间借贷纠纷分别占7.97%、16.60%、18.78%，道路交通事故损害赔偿纠纷分别占13.75%、8%、10.21%。（见表4－9）此外，借款合同纠纷、财产损害赔偿纠纷、人身损害赔偿纠纷等也占一定比例。

2. 刑事陪审案件罪刑分析

人民陪审员参审较多的有盗窃、毒品犯罪、故意伤害、抢劫等案件（其中包括部分数罪并罚的情况）。2011～2013年，四个基层人民法院人民陪审员参审的刑事案件分别为397件、464件、475件，涉及48个罪名，这四类案件占全部参审案件的比例为64.24%、64.44%、61.11%。其中，盗窃罪分别占16.37%、12.50%、9.73%，贩卖毒品罪分别占15.62%、12.50%、21.35%，故意伤害罪分别占14.11%、18.10%、15.86%。（见表4－10）此外，交通肇事、诈骗等案件也占一定比例。一般认为，可能引起社会广泛关注的贪污、受贿、滥用职权等职务犯罪案件适用陪审审判的比例反倒比较低。

《刑事诉讼法》第210条规定，适用简易程序审理案件，对可能判处3年有期徒刑以下刑罚的，可以组成合议庭进行审判，也可以由审判员一人独任审判；对可能判处的有期徒刑超过3年的，应当组成合议庭进行审判。接受问卷调查的刑事案件被告人中，被判处3年以下有期徒刑的占18.65%，被判处3年以上7年以下有期徒刑的占34.41%，

表 4-9　样本法院民事陪审案件案由统计分析

2011 年			2012 年			2013 年		
案由	总数（件）	百分比（%）	案由	总数（件）	百分比（%）	案由	总数（件）	百分比（%）
离婚	132	26.29	离婚	103	20.60	离婚	157	25.86
道路交通事故损害赔偿	69	13.75	民间借贷	83	16.60	民间借贷	114	18.78
民间借贷	40	7.97	劳动争议	57	11.40	道路交通事故损害赔偿	62	10.21
买卖合同纠纷	30	5.98	道路交通事故损害赔偿	40	8.00	借款合同纠纷	39	6.43
劳动争议	22	4.38	买卖合同纠纷	38	7.60	买卖合同纠纷	28	4.61
……	……	……	……	……	……	……	……	……
恢复原状	1	0.20	排除妨害	1	0.20	继承纠纷	1	0.16
名誉权	1	0.20	继承纠纷	1	0.20	执行异议	1	0.16
合计	502	100.00	合计	500	100.00	合计	607	100.00

表 4－10　样本法院刑事陪审案件罪名统计分析

2011 年			2012 年			2013 年		
案由	总数（件）	百分比（%）	案由	总数（件）	百分比（%）	案由	总数（件）	百分比（%）
盗窃	65	16.37	故意伤害	84	18.10	贩卖毒品	101	21.35
贩卖毒品	62	15.62	抢劫	70	15.09	故意伤害	75	15.86
故意伤害	56	14.11	盗窃	58	12.50	盗窃	46	9.73
抢劫	40	10.08	贩卖毒品	58	12.50	数罪	34	7.19
数罪	32	8.06	数罪	29	6.25	抢劫	33	6.98
……	……	……	……	……	……	……	……	……
受贿	6	1.51	受贿	1	0.22	贪污	4	0.85
……	……	……	危险驾驶	1	0.22	受贿	3	0.63
……	……	……	介绍贿赂	1	0.22	……	……	……
贪污	1	0.25	贪污	0	0.00	招摇撞骗	1	0.21
滥用职权	1	0.25	滥用职权	0	0.00	行贿	1	0.21
合计	397	100.00	合计	464	100.00	合计	473	100.00

被判处7年以上10年以下有期徒刑的占19.61%，被判处10年以上有期徒刑的占27.33%。（见表4－11）超过70%的刑事陪审案件为判处10年以下有期徒刑的，其中，判处3年以下有期徒刑的占18.65%，这表明部分可以适用简易程序的案件在实践中也适用了陪审程序，这与我们在调研中了解到的情况相一致。在2014年的调研中，我们旁听的两起刑事陪审案件都有两名人民陪审员参审，其中一个案件被告人以诈骗罪被起诉，涉案金额8000元，庭前已取保候审，当庭认罪，当庭判1年6个月，缓刑2年；另一个案件被告人以盗窃罪（未遂）被起诉，主审法官声明适用简易程序进行审理，被告人当庭认罪，无证据提交，无辩护意见，当庭被判处拘役6个月。像这类犯罪事实清楚，当事人认罪的简单刑事案件，适用陪审程序的必要性值得思考。

表4－11　刑事陪审案件中被告人量刑情况抽样调查

单位：人

刑期	是否有人民陪审员参审			合计
	有	没有	不记得了	
3年以下	58	41	45	144
3～7年	107	72	88	267
8～10年	61	47	50	158
10年以上	85	113	118	316
合计	311	273	301	885

3. 行政陪审案件案由分析

四个样本法院中，行政陪审案件总量不是很多。为了方便统计，根据最高人民法院《关于规范行政案件案由的通知》的规定，将样本法院行政案件的案由分为行政管理、行政处罚、行政强制、行政许可、行政登记、行政不作为、行政赔偿、其他（包括行政复议、行政裁决等）八类。其中，2011年陪审较多的案件是行政管理和行政处罚，所占比例为50%；2012年较多的是行政处罚和其他，占53.33%；2013年较多的是行政管理和行政强制，占78.17%。（见表4－12）

表 4－12　样本法院行政陪审案件案由统计分析

2011 年			2012 年			2013 年		
案由	总数（件）	百分比（%）	案由	总数（件）	百分比（%）	案由	总数（件）	百分比（%）
行政管理	11	23.91	行政管理	6	20.00	行政管理	94	47.72
行政处罚	12	26.09	行政处罚	9	30.00	行政处罚	7	3.55
行政强制	7	15.22	行政强制	3	10.00	行政强制	60	30.46
行政许可	3	6.52	行政许可	0	0.00	行政许可	0	0.00
行政登记	7	15.22	行政登记	2	6.67	行政登记	7	3.55
行政不作为	4	8.70	不作为	2	6.67	不作为	20	10.15
行政赔偿	1	2.17	行政赔偿	1	3.33	行政赔偿	4	2.03
其他（行政复议）	1	2.17	其他（行政裁决）	7	23.33	其他（行政裁决）	5	2.54
合计	46	100.00	合计	30	100.00	合计	197	100.00

通过梳理，发现实践中适用陪审程序较多的案件反而是一些比较常见的案件类型，并非《关于完善陪审制度的决定》所规定的社会影响较大的案件。上文中所提到的只有31.6%（见表4－2）的法官认为陪审案件中社会影响较大的案件比较多或很多的现象，也与此判断相一致。

（三）当事人申请人民陪审员参审的情况分析

1. 当事人申请人民陪审员参审的比例

访谈材料：

问：当事人申请适用人民陪审员的情况多吗？

某主任（西南C市L区人民法院陪审办主任）：当事人申请的好像不多，如果当事人提出这样的申请，我们是尊重的，只要这个陪审员与案件没有特别的关联性，不影响案件的公正审理，就可以直接适用。

问：有没有当事人主动申请陪审员参与的？

某法官（华北B市D区人民法院民庭法官）：我们这边只要是合议的，都配备了陪审员，不用申请。

问：您审理的案件中有没有当事人（律师）申请适用陪审制的情况？

某法官（西北S省W市中级人民法院少年庭法官）：没有，都是我们法院自己主动适用的，一般我们认为比较适合陪审员参加的话也会口头告知当事人和律师，但是一般当事人都不清楚，律师虽然了解也不会主动让当事人申请适用。

问：在您办理的案件中，有没有当事人主动申请陪审员参与审判的情况？

某律师（西北S省Z律师事务所律师）：好像没有。其实现在大部分陪审员参与案件都是为了解决时间不足的问题，因为审限太短，而法院案多人少，所以就需要陪审员参与审理。

《陪审制度改革试点办法》规定有关当事人可以申请人民陪审员

参加合议庭审判。但通过与法官、律师等主体的访谈可知，司法实践中当事人主动申请的情形很少，大都由法院主动适用陪审程序。对试点地区当事人进行的问卷调查，也可印证这一结果。试点地区受访的刑事被告人中，有56.8%在被审判时有人民陪审员参加审理，（见表4－13）但主动或在律师建议下申请的仅为5.2%。（见表4－14）而受访的民事诉讼原告和被告、行政诉讼原告中，自己主动申请或在代理人建议下申请的也仅占10.3%，由法院决定的比例高达75.3%。（见表4－15）

表4－13　请问您的案件开庭时，有没有陪审员参与审理？（刑事被告人卷）

单位：人次、%

内容		频率	百分比	有效百分比	累积百分比
有效	有	166	55.1	56.8	56.8
	没有	47	15.6	16.1	72.9
	不记得了	79	26.2	27.1	100.0
	合计	292	97.0	100.0	—
无效	缺失	9	3.0	—	—
总计		301	100.0	—	—

表4－14　请问是您主动或律师建议您申请陪审员参与案件审理的吗？（刑事被告人卷）

单位：人次、%

内容		频率	百分比	有效百分比	累积百分比
有效	是	10	3.3	5.2	5.2
	不是	141	46.8	73.1	78.2
	不记得了	42	14.0	21.8	100.0
	合计	193	64.1	100.0	—
无效	缺失	108	35.9	—	—
总计		301	100.0	—	—

表 4－15　请问您是主动申请陪审员参审的吗?（当事人卷）

单位:人次、%

内容		频率	百分比	有效百分比	累积百分比
有效	自己主动申请的	10	2.4	5.7	5.7
	在代理人建议下申请的	8	1.9	4.6	10.3
	法院决定的	131	31.6	75.3	85.6
	不知道	25	6.0	14.4	100.0
	合计	174	41.9	100.0	—
无效	缺失	241	58.1	—	—
总计		415	100.0	—	—

2. 当事人申请人民陪审员参审的程序保障

访谈材料:

问:当事人有申请权,您会主动让您的当事人申请陪审员参审吗?

某律师(东南 F 省 L 市 Y 区 Y 律师事务所律师):我们没有考虑这个问题,我之前也不知道可以申请,今天还是第一次听说可以自己申请,一般都是法官安排,因为法院也是随机抽选的。

问:这个案件当事人是如何知道可以申请的?

某法官(西北 S 省 W 市中级人民法院刑庭法官):这个案件的当事人可能是通过其他渠道知道的。其他的案件,我们一般会告知可以申请的。

问:就您所了解的情况来看,有没有被告主动申请陪审员的?

某检察官(华东 J 省 S 市 W 区人民法院公诉科科长):没有,一般都是法院安排的。没有其他主体参与,检察院、被告和律师都不参与,法院有一个库,参审的陪审员有随机的,也有安排的。我觉得像有些案件是可以由被告的律师来指定的，像英美法系控辩双方也可以去指定陪审员的，我觉得可以借鉴。

通过调查可知，试点地区有些律师甚至都不知道当事人可以主动申请人民陪审员参审。从事法律职业的律师尚且如此，当事人对此的知晓情况可见一斑。根据问卷调查结果，只有32.2%的刑事被告人知道自己可以申请人民陪审员参与案件审理。（见表4－16）在司法实践中，虽然部分法官会告知当事人可以向法院申请人民陪审员参审，但依然有许多当事人不知自己可以主动申请。此外，即便法院安排了人民陪审员参审，但当事人、公诉人、律师等有关主体均不会参与到随机抽选人民陪审员的过程中。

表4－16　您的案件开庭前，您知道可以申请陪审员（穿便装与法官同坐在审判席的人员）参与案件审理吗？（刑事被告人卷）

单位：人次、%

内容		频率	百分比	有效百分比	累积百分比
有效	知道	95	31.6	32.2	32.2
	不知道	200	66.4	67.8	100.0
	合计	295	98.0	100.0	—
无效	缺失	6	2.0	—	—
总计		301	100.0	—	—

三、改革试点中存在的问题

1.人民陪审员参审案件范围依然过于宽泛。在调研中，我们发现，有的法院甚至将所有适用普通程序的案件主动适用陪审程序以缓解“案多人少”的压力。无论是刑事案件、民事案件还是行政案件，前述5个试点法院都存在参审率100%的情况，说明这些法院审理的普通程序案件完全等同于陪审案件。值得注意的是，民事、刑事案件参审率相对于行政案件整体更高，高者可达100%，低者也在80%以上。总体来看，样本地区人民陪审员参审案件范围依然过于宽泛，过高的参审率使得参审案件范围的规定形同虚设。

2. 当事人申请人民陪审员参审的程序保障不足。根据《关于完善陪审制度的决定》第2条的规定，除适用简易程序审理的案件和法律另有规定的案件以外，其他案件都可适用陪审程序，但法院应当主动适用的仅限于社会影响较大的刑事、民事、行政案件。试点地区有高达75.3%的当事人认为，民事、行政案件是由法官决定启动陪审程序，（见表4－15）显然这些案件并非都符合社会影响较大的适用条件。根据《陪审员参审规定》第3条的规定，人民法院有义务告知当事人可以申请人民陪审员参审。但试点地区中仅有32.2%的刑事被告人知道自己可以向法院申请人民陪审员参审，（见表4－16）却有56.8%的刑事被告人受到陪审合议庭审理。（见表4－13）结合上文的访谈材料可知，许多法官并未告知当事人可以向法院申请人民陪审员参审。此外，虽然《陪审员参审规定》第2条第2款规定了，人民法院征得前款规定的当事人同意由人民陪审员和法官共同组成合议庭审判案件的，视为申请，但是此款规定落实的前提应是法院已履行了告知义务。

3. 规定以涉及个人隐私等情况为由排除适用陪审程序尚有争议。根据《陪审制度改革试点办法》第12条的规定，对应当适用陪审制审理的案件，因涉及个人隐私、商业秘密或者其他原因，当事人申请不适用人民陪审员制审理的，人民法院可以决定不予适用。对此，实践中尚有不同意见。但在调研中，我们没有了解到适用该条款的具体事例。

第二节　《人民陪审员法》有关参审案件范围规定的解读

一、《人民陪审员法》及其司法解释关于参审案件范围的规定

在总结试点经验的基础上，《人民陪审员法》以三人合议庭、七人合议庭和当事人申请适用为标准，将案件参审范围划分为三种类型，并加以细化和扩大。

(一)扩大了人民陪审员参审范围

改革的重点是尽可能让人民陪审员参与审理适合由其参审的案件,保障人民群众参与司法。但是,扩大参审范围并非要求人民陪审员参加审理所有的案件。这不仅是因为陪审制度成本高昂,还因为有些案件并不适合人民陪审员参与审理。[1] 相较于《关于完善陪审制度的决定》,《人民陪审员法》将案情复杂的案件、公益诉讼案件列入参审案件范围,适当扩大了人民陪审员参审案件范围。

(二)明确三人合议庭的参审案件范围

《人民陪审员法》第15条为一般规定,其规定"涉及群体利益、公共利益的""人民群众广泛关注或者其他社会影响较大的""案情复杂或者有其他情形,需要由人民陪审员参加审判的"第一审刑事、民事、行政案件,均应当适用陪审制,法律规定由法官独任审理或者由法官组成合议庭审理的从其规定。其中,"案情复杂或者有其他情形,需要由人民陪审员参加审判的"是新增加的内容。

(三)增设七人合议庭的参审案件范围

《人民陪审员法》第16条将部分案件类型从第15条中分离出来,明确为七人合议庭的案件参审范围。第一类是社会影响重大的可能判处十年以上有期徒刑、无期徒刑、死刑的刑事案件。与《陪审制度改革试点方案》和《陪审制度改革试点办法》相比,将社会影响重大的死刑案件列入参审范围,是《人民陪审员法》的一大亮点。第二类是根据《行政诉讼法》和《民事诉讼法》提起的公益诉讼案件。据此,今后检察院、法律规定的机关和有关组织提起的公益诉讼,都必须适用七人合议庭审理。第三类是涉及征地拆迁、环境保护、食品药品安全的社会影响重大的案件。第四类是其他社会影响重大的案件,属于兜底条款,前三项没有穷尽列举时,新出现的类型可以适用此项规定。

(四)明确排除适用的案件类型

根据《人民陪审员法解释》第5条规定,人民陪审员不参加下列案

---

[1] 参见贺小荣、胡夏冰、马渊杰:《我国人民陪审员制度的功能定位和改革路径》,载《人民法院报》2015年4月29日,第5版。

件的审理:(1)依照《民事诉讼法》适用特别程序、督促程序、公示催告程序审理的案件;(2)申请承认外国法院离婚判决的案件;(3)裁定不予受理或者不需要开庭审理的案件。

(五)赋予当事人有限制的申请适用权

赋予当事人接受陪审审判的权利是许多实行陪审制的国家和地区的通行做法。《人民陪审员法》第17条规定刑事案件被告人、民事案件原告或者被告、行政案件原告申请人民陪审员参加合议庭审判的,应由人民法院决定是否适用。相比《关于完善陪审制度的决定》的有关规定,本条在赋予当事人陪审程序选择权的同时,也明确了法院的审查决定权。

二、对《人民陪审员法》第15条的评析

访谈材料:

问:对于社会影响比较大的案件,您觉得适不适合由陪审员参审?

某陪审员(东南F省L市Y区人民陪审员):这个是很适合的,虽然我们可能在案件中起到的作用没有那么大,但是我们对它会有一个更深入的了解,知道这个案件是怎么审理的,如果有的人对这个判决有比较偏激的看法,我们可以给他讲具体是怎样的。

问:在您看来有没有特别适合陪审员参审的案件类型呢?

某科长(华东J省S市W区人民检察院公诉科科长):社会影响比较大的和有争议的案件。因为有争议的案件社会舆论可能来针对攻讦的,会认为你有偏向性,这个时候陪审员参与进来,社会效果会比较好。像山东的辱母杀人案,如果吸收了陪审员的意见,而陪审员的意见又是来源民众,在判决中也得到体现的话,可能社会效果就会更好一点,社会认同度会更高。

《人民陪审员法》第15条主要以"社会影响较大"为衡量标准确定

陪审员参审案件的范围。此类案件是否适合人民陪审员参与审判呢？从表4－17来看，律师、法官、人民陪审员、检察官中认为人民陪审员很适合和比较适合参审社会影响较大的案件的比例分别为74.0%、82.0%、92.4%、79.1%，认为不太适合或者很不适合的占比分别为17.6%、10.9%、3.7%、13.4%。整体来说，这几类主体中的绝大多数人都支持人民陪审员参审社会影响较大的案件。由此可知，本条规定存在较强的公众认同感。与相关主体的访谈也印证了这一结果。但也有部分主体认为，人民陪审员不适合审理社会影响较大的案件。举例如下：

> 陪审员（西北S省H市人民法院陪审员）认为：一些比较普通的民事、刑事案件适合陪审制。但是像一些社会影响比较大的案件、可能判处十年以上有期和无期徒刑的刑事案件就不太适合了，因为这一类影响比较大的案件通常需要陪审员具有更强的能力，陪审员身负的责任也更重。如果陪审员能力不足导致发生错案，就会影响司法公正。

此外，本条增加了“案情复杂或者有其他情形，需要由人民陪审员参加审判的”案件，也可适用陪审制度。试点期间，作为试点法院的山东某区法院对一起“案情复杂、当事人意见分歧大、矛盾尖锐”且承办法官认为确有让人民陪审员参审必要的案件适用了陪审制度，从而有效化解了双方的纠纷。〔1〕

〔1〕 参见最高人民法院政治部：《〈中华人民共和国人民陪审员法〉条文理解与适用》，人民法院出版社2018年版，第181页。

表 4－17　请问社会影响较大的案件
（如：涉及群体利益、公共利益的、老百姓关注的）适不适合人民陪审员参审？
（律师卷/法官卷/人民陪审员卷/检察官卷）

单位：人次、%

内容		律师		法官		人民陪审员		检察官	
		频率	有效百分比	频率	有效百分比	频率	有效百分比	频率	有效百分比
有效	很适合	167	33.4	103	33.0	425	58.5	53	30.8
	比较适合	203	40.6	153	49.0	246	33.9	83	48.3
	不太适合	62	12.4	30	9.6	27	3.7	22	12.8
	很不适合	26	5.2	4	1.3	0	0	1	0.6
	不好说	42	8.4	22	7.1	28	3.9	13	7.6
	合计	500	100	312	100	726	100	172	100
无效	缺失	4	—	2	—	25	—	0	—
总计		504	—	314	—	751	—	172	—

三、对《人民陪审员法》第16条的评析

根据《人民陪审员法》第22条的规定,只有由3名法官和4名人民陪审员组成的七人合议庭才实行事实审与法律审分离审判模式。由于《人民陪审员法》第22条规定具有探索性或实验性立法的特点,所以《人民陪审员法》第16条规定的七人合议庭参审案件范围自然不宜较大。相比于《陪审制度改革试点方案》和《陪审制度改革试点办法》,《人民陪审员法》第16条增加了死刑案件符合条件的应当适用陪审制度的规定,回应了社会对此问题的关切。同时,第16条也未延续《陪审制度改革试点方案》和《陪审制度改革试点办法》的规定,明确将可能判处10年以上有期徒刑、无期徒刑的刑事案件纳入应当适用陪审程序的范围,而是规定还需要符合社会影响重大的条件才应当适用陪审审判。

1."可能判处十年以上有期徒刑、无期徒刑、死刑,社会影响重大的刑事案件"是否适合人民陪审员参与审理。

访谈材料:

问:您刚才说到参审案件范围,您觉得试点方案规定的陪审案件类型是否合理?

某法官(西北S省H市中级人民法院法官):至于十年以上的重大刑事案件,我觉得陪审员不宜过多参与,因为这种案件对当事人影响很大,检察院起诉过来,既然打算量这么重的刑,基本是事实扎实了,再让他们参与过来可能不是很好。因为这些案子对当事人影响大,量刑很专业,陪审员参与体现不了国家的刑事政策。

问:您认为陪审员适合参审哪些案件类型?您认为试点文件规定的社会影响较大的案件是否应适用陪审制?

某庭长(西北S省W市中级人民法院民庭庭长):规定十年以上有期、无期徒刑的刑事案件适用陪审制,其实并不科学。这个规定就意味着咱们中级人民法院的一审刑事案件都需要适用陪审制,刑事案件还是应该考量案件的社会影响程

度再确定，我认为将范围限定在可能判处死刑比较好。

问：为什么您认为陪审员不适合参审可能判处十年以上有期徒刑的刑事案件？

某陪审员（西北S省X市Y区人民陪审员）：刑期与犯罪轻重、类型都有关系，这种案件一般犯罪情节和类型都比较重要，陪审员对于法律问题不是很了解，为了案件的合理和公正，不适合陪审员参与。

针对此问题，我们专门进行了问卷调查。[1] 从表4－18来看，律师、法官、人民陪审员、检察官中认为人民陪审员很适合和比较适合参审可能判处十年以上有期徒刑、无期徒刑的刑事案件的占比分别为42.2%、55.9%、72.7%、59.8%，认为不太适合或者很不适合的占比分别为47.3%、33.1%、17.1%、30.9%。其中，律师认为不太适合、很不适合的占比之和已经超过认为很适合和比较适合的，法官与检察官认为不太适合或者很不适合比例都在1/3左右。结合访谈材料可知，有的法官出于对人民陪审员普遍不懂法律的担忧而认为其不适合审理该类案件；还有的法官认为在决定刑事案件是否适用陪审时还应考虑案件的社会影响程度，一些重刑案件虽刑罚较重但社会影响程度低且事实清楚，无须适用陪审程序。有些人民陪审员认为大多数的人民陪审员的陪审能力不足且法律素养欠缺，而这些重刑案件又事关当事人重大权益，所以不适合由其审理。有律师（东南F省L市B律师事务所律师）在访谈中认为十年以上有期徒刑的、无期徒刑的案件不太适合陪审员参审，理由是：

[1] 需要说明的是，在调研时，《陪审制度改革试点办法》并未明确死刑案件可以适用陪审审判，也没有明确这类案件需附加社会影响重大的条件才能适用，更没有明确此类案件需组成七人合议庭审理。

表 4－18　请问可能判处十年以上有期徒刑、无期徒刑的刑事案件适不适合人民陪审员参审？

（律师卷/法官卷/人民陪审员卷/检察官卷）

单位：人次、%

内容		律师		法官		人民陪审员		检察官	
		频率	有效百分比	频率	有效百分比	频率	有效百分比	频率	有效百分比
有效	很适合	88	17.6	63	20.5	239	33.1	41	23.8
	比较适合	123	24.6	109	35.4	286	39.6	62	36.0
	不太适合	177	35.5	84	27.3	118	16.3	45	26.2
	很不适合	59	11.8	18	5.8	6	0.8	8	4.7
	不好说	52	10.4	34	11	74	10.2	16	9.3
	合计	499	100	308	100	723	100	172	100
无效	缺失	5	—	6	—	28	—	0	—
总计		504	—	314	—	751	—	172	—

我个人认为这种案件算是刑事案件中比较严重的。这类案件由专业法官来进行事实认定和适用法律,整体上会比陪审员把握得会更准确。这需要看陪审员整体的素质,这和整体素质达到一个什么层面有关系。目前来看陪审员整体素质偏低。

也有检察官(西北S省X市Y区人民检察院检察官)持类似的立场:

十年以上有期徒刑和无期徒刑的案件一般都是疑难复杂案件,这些案件我认为应该由专业法官来作出判断。陪审员对于法律的理解毕竟没有法官精深,在证据认定上,在一般案件中陪审员和法官的差别可能不太明显,但是在这些重刑案件特别是疑难复杂案件中,陪审员的认定可能比法官要差一点。

无论是问卷调查获取的数据还是接受访谈的各主体的态度,我们可以看出,相关主体整体上倾向于认为重刑案件适合人民陪审员参与审理,但也有相当部分持相反的意见,此问题尚存在一定的争议。

2.“涉及征地拆迁、生态环境保护、食品药品安全,社会影响重大的案件”是否适合人民陪审员参审。

问:像食品安全、征地拆迁的案子适合陪审员参审吗?

某法官(西北S省X市Y区人民法院法官):食品安全我没有接触过,征地拆迁和村民分配的案子我接手过。像村民分配的案子就比较适合陪审员参审,像城中村的居民来法院起诉,然后陪审员给说说道理效果还不错。

问:那您认为一些社会影响较大的,涉及征地拆迁、食品安全等方面的案件适不适合陪审员参与呢?

某陪审员(西北S省W市人民陪审员):我觉得这个还是比较适合的,毕竟陪审员不是法院的工作人员,当事人也比较信任吧,在社会公信力方面会更好吧。

表 4－19　请问涉及征地拆迁、环境保护、食品安全的案件适不适合人民陪审员参审？（律师卷/法官卷/人民陪审员卷/检察官卷）

单位：人次、%

内容		律师		法官		人民陪审员		检察官	
		频率	有效百分比	频率	有效百分比	频率	有效百分比	频率	有效百分比
有效	很适合	169	33.8	107	34.4	401	55.3	49	28.7
	比较适合	221	44.2	163	52.4	263	36.3	89	52.0
	不太适合	54	10.8	18	5.8	29	4.0	17	9.9
	很不适合	23	4.6	4	1.3	1	0.1	2	1.2
	不好说	33	6.6	19	6.1	31	4.3	14	8.2
	合计	500	100	311	100	725	100	171	100
无效	缺失	4	—	3	—	26	—	1	—
总计		504	—	314	—	751	—	172	—

从表4－19来看，律师、法官、人民陪审员、检察官认为人民陪审员很适合和比较适合参审涉及征地拆迁、环境保护、食品安全案件的比例分别为78%、86.8%、91.6%、80.7%，认为不太适合或者很不适合的比例分别为15.4%、7.1%、4.1%、11.1%。整体来说，相关主体绝大多数都支持人民陪审员参审此类案件，表明这一规定具有较好的公众认同度。接受访谈的法官、人民陪审员对此也持支持态度。

3.“根据《民事诉讼法》《行政诉讼法》提起的公益诉讼案件”是否适合人民陪审员参审？

《人民陪审员法》第16条明确了根据《民事诉讼法》《行政诉讼法》提起的公益诉讼案件，无论社会影响较大还是重大，一律适用七人合议庭审理。根据相关法律的规定，公益诉讼范围主要涵盖生态环境保护、消费者权益保护等领域。这些领域内的案件均涉及公共利益，社会影响一般重大，适用陪审程序审理可以让更多的民众有机会参与到公益诉讼中来。但公益诉讼在实践中本身还有不少问题需要解决，是否所有的案件都有必要让人民陪审员参与审理以及人民陪审员参与公益诉讼案件审理是否有助于维护社会公共利益，还有待在实践中予以检验。

四、对《人民陪审员法》第17条的评析

根据《人民陪审员法》第17条的规定，当事人有权申请人民陪审员参审，赋予了其陪审程序选择权、启动权。总体来看，《人民陪审员法》第17条规定有以下特点：

1.明确了法院对当事人申请有审查决定权。该条规定在赋予当事人陪审程序选择权的同时，赋予了法院对当事人申请的审查权、决定权。改变了《关于完善陪审制度的决定》第2条关于当事人若主动申请必须适用陪审审判的规定。

2.没有明确当事人申请适用陪审制度的案件范围。当事人申请适用陪审制度的案件范围是限于《人民陪审员法》第15条规定的案件范围，还是除法律规定应由法官独任审判或由法官组成合议庭审理之外的其他案件，立法对此未予明确。

3.对当事人陪审程序申请权保障不足。根据《陪审员参审规定》

第3条的规定,法院应明确告知相应当事人有权在收到通知5日内申请人民陪审员参审。然而《陪审制度改革试点方案》、《陪审制度改革试点办法》和《人民陪审员法》都未对此作细化规定。在实践中,有许多当事人事先并不知自己有权申请人民陪审员参审。

第三节　合理界定人民陪审员参审案件范围

一、域外陪审员参审案件范围考察

(一)英美法系陪审团参审案件的范围

历史上,英国的陪审制度既适用于刑事案件也适用于民事案件。在民事案件中,陪审制仅适用于诽谤、非法拘禁、欺诈等少数几类案件;而在刑事案件中,陪审制一般适用于被告人选择无罪答辩的案件。但现在英国的陪审制度仅适用于刑事案件,不再适用于民事案件。取消民事案件陪审团的原因,主要是为了确保司法裁判的一致性。在英国,只要可能判处6个月以上刑期或5000镑以上罚金且当事人不认罪的案件都必须由陪审团审理,而且近些年陪审团审理案件的数量是相对稳定的。只是包括其他案件在内的案件总数有所增加,陪审团参与审理的案件数量占比自然会有所降低。英国的刑事犯罪分为即决犯罪、可起诉犯罪和两可罪三种类型。适用陪审团审理的是可起诉犯罪和两可罪。可起诉犯罪主要包括谋杀、强奸、抢劫等重罪。该类犯罪一般由刑事法院审理,若被告选择无罪答辩则必须适用陪审团审理;若被告选择有罪答辩,只有在法官已经了解被告完全明晰有罪答辩的后果时才会不适用陪审团审理。两可罪是处于轻罪与重罪之间的犯罪类型,如盗窃罪等。两可罪可由被告人选择适用简易程序或普通程序,一旦被告人选择简易程序则不能适用陪审团审理。这类案件一般由治安法院进行审理。

美国陪审制度适用范围较广。根据《美国宪法》第六修正案的规定,在所有的刑事诉讼中,被告人有权要求在法律已经事先确认的犯罪行为发生地,由公正的陪审团进行快速和公开的审理。根据《美国宪法》第七修正案规定,在普通法诉讼中,如果案件争议的标的额超过20美元,则当事人接受陪审团审理的权利将被保留;同时,除非普通法有另外规定,否则陪审团作出的事实认定不应被美国境内任何法院再次加以审查。所以美国的陪审团既适用于民事诉讼也适用于刑事诉讼。由此可知,接受陪审团审判是美国当事人一项重要的权利。

美国联邦最高法院通过判例确定了陪审团制度一般适用于死刑案件和可能判处6个月以上监禁的刑事案件,而且被告人可以选择是否由陪审团进行审理,但仍有1/3的州法律规定,所有重罪案件必须由陪审团进行审理。美国《联邦刑事诉讼规则》第23条允许被告人在经法院批准和检察官同意的情况下,以书面的形式放弃接受陪审团审判的权利,而仅由法官审理案件。同时,联邦法院审理的民事诉讼必有一方当事人要求陪审团审理陪审团才能参与案件审理。

（二）大陆法系参审员（裁判员）参审案件的范围

德国的参审制度主要适用于刑事案件和专门案件。根据德国《法院组织法》的相关规定,除情节轻微的刑事案件由职业法官独任审理以外,区法院管辖的其他刑事案件必须由陪审法庭进行审判。[1] 在刑事案件中,区法院在审理可能判处4年有期徒刑及以上刑罚的案件时,合议庭由1名法官和2名参审员组成。地方法院审理的案件性质比区法院审理的案件性质更为严重,其合议庭由2～3名法官和2名参审员组成。根据相关法律规定,法院在审理某些法定的重罪案件时必须有陪审员参与审判,目的是保障公众对重大社会事件的知情权,并借助陪审员发挥审判的社会教化功能。德国法律允许对参审员参与的区法院作出的裁决上诉。上诉审一般由2名职业法官和2名参审员审理。

法国的参审制度与德国类似,也主要适用于刑事案件与专门案件,但法国适用参审制度的刑事案件一般为重罪案件（可能判处10年有期徒刑及以上刑罚的案件）。适用参审制度的法庭主要是重罪法庭,一般由3名法官和9名参审员组成。但在法国,重刑案件适用陪审制度

---

〔1〕 参见最高人民法院赴德国、奥地利考察团:《德国、奥地利"荣誉法官"制度》,载周泽民主编:《国外法官管理制度观察》,人民法院出版社2012年版,第269页。

为强制性规定,当事人没有选择不适用的权利。

日本的裁判员制度仅适用于重大刑事案件,不适用于民事案件,也不适用于对刑事案件的上诉审。重大刑事案件主要包括两类:可能判处死刑、无期徒刑或应判监禁之罪的案件;因故意犯罪而导致被害人死亡的重大案件,如杀人罪、危险驾驶罪、抢劫致死罪等。裁判员参审的合议庭一般由 3 名法官和 6 名裁判员组成。

(三)韩国观审员参审案件的范围

根据韩国的相关法律规定,观审员参与审理的案件范围仅限于严重犯罪,主要包括杀人罪、抢劫罪、强奸罪等。除刑法规定的一些犯罪之外,对于一些特别法律规定的受贿罪、渎职受贿罪等犯罪,观审员也可参审。可能判处死刑、无期徒刑的案件一般有 9 名观审员参与审理,其他的案件一般有 7 名观审员参与审理。如果被告人在开庭前的准备程序中承认案件事实的重要内容,只需 5 名观审员参与审理。即使案件符合法定条件,法院也不必然安排观审员参审。如果被告人未在起诉状副本送达之日起 7 日内向法院提出请求,或者法院认为本案不应让观审员参审,则观审员不参与案件审理。此外,在开庭前的准备程序终止之前,被告人也可撤回之前提出的要求观审员参审的申请。

(四)丹麦等混合制国家陪审员参审案件的范围

20 世纪 30 年代,丹麦在考察挪威适用陪审制度的效果以及借鉴德国在参审制度改革经验的基础上,最终形成了重罪案件适用陪审团制、轻罪案件适用参审制度、被告人认罪案件由法官审理的审判模式。[1] 丹麦的陪审团仅适用于高等法院一审的重大否认罪行的案件(检察官求刑期超过 4 年的案件)。适用陪审制度审理案件时,由 3 名职业法官主持庭审,陪审团一般由 12 名陪审员组成。陪审团的首要职责就是决定被告人是否有罪。但陪审团在裁定被告是否有罪时受到职业法官的制约,只有陪审团与职业法官都认为被告人有罪,才能裁决被告有罪,而量刑则由陪审员与职业法官共同决定。根据丹麦刑事诉讼

〔1〕 参见胡云红:《陪审制度比较与实证研究》,人民法院出版社 2014 年版,第 116 ~ 117 页。

法的规定,参审制度主要适用于地区法院被告人否认罪行的案件(检察官求刑期为4年以下的轻罪案件)和高等法院对地区法院适用参审制度案件的上诉案件。地区法院适用参审制度的合议庭由1名法官和2名参审员组成。高等法院审理上诉案件的合议庭则由3名法官和3名陪审员组成。

二、域外陪审员参审案件范围综述

1. 不同案件适用的合议庭组成模式不同。从实行参审制、观审制以及混合制陪审的国家情况来看,重罪案件中参与审理的陪审员人数普遍多于轻罪案件,如德国、韩国、丹麦。英美国家的陪审团制度一般多适用于重大案件。美国当事人要求陪审团审理的条件看似很低,但现实中案件多通过辩诉交易、双方和解的方式解决,真正适用陪审程序的案件较少。对此,我国可以参照以上国家做法,设置更为多元的合议庭组成方式,达到与案件性质相适应的目的。从司法成本的角度来看,多元的合议庭组成方式匹配不同的案件范围也比较合理。

2. 被告人是否认罪对适用陪审审判的影响。对于被告认罪的案件,韩国规定可减少观审团成员的人数,而丹麦则规定案件转由法官审理。在调研过程中,不少被访谈人认为,对于被告认罪的案件可以不适用陪审程序。鉴于陪审审判成本较高,在被告已经认罪的情况下,建议将被告人认罪认罚的案件排除出适用陪审审判的案件范围。

3. 当事人主观意愿对适用陪审审判的影响。美国将获得陪审团审判视为当事人一项重要的宪法权利,所以只有当被告人在经法院批准和检察官同意的情况下,并以书面的形式表示放弃此权利,才可接受法官的审理。此外,在韩国,被告人如果未在起诉状副本送达之日起7日内向法院申请观审员参审,法院也不会主动安排观审员参审。所以,笔者认为,除法定必须适用和不适用陪审制度的案件之外,在决定其他案件是否适用陪审时,应考虑当事人的主观意愿。

三、合理界定人民陪审员参审案件范围的具体建议

1. 遏制人民陪审过度泛化的趋势。在实践中,绝大多数陪审案件

均由法院决定启动，陪审程序存在泛化的趋向。有些地方法院的普通程序几乎演变成“陪审程序”；有的地方为完成参审率指标，人为将简易程序案件转为普通程序审理，这都不符合推行陪审制度的初衷。深入探究人民陪审员制度面临的困境及其原因，无法回避的是文化传统和社会因素在法律制度移植中的作用。源于西方的陪审制度和参审制度难以与中国的司法制度相契合，可归因于多种复杂的社会因素，其中每一种因素都足以构成强大的发展障碍。实践证明，过犹不及。任何制度如果超越客观条件和社会承受力追求快速扩张，都不可避免地会导向低质或异化的结果。[1] 因此，需要根据现实国情、社情、民情，对制度进行务实改革。应适当放缓制度发展的脚步，适当收缩过长的陪审战线，变注重量的增长为注重更有质量保障的增长，避免单纯追求陪审规模的扩张，努力让人民群众在每一个陪审案件中都感受到陪审的价值、陪审的益处。为此，在实践中要严格执行《人民陪审员法》第 15 条、第 16 条的规定，合理确定陪审的适用范围，不对人民陪审员参与审判的数量下指标，不把人民陪审员当作审判力量不足的补充，不片面追求陪审率，努力实现从注重陪审案件“数量”向关注陪审案件“质量”的转变。

2. 依法适当扩大中级人民法院人民陪审员参审案件的范围。考虑到人民陪审员制度改革的目标以及我国的实际情况，仍然需要通过人民陪审员的广泛参与来提高司法公信力，提高国民的法律素养。因此，人民陪审员参审案件的范围不宜过窄，应当在合理界定的基础上适当扩大，但也应当避免大部分一审普通程序案件都适用陪审制审理的情况。考虑到人民陪审泛化的现象主要出现在基层人民法院，所以参审案件的范围不宜在基层人民法院层面进一步扩大。经由实证调查，我们发现中级人民法院一审案件中陪审员的参审率尚不高。相对而言，中级人民法院一审案件的类型更符合《人民陪审员法》关于参审范围规定的立法精神。在严格执行《人民陪审员法》第 15 条、第 16 条的前

[1] 参见范愉：《人民陪审员制度与民众的司法参与》，载《哈尔滨工业大学学报（社会科学版）》2014 年第 1 期。

提下,可以适当提高中级人民法院人民陪审员参审率。

3. 明确规定法院每年度依职权启动陪审程序案件数的上限。人民陪审员往往被作为司法民主的点缀以及解决审判力量不足的工具。[1]实践中人民陪审员参审率如此之高,与法院自身的功利性考量密不可分。一般认为,法院基于缓解案多人少矛盾的考虑,往往以拼凑合议庭为最基本的要求,将人民陪审员作为审判力量的补充,把人民陪审员当作"编外法官"使用。加之《人民陪审员法》第 15 条、第 16 条规定的法院依职权启动陪审程序的条件弹性较大,且均有兜底条款,在实践中不易把握,容易导致滥用。"社会影响较大""社会影响重大",这些规定弹性较大,可解释的空间也较大。考虑到实践中符合《人民陪审员法》立法精神的"社会影响较大""社会影响重大"的案件应仅占人民法院审理案件的一部分,甚至是一小部分,为抑制法院(法官)基于功利考量滥用陪审程序的冲动,可以明确规定人民法院年度适用陪审程序审理案件数的上限。这一限制只针对人民法院适用《人民陪审员法》第 15 条规定的情形。考虑到《人民陪审员法》第 16 条应与《人民陪审员法》第 22 条配套适用,而《人民陪审员法》第 22 条规定具有探索性立法的特征,加之立法规定的适用范围较窄且操作性较强,因此在遵循必要和有效的原则下,立法对于本条的适用可以不作限制。但在实践中须严格执行《人民陪审员法》第 16 条的规定,谨慎适用该条第 4 项"其他社会影响重大的案件"这一兜底条款。

4. 采取措施鼓励当事人主动申请适用陪审程序。实践中当事人很少主动申请人民陪审员参与审判,大部分都是由法院自行决定。这与当事人对陪审制度的认知不足、认同不够有很大关系。为培育公民的"陪审意识",增强认同感,我们认为在当事人积极主张适用人民陪审制度的情况下,人民法院一般不得拒绝。《人民陪审员法》第 15 条只规定了法院依职权主动适用陪审审判的案件范围,而未明确当事人申请适用陪审审判的范围。因此,我们认为,除法律规定只能由法官审理

---

〔1〕 参见李玉华:《"陪而不审"之我见——法学教授陪审员的视角》,载《法律适用》2010 年第 7 期。

的案件外，即使案件不符合《人民陪审员法》第 15 条规定，当事人也可以向法院申请人民陪审员参审，而且法院一般不得拒绝。

根据《陪审员参审规定》第 2 条第 2 款规定，人民法院征得本条第 1 款规定的当事人同意后适用陪审制度的，视为当事人主动申请。基于法院的优势地位，当事人对法院的提议，常常是不得不同意，而不是出于对陪审制度的了解、认同自觉自愿地主动申请。这一规定往往成为法院随意启动陪审程序的合法依据。笔者认为，法院对于当事人是否申请适用陪审程序，不能提出倾向性意见，也不能拥有提议权，但可以采取激励性措施，加大宣传推广力度，鼓励当事人主动申请。对于是否启动三人合议庭，建议今后主要由当事人选择决定，如此也可借鉴域外经验，探索通过赋予当事人程序启动权来解决参审案件范围难以明晰的难题。

为此，要加强对当事人申请适用人民陪审员参审的程序保障。建议参照《陪审员参审规定》第 3 条第 1 款的规定，明确法院有告知当事人可以申请适用陪审的职责，法院还应明确告知当事人的申请期限和方式。建议法院制作统一的告知书，载明人民陪审员参审的程序、参审机制等内容，以确保当事人充分了解人民陪审员参审对案件审理的影响。只有当事人在告知书上签字，才能视为当事人主动申请。针对法院错误适用陪审程序的情形，有关规范应明确当事人的救济方式，比如英国《刑事审判法》第 45 条规定了，当事人对应当适用陪审程序而未适用的情形可以提出上诉。最后，我们认为对错误适用陪审审判程序的一审案件，二审法院可以以审判组织的组成不合法为由发回重审。

5. 以例外性规定明确排除适用的案件类型。应对陪审员参审案件的范围作出更明确的界定，明确排除部分不适合、无必要陪审的案件。我们认为，典型的如当事人认罪认罚的刑事案件，事实明确、当事人争议不大的民事、行政案件等，可不必启动陪审程序。在实践中，也有法官认为，公告送达传票的民事案件可以不适用参审程序。建议严格按照《人民陪审员法》的立法精神，通过司法解释的形式以排除适用条款的方式进一步明确案件适用范围。

第五章 人民陪审员参审案件机制改革实证考察

之所以在实践中会出现人民陪审员“陪而不审、审而不议”的现象,与人民陪审员参审机制不完善、缺乏刚性的程序约束有很大关系。比如,虽然目前司法解释规定了人民陪审员可以提前阅卷,但法院对是否通知阅卷表现得较为随意,也缺乏具体的制度安排;人民陪审员在庭审中不敢发问;在合议庭评议时不愿主动表达意见、建议,或是希望法官先说,然后再附和法官的意见;等等。[1] 为此,《陪审制度改革试点方案》《陪审制度改革试点办法》对人民陪审员的随机选定、合议庭组成、参审权行使规定了多项改革措施。在试点的基础上,《人民陪审员法》吸收试点经验,对人民陪审员参审案件机制进行了完善。本章拟对人民陪审员参审案件机制改革试点进行回顾,并解读《人民陪审员法》的相关规定,提出进一步完善人民陪审员参审案件机制的具体建议。

---

〔1〕 参见贺小荣、胡夏冰、马渊杰:《我国人民陪审员制度的功能定位和改革路径》,载《人民法院报》2015 年 4 月 29 日,第 5 版。

第一节　人民陪审员随机选定方式

一、人民陪审员随机选定方式改革背景

改革前,相关文件已明确规定通过随机抽选产生参审个案的人民陪审员,并强调人民陪审员不应当被长期固定在同一审判业务庭或合议庭。但随机抽选方式落实情况并不理想,甚至流于形式。部分法院为应对审判力量不足的问题,把人民陪审员分配到业务(合议)庭或人民法庭,在庭内进行随机抽取;有的法院挑选有时间和有热情的人民陪审员,相对固定、长期驻庭,被称为“驻庭陪审”“编外法官”。[1] 根据我们2014年对H省124个基层人民法院的调查,有49个法院采取随机抽取的方式,占比39.5%;人民陪审员没有配置到庭,由院主管部门安排的法院有32个,占比25.8%;固定配置在审判庭,由审判庭安排使用的法院有29个,占比23.4%;固定配置在合议庭,由主审法官安排人民陪审员参审的法院有2个,占比1.6%。(见表5-1)

表5-1　你院人民陪审员一般是如何被选定参审的?(基层人民法院卷)

单位:人次、%

内容		频率	百分比	有效百分比	累积百分比
有效	固定配置在合议庭,由主审法官安排	2	1.6	1.6	1.6
	固定配置在审判庭,由审判庭安排	29	23.4	23.4	25.0
	没有配置到庭,由院主管部门安排	32	25.8	25.8	50.8
	随机抽取,临时确定	49	39.5	39.5	90.3
	其他	12	9.7	9.7	100.0
	合计	124	100.0	100.0	—

〔1〕 参见贺小荣、胡夏冰、马渊杰:《我国人民陪审员制度的功能定位和改革路径》,载《人民法院报》2015年4月29日,第5版。

无论是从制度价值还是从制度规范的角度而言,人民陪审员的配置方式都应与法官有所不同。但实践中,因为各法院选任的人民陪审员人数有限,且大部分人民陪审员本职工作较忙,难以保证陪审时间,随机抽选原则落实困难。很多法院存在相对固定的陪审员,由此造成陪审员参审两级分化的现象,一方面,存在从未履行陪审职责的"荣誉陪审员";另一方面,又存在"陪审专业户"。[1] 随机抽取机制难以落实的原因可能在于:首先,可供选择的人民陪审员数量有限。部分基层人民法院人民陪审员数量有限,随机抽取意义不大,且难以操作。其次,随机抽取机制及其配套措施有待完善。有些法院反映,经随机抽取选定的人民陪审员到庭率并不高,开庭当日借故请假或无故缺席的现象时有发生,导致庭审工作较为被动。为组成一个陪审合议庭,法院工作人员要反复抽取、反复打电话沟通才能确定最终人选。最后,部分法院认为随机抽取只是管理规范问题,而不是具有法律约束力的程序问题,导致某些地方不太重视随机抽选机制。甚至有观点认为,即便法院不实行随机抽选,也不会对当事人诉讼权利的行使产生多少影响。

二、人民陪审员随机选定方式改革与试点

(一)人民陪审员随机选定方式改革的主要内容

人民陪审员随机选定方式改革的主要目的在于,解决以往司法实践中存在的"荣誉陪审员"和"专职陪审员"现象。改革举措主要包括:科学限定每个人民陪审员年度参审案件的数量比例;在随机抽选参审人民陪审员的同时,抽选一定数量的候补陪审员,并确定递补顺序。(见表5-2)

---

〔1〕 参见廖永安、刘方勇:《社会转型背景下人民陪审员制度改革路径探析》,载《中国法学》2012年第3期。

表 5－2 有关人民陪审员随机选定方式改革的规定

规范性文件	相关内容
《陪审制度改革试点方案》（2015 年 4 月）	改变人民陪审员陪而不审、审而不议等现象，合理确定每个人民陪审员每年参与审理案件的数量比例，防止“驻庭陪审、编外法官”等情形，保障人民陪审员参审权利和效果。
《陪审制度改革试点办法》（2015 年 5 月）	第 16 条 参与合议庭审理案件的人民陪审员，应当在开庭前通过随机抽选的方式确定。 人民法院可以根据案件审理需要，从人民陪审员名册中随机抽选一定数量的候补人民陪审员，并确定递补顺序。
《人民陪审员法》（2018 年 4 月）	第 19 条 基层人民法院审判案件需要由人民陪审员参加合议庭审判的，应当在人民陪审员名单中随机抽取确定。 中级人民法院、高级人民法院审判案件需要由人民陪审员参加合议庭审判的，在其辖区内的基层人民法院的人民陪审员名单中随机抽取确定。

（二）人民陪审员随机选定方式改革试点的具体做法

1. 普遍实行“一案一选”（随机抽选）

试点期间，试点法院基本实行个案随机抽选，由法院（法官）直接指定的情况较少，试点要求在实践中的落实情况较好。从调研结果可见，88.8% 的人民陪审员和 90.7% 的法官均认为人民陪审员是通过随机抽选被选定为个案人民陪审员的。但律师的认知似与人民陪审员和法官的认知有所差异。（见表 5－3、表 5－4）从我们对律师的问卷调查来看，仅 32.2% 的律师认为人民陪审员是由随机抽选选定的，但认为由法院直接指定的比例也仅为 20.5%，剩余 32.4% 的律师对此问题并不了解。（见表 5－5）这说明律师群体对此问题关注程度偏低，也可能与律师无权参与随机抽选环节有关。

表 5－3　请问您担任人民陪审员后，是如何被选定参加案件审理的？（人民陪审员卷）

单位：人次、%

内容		次数	百分比	有效百分比	累积百分比
有效	由法院直接指定	58	7.7	7.9	7.9
	由法院从人民陪审员名册中随机抽选	653	87.0	88.8	96.7
	没有参审过	24	3.2	3.3	100.0
	合计	735	97.9	100.0	—
无效	缺失	16	2.1	—	—
总计		751	100.0	—	—

表 5－4　请问参与案件审理的人民陪审员，一般是如何选定的？（法官卷）

单位：人次、%

内容		次数	百分比	有效百分比	累积百分比
有效	从人民陪审员名册中随机挑选	263	83.8	90.7	90.7
	由法院（法官）直接指定	17	5.4	5.9	96.6
	其他	10	3.2	3.4	100.0
	合计	290	92.4	100.0	—
无效	缺失	24	7.6	—	—
总计		314	100.0	—	—

表5-5　请问您了解参审陪审员的选定方式吗？（律师卷）

单位：人次、%

内容		次数	百分比	有效百分比	累积百分比
有效	从人民陪审员名册中随机抽选	157	31.2	32.2	32.2
	由法院（法官）直接指定	100	19.8	20.5	52.7
	两种情况都有	73	14.5	15.0	67.6
	不了解	158	31.3	32.4	100.0
	合计	488	96.8	100.0	—
无效	缺失	16	3.2	—	—
总计		504	100.0	—	—

2. 人民陪审员随机选定方式多样

虽然试点法院已经普遍实行随机抽选，但抽选方式多种多样。从对法官的调查来看，认为不实行分类抽选的法官占比较高，达59.1%；但同时也存在其他多种抽选方式，包括“按专业分类随机抽选”“按地域分类随机抽选”“按专业分类随机抽选、按地域分类随机抽选”“按专业分类随机抽选、不分类随机抽选”“按地域分类随机抽选、不分类随机抽选”“按专业分类随机抽选、按地域分类随机抽选、不分类随机抽选”等。（见表5-6）

表5-6　请问是采取哪种方式随机抽取的？（法官卷）

单位：人次、%

内容		次数	百分比	有效百分比	累积百分比
有效	按专业分类随机抽选	33	10.5	13.0	12.8
	按地域分类随机抽选	31	9.9	12.2	24.8
	不分类随机抽选	150	47.8	59.1	82.9
	其他	8	2.5	3.1	87.6
	按专业分类随机抽选、按地域分类随机抽选	17	5.4	6.7	94.2

续表

内容		次数	百分比	有效百分比	累积百分比
有效	按专业分类随机抽选、不分类随机抽选	7	2.2	2.8	96.9
	按地域分类随机抽选、不分类随机抽选	1	0.3	0.4	97.3
	按专业分类随机抽选、按地域分类随机抽选、不分类随机抽选	7	2.2	2.8	100.0
	合计	254	80.9	100.0	—
无效	缺失	60	19.1	—	—
总计		314	100.0	—	—

3. 明确人民陪审员年度参审案件数的上限

为落实试点要求,有的试点法院在人民陪审员随机抽选管理系统中,对每名人民陪审员设定年度参审案件数量上限,对达到上限的人民陪审员自动屏蔽,使其不再成为抽选对象,有效提升了参审均衡度。如西南C市L区研发的人民陪审员随机抽取系统将年度参审案件数设为8件,如人民陪审员年度参审数超过8件,系统会自动屏蔽该人民陪审员,其无法再被抽取。

(三)改革试点中存在的问题

1. 随机选定的技术支撑不足

访谈材料:

问:请问贵院立案庭是否建立了一个随机抽选系统?

某法官(西北S省H市中级人民法院立案庭法官):我们是建立了一个大的信息库,在里面随机抽选,但是没有专业系统,是利用电脑软件的抽奖系统。

某法官(西北S省X市Y区人民法院法官):可以设计一种智能系统,由电脑在随机抽选出人民陪审员后自动发送通知,然后人民陪审员收到通知回复后电脑系统终端也能显示。这样就能节省大量的人力物力。

问:请问参与案件审理的人民陪审员是随机抽选的吗?

某法官(西北S省H市中级人民法院立案庭法官):随机抽选的,我的同事电脑里有一个抽选软件。但是说实话,用得很少。

问:平时是怎么安排人民陪审员出庭的呢?

某主任(华东J省S市W区人民法院陪审办主任):我有一本名册,上面都有标注,谁空闲时间多一些,就会标注出来,每个月份每个人都会有出庭记录,前面一年过去每月的案件总量我会标注到这个月份他的名字前面,方便安排,然后写明具体的出庭时间等情况,这也是我的日常工作。整个都是人工操作,我年龄大了,不懂怎么操作电脑。

《陪审员参审规定》第4条规定了人民法院应当在开庭七日前采取电脑生成等方式,从人民陪审员名单中随机抽取人民陪审员。但从对法官以及陪审管理人员的访谈中可以得知,完全落实随机抽选还存在较多困难,最突出的问题就是随机抽选还未完全实现信息化,部分法院的随机抽选系统还缺乏专业性和可操作性。此外,还存在完全依靠人工实行随机抽选的情形。由此导致这一完全可以通过计算机技术解决的问题,在实践中还需要消耗大量的人力、时间等。

2. 随机选定方式难以保证参审应召率

访谈材料:

问:您认为现在随机抽选的选任方式怎么样?

某主任(华东J省S市W区人民法院陪审办主任):海选的方式好不好不好说,但是作为安排者,我还是觉得陪审员自己报名的方式更好一些,随机抽选出来的陪审员素质肯定没那么好,单位推荐和个人报名的就是“我要来陪审”,现在随机抽选的是“你们要我来陪审”,主观意识是不一样的。当然,随机抽选选出来的陪审员也有素质高的。但总的来说,随机抽选选出来的人出现问题的比例要高一点。

问:那实际你们怎么通知的? 备份陪审员是与正式陪审员同时通知还是临时通知呢?

某主任(华东J省S市W区人民法院陪审办主任):这个要看情况,来不了的提前一天告诉我们,我们就会提前通知备份陪审员,但也不一定。备份陪审员住所地一般离法院近,但也不是随时待命的。要是来不了,就由我们陪审办的陪审员去顶替。

改革前,由于随机选定方式没有得到完全落实,部分人民陪审员与法官组成固定合议庭参与案件审理,陪审员的参审积极性相对较高,但衍生了"陪审专业户"问题。为解决该问题,《陪审制度改革试点办法》规定实行个案随机抽选。但随机抽选产生的人民陪审员存在参审意愿差异较大的问题,相当一部分陪审员参审积极性较低,导致法院要反复抽选才能确定个案人民陪审员。而且选定好的人民陪审员也会不时出现临时"爽约"现象。为确保审判工作的正常进行,有的试点法院安排了一些人民陪审员驻院参加陪审管理,兼作候补人民陪审员,一旦出现人民陪审员临时不能参审的状况,由这些人民陪审员递补参与案件审理。如S省X市Y区人民法院设置了应急人民陪审员信息库,主要是居住地在法院附近的人民陪审员,一旦出现人民陪审员临时不能参审的状况,法院即会通知应急信息库中的人民陪审员前来递补参审。

3. 当事人等主体几乎不参与随机抽选

访谈材料:

问:您觉得公诉人是否也应该参与随机选定人民陪审员呢?

某局长(华东J省S市W区人民检察院公诉局局长):我们没有这个监督制度,只有一个回避制度,这样应该就可以了吧。至于选任,只要不违法,没有影响司法公正,我们没理由也没必要进行监管。

问:您认为需要对随机抽取人民陪审员的过程进行监督吗?

某局长（华东J省S市W区人民检察院公诉局局长）：就算是随机抽取，也由于对陪审员个人情况不了解，没有理由申请陪审员回避。

《陪审制度改革试点办法》第16条第1款规定，参与合议庭审理案件的人民陪审员，应当在开庭前通过随机抽选的方式确定，但未规定法院以外的其他主体是否可以参与随机抽选。我们通过访谈及问卷调查获知，检察机关、当事人及律师均未参与随机抽选过程，但多数主体认为引入其他主体参与或有利于确保随机抽选程序的正当性和程序化。同时，当事人及其律师参与随机抽选，可以及时获取人民陪审员的基本信息，便于当场申请回避，提高随机抽选效率。针对“您认为在法院挑选（如随机抽选）参审的陪审员时，当事人及律师/公诉人是否应当参与？”的问题，我们对律师、检察官进行了问卷调查，结果显示有62.6%的律师认为应当参与个案人民陪审员的随机选定；且在访谈中有律师表示，当事人比较关注自己的案件，若律师有事参与不了，当事人也希望自己能够参与其中。相比之下，只有27.2%的检察官认为应当参与，另有37.9%的检察官持无所谓的态度。（见表5－7）

表5－7　您认为在法院挑选（如随机抽选）参审的陪审员时，当事人及律师/公诉人是否应当参与？（律师卷/检察官卷）

单位：人次、%

内容		律师		检察官	
		频率	有效百分比	频率	有效百分比
有效	是	311	62.6	46	27.2
	否	92	18.5	59	34.9
	无所谓	94	18.9	64	37.9
	合计	497	100.0	169	100.0
无效	缺失	7	—	3	—
总计		504	—	172	—

4. 随机抽选中地域因素考虑不足

司法实践中虽存在按地域随机抽选的方式，但法官认为按此方式抽选的只占案件的12.2%。（见表5－6）首先，我国幅员辽阔，基层人民法院辖区范围通常较大，在交通不便的地区，人民陪审员参审存在许多实际困难。其次，即使是同一辖区内的民众，在语言、风俗习惯方面也可能存在很大的差异。因此，为了方便人民陪审员参审并在审理中发挥实质作用，应考虑按地域随机抽选，探索完善按区域随机抽选机制。

（四）《人民陪审员法》有关随机选定方式的规定及解读

《人民陪审员法》第19条沿用了《关于完善陪审制度的决定》第14条的规定，规定参加个案审理的人民陪审员应当随机选取。同时为防止出现“驻庭陪审员”“编外法官”等情况，《人民陪审员法》第24条规定了人民陪审员每年参审案件数量的上限。实践证明，设定参审案件数上限是促进人民陪审员均衡参审的一剂良方。

三、完善人民陪审员随机选定方式的建议

（一）域外陪审员选定方式考察

1. 参审制国家陪审员的选定

德国各州遴选参审员的方法存在差异，大体做法如下：(1)乡镇先根据一定的条件制作候选人名册；(2)区法院根据乡镇提供的候选人名册编制辖区内的候选人名单；(3)区法院的遴选委员会从候选人名单中选出一定数量的参审员，参审员的任期为5年，每个参审员全年参审的时间限制在10～12个正式开庭日；(4)个案参审员由法院行政办公室随机确定。

每年，日本各地方选举委员会都会从本区域内拥有众议院选举权者中随机抽选若干候选人，同时向被抽选之人发出通知。通知时，还应发出“调查票”，调查票上写有裁判员任职资格的具体要求。地方选举委员会一般会向法院提供一定人数的候选人名单用以确定个案裁判员。同时，法院应在选任期日六周前通知候选人。在裁判员选任期间，审判长会对候选人提出质问和调查，以确认其是否符合裁判员资格。

辩护人和公诉人可以对候选人提出无因回避,但每方只能提出四次。

2. 陪审团制国家陪审员的选定

英国的刑事法院陪审团有全国统一的召集和管理组织。法院的有关负责人以方便参与审判为原则,从各选区的选民登记册中随机抽选一定数量的选民担任陪审员候选人。同时,法院的负责人以大法官的名义向这些候选人邮寄召集书,召集书附加有关陪审员任职资格的要求。最后,书记员在开庭审理前从候选人名单中随机抽取 12 人。在确定个案陪审员时,公诉人、当事人及其辩护人可以对抽中的候选人提出无因回避。12 个人的名单确定后,陪审员需要经过宣誓方可进入陪审团席。

美国法院一般会根据自身情况选取一定期限内的审判所需的陪审员名单。法院官员会预计这一期限内开庭所需要的陪审员人数,然后从当地的选民登记名单或汽车驾驶执照名单、电话名单中随机抽选一定数量的候选人。在进行个案审理时,法院会再次从这些候选人名单中随机抽取一定数量的陪审员和候补陪审员。控辩双方可对选出的陪审员提出有因回避和无因回避。

3. 混合制国家陪审员的选定

丹麦虽存在参审员和陪审员两种类型的陪审员,但两者的选定方式是相同的,都从市政府制定的参审员候选人名册中选定。但与其他国家不同的是,丹麦的这些候选人并非有选举资格的普通民众,一般都是在国会中有议席的政党成员。虽然政党成员作为陪审员,其参审水平较高,程度较深,但是此种做法却备受争议。两者的任期一般都为 4 年,可以连选连任。

(二)域外陪审员选定方式的综述

1. 建立并完善候补陪审员制度。无论是实行参审制还是实行陪审制的国家,在选定陪审员时都会抽取一定数量的候补陪审员。《陪审制改革试点办法》虽然提出了候补陪审员问题,但《人民陪审员法》并未对此加以规定,实践中多数法院也没有建立候补陪审员制度。即便设立了候补陪审员制度,仍需解决如何选定候补陪审员或候补陪审员过少以及不能及时递补等问题,可借鉴域外经验加以完善。

2. 随机抽选应考虑陪审员的地域分布。英国在确定个案的陪审员时，一般以方便参与审判为原则。我国地域广阔、地形复杂，地区间差异大，在随机选定时应确立方便人民陪审员参审的原则，探索建立按地域分布随机抽选机制。

3. 当事人等有关主体应当参与随机抽选。日本、英国、美国都允许控辩双方对参审的陪审员提出回避，以确保案件得到公正审理。在我国，虽然相关法律规范对人民陪审员的回避问题作出了规定，但从调研了解到的情况来看，我国当事人或者其代理人（辩护人）不参与人民陪审员随机抽选，甚至连法律赋予其申请回避的权利都很少行使。这或与当事人没有参加个案随机抽选，不了解人民陪审员基本信息有关。缺乏当事人参与，不利于提高随机抽选程序的透明度，也会引发当事人等主体对陪审制度参与感、认同感不强的问题，应当允许当事人等有关主体参与随机抽选。

（三）完善参审人民陪审员随机选定方式的具体建议

1. 合理设定人民陪审员年度参审案件数上限。人民陪审员均衡参审事关人民群众参与审判活动的宽度和广度，参审均衡性与人民陪审制度的广泛性和代表性直接相关。《人民陪审员法》规定要设置人民陪审员年度参审案件数上限，目的在于杜绝人民陪审员与法官组成固定合议庭，防止出现“驻庭陪审员”“编外法官”现象，实现人民陪审员参审均衡化。建议在随机抽取的前提下，由最高人民法院或省高级人民法院对人民陪审员年度参审案件数的上限提出指导意见，各地可根据本辖区实际情况确定具体数量，并向社会公告。建议人民陪审员年度参审案件数不宜超过 12 件，即平均每月最多参审 1 件。同时确定人民陪审员年度参审案件数下限，作为评价人民陪审员履职的重要指标。

2. 建立候补人民陪审员制度。对于实践中存在的人民陪审员应召率不高、人民陪审员“抽”而不来影响正常排期开庭的问题，需要研究完善随机抽选机制的配套措施，可考虑设立候补人民陪审员制度。在随机抽取时，根据参审的需要适当多抽取几名人民陪审员作为候补陪审员，并确定递补顺序，从而确保审判活动的正常进行，避免因人民陪审员临时爽约造成无法开庭的被动局面。

3. 探索建立当事人等主体参与随机抽选机制。建立当事人、律师、公诉人等主体参与随机抽选的制度，有利于提高随机抽选的透明度。我们认为，多主体参与随机抽选，既可督促法院严格落实抽选程序，又能增强有关主体的参与感，强化对程序正义的认识。同时，可探索赋予当事人无因回避权，当事人有权当场提出无因回避申请。如理由成立，可以另行选定人民陪审员。

4. 适用按地域随机抽取方式。

> 访谈材料：
>
> 问：请问选出来的陪审员是怎样参与具体案件审理的？
>
> 某主任（东南F省L市Y区人民法院陪管办主任）：我们是分片区应用陪审员，基本上一个片区就是一个法庭的辖区。我们分三个片区，各个片区法庭的案件由各个片区的陪审员参与。

通过调研我们发现，有的试点法院为了便于人民陪审员参审，将法院辖区根据地理位置、交通情况、语言和风俗习惯等因素分为几个片区，保证辖区内的每个乡镇都有人民陪审员。片区内参与审理陪审案件的陪审员就从片区内的人民陪审员中随机抽选。从实际效果看，按地域划片区随机抽取的方式可减少人民陪审员参审的时间、交通费用等成本，还可以拉近当事人与人民陪审员在语言、风俗习惯等方面的心理距离，充分发挥人民陪审员的参审效用。

5. 开发统一的随机抽选系统。在实践中，完全采用计算机技术随机抽选的方式还未普遍实现。主要原因是没有一个专门机构统一协调系统的开发、购置、应用，各地仍停留在自行研发、购置的阶段。有的法院未开发或购买随机抽选系统；有的法院虽存在抽选系统，但系统操作比较简单、低效。建议可先以省级为单位，明确由专门机构统一研发并配置相应的随机抽选系统。

第二节　陪审合议庭的组成模式

一、陪审合议庭组成模式的改革与试点

（一）陪审合议庭组成模式的改革背景与内容

长期以来，我国人民陪审员“陪而不审、审而不议”问题广为学界所诟病，问题产生的原因之一在于人民陪审员在事实认定方面的优势未能充分发挥。在法官占主导的审判环境之下，人民陪审员缺乏人数优势，法律专业知识不足容易导致其缺乏参审热情。另外，法院在“案多人少”的压力下，常常把人民陪审员作为缓解“案多人少”矛盾的工具，这又导致其参审体验感较差。如此恶性循环，“陪而不审、审而不议”问题日益加剧。对此，本次改革对陪审合议庭的组成及人民陪审员的职权作出了相应调整。

本轮试点改革要求充分认识并发挥人民陪审员在事实认定方面的优势，探索改革合议庭的组成模式。《陪审制度改革试点方案》提出“探索重大案件由3名以上人民陪审员参加合议庭机制”。根据《陪审制度改革试点办法》第15条的规定，适用人民陪审制审理第一审重大刑事、行政、民事案件的，人民陪审员在合议庭中的人数原则上应当在两人以上。

（二）陪审合议庭改革试点的具体做法

1. 三人合议庭仍是陪审合议庭组成的主流模式。J省高级人民法院的资料显示，J省试点法院试点期间共适用陪审制审理案件23,419件，除适用五人及以上大合议庭审理案件857件外，其余案件均为三人合议庭审理。调研情况表明，试点法院陪审合议庭的组成模式仍以三人合议庭为主，即“1+2”“2+1”模式。由一名或两名人民陪审员与法官组成三人合议庭，人民陪审员与法官共同对案件事实认定负责，符合合议制的要求。若人民陪审员只审理事实问题，而不参与法律适用问题的表决，可能使参与法律适用问题表决的人员不足三人，因而不符合合议制的要求。

2. 探索多元化的大合议庭组成模式。大合议庭是试点法院在实践过程中形成的新型合议庭组成模式。相对于常见的三人合议庭模式，大合议庭模式通常是指法官和人民陪审员数量达五人及以上单数的模式。在试点期间，试点地区探索了“1 + 4”“1 + 6”“2 + 3”“2 + 5”“3 + 2”等多种审判组织形式。其中，按照《陪审制度改革试点办法》的要求，在不同组合的大合议庭模式中，人民陪审员的人数均在两人以上。大合议庭模式在司法实践中得到了一定的认可。

3. 探索适用大合议庭审理的具体案件类型。

案例：在F省L市Y区人民法院审理的某出租车所有权、经营权纠纷案件中，原告达100人。法院采取了“3 + 6”审理模式，即由3名法官、6名人民陪审员组成合议庭。访谈时，主审法官L为我们作了进一步介绍：“我们这个原告100多个人的案件，让人民陪审员参与了进来，主要是希望老百姓会更加信服。当时在院里的安排下，为充分发挥人民陪审员的优势，我们采取了史无前例的‘3 + 6’大合议庭模式。而且6个人民陪审员都是比较有威望的，陪审经验也比较丰富。当然案件审理结果影响也比较好。就是因为人民陪审员参与案件审判使当事人有一种认同感，他们相信在人民陪审员的监督下，这个案件会得到公平的审理。另外，在案件审理当天我们合议庭所有成员就进行了合议，先由人民陪审员组成小合议庭就案件事实部分进行合议，然后我们所有人对案件事实和法律进行大合议。一个月之内就把案件结了，虽然有部分当事人上诉，但是双方情绪都很稳定。”

根据调研情况，各试点法院主要在审理社会关注度高、敏感度强、矛盾冲突重大的案件时适用大合议庭模式。此外，西北S省X市Y区人民法院，对于涉及征地拆迁、食品药品、公共安全等与公众关系较为密切、影响较为直接的案件，以及涉及社会伦理、风俗习惯、行业惯例等社会关注度较高的案件，推行三名以上人民陪审员和法官组成五人以上大合议庭的审理模式。位于华东地区的W区人民法院采用大合议庭模式，审理有重大影响、社会关注度较高的案件。位于B市的D区人民法院,在其人民陪审员参审办法中规定三类案件可以适用大合议庭,包括:涉及群体利益、社会公共利益,人民群众广泛关注或者其他社会影响较大的刑事、行政、民事案件;可能判处十年以上有期徒刑的刑事案件;涉及征地拆迁、环境保护、食品药品安全的重大案件。

(三)改革试点中存在的问题

1. 审判力量不足,三人合议庭仍为主流模式。

访谈材料:

某法官(华北B市D区人民法院行政庭法官):人民陪审员主要解决的是审判力量不足的问题。我认为人民陪审员主要就是解决了"案多人少"的问题,一般只是"陪坐",不问问题。像有些案件开庭,通知人民陪审员参审的次数有时是一两次,有时是三四次;而合议的时候又通知他来,他可能就不会来了。有些人民陪审员对案子的事实也不是很了解,所以在案件审理过程中就没有很好地发挥自身应发挥的作用。

不少法官认为,人民陪审员参与合议庭的主要作用是缓解法院"案多人少"的压力。法官人数有限,如要实行大陪审合议制,审判力量就更加"捉襟见肘",因此法官普遍愿意适用三人合议庭。

2. 部分合议庭组成方式与合议规则缺乏衔接。试点中不少法院探索了多种"1+N"或"2+N"陪审合议庭组成模式,即由一名或两名法官与多名人民陪审员组成合议庭。在这种模式下,若人民陪审员只认定事实问题,不再审理法律适用问题,则意味着法律适用问题只能由一名或者两名法官审理,违反了诉讼法的合议原则。如果两名法官意见相左,在法律适用问题上也难以形成多数意见。

3. 大合议庭审理案件的效果还未上升到经验事实层面。大合议庭旨在通过增加合议庭中人民陪审员人数的方式,以充分激发人民陪审员在认定事实方面的作用。但试点情况显示,并非所有采用大合议庭审理的案件都取得了良好效果,原因可能在于激发大合议庭作用的配套措施还未到位。首先，适用大合议庭模式审理的案件相对复杂，事实问题与法律问题混杂，进行事实认定时一般会涉及法律适用，这就要求法官必须给予陪审员法律适用方面的指引。其次，大合议庭审理的案件宜实行集中审理，但现状是重大疑难案件经常多次开庭，实现集中审理还有一定难度。最后，法官审理案件一般会进行阅卷等准备工作，在庭审时一般有针对性地发问，而人民陪审员通常基本缺席庭前准备工作，庭审时很难做到积极发挥作用。

二、《人民陪审员法》有关陪审合议庭组成的规定及解读

《人民陪审员法》第 14 条规定了陪审合议庭的两种组成模式：一是继续保留原有的三人合议庭；二是增设七人合议庭；三人合议庭主要适用于社会影响较大的案件和案情复杂或者有其他情形需要由人民陪审员参加审判的案件。七人合议庭由三名法官和四名人民陪审员组成，主要审理公益诉讼和其他社会影响重大的案件。按此规定，试点中曾出现的“1 + 4”“2 + 3”“2 + 5”等合议庭组成模式不能再适用。在三人合议庭中，不区分事实审与法律审，人民陪审员与法官有同等权利；对一些社会影响重大的案件，由三名法官和四名人民陪审员组成七人合议庭，人民陪审员在法官的指引下只参与审理事实认定问题，不审理法律适用问题。

三、完善陪审合议庭组成模式的建议

1. 继续探索陪审大合议庭人员比例构成。从全球范围的角度来看，重大案件的陪审合议庭组成人数普遍较多。在大陆法系国家中，日本重大刑事案件的合议庭一般由 3 名法官和 6 名裁判员组成，法国重罪法庭一般由 3 名法官和 9 名参审员组成，韩国重罪案件的合议庭一般由法官和 9 名观审员组成。英美法系国家的陪审团人数一般都在 12 人左右。从日本的裁判员制度改革经验来看，确定 6 名裁判员参与合议庭的目的就是为了促使法官与裁判员进行充分的沟通与交流。在这一合议庭组成模式下，如果法官想要自己的意见得到认可，在裁判员人数占优的情况下，必须耐心地说服每一个裁判员，以获得他们的支

持。如此一来，司法裁判在公布之前，便已经通过了小范围的民众说服力测试，有助于提高民众对司法裁判的认可度，增强司法公信力。所以，为更好地激发人民陪审员的参审质效，增强司法公信力，在少数服从多数的评议规则下，还可继续探索陪审大合议庭组成模式，适当增加合议庭中人民陪审员的人数。

2. 大陪审合议庭组成模式应与庭前准备程序相衔接。从比较法的角度来看，陪审制国家的诉讼流程本就是为陪审员量身定做的。日本《裁判员法》要求法官、检察官以及辩护人在庭审前必须做好充分的准备工作，整理与案件有关的证据以及争议焦点，详细地说明证据之间的关系，以达到在"不得给予裁判员过重的负担的情况下，尽力使裁判员充分行使其职权、迅速了解审判"的要求。[1] 大陪审合议庭成本高昂自不待言，在重大复杂案件中，若欲真正发挥人民陪审员的效用，应在充分做好庭前准备工作以后再开庭审理。

3. 大陪审合议庭组成模式应与集中审理模式相配套。适用大陪审合议庭审理应当尽量实现连续不间断审理。确有必要多次开庭的，注意每次庭审的时间间隔不宜过长。此外，要落实好当即合议制度，庭审结束后应立即进行合议，避免合议流于形式。

4. 探索大合议庭当庭选定制度。与合议庭组成二元模式及其职权配置的二元模式相匹配，借鉴域外尤其是英美陪审团遴选方式，在大陪审合议庭模式下，探索人民陪审员"一案一选""当庭选用"制度，在现行人民陪审员选用模式之外探索新的改革路径。

第三节　人民陪审员参审权的行使方式

一、人民陪审员参审权行使方式的改革背景

《关于完善陪审制度的决定》第 1 条规定了人民陪审员与法官有同等权利，虽然该决定没有对人民陪审员在庭前、庭中的参审权利作出

---

〔1〕 参见胡云红：《陪审制度比较与实证研究》，人民法院出版社 2014 年版，第 164 页。

更细化规定，但“同等权利”已经表明人民陪审员在庭前、庭中都享有与法官一样的程序性权利。另外，该决定还明确规定，人民陪审员在庭后合议时享有表决权和将分歧意见记入评议笔录的权利。其后出台的系列规定与之配套，细化了有关人民陪审员参审权利的规定，具体包括庭前查阅案卷，庭中参与调查、发问、独立进行调解，庭后评议时发表意见、参与表决等权利。（见表5-8）

表5-8　改革前有关人民陪审员参审权行使的规定

文件	内容
《关于完善陪审制度的决定》(2004年8月)	第1条　人民陪审员依照本决定产生，依法参加人民法院的审判活动，除不得担任审判长外，同法官有同等权利。 第11条　人民陪审员参加合议庭审判案件，对事实认定、法律适用独立行使表决权。 合议庭评议案件时，实行少数服从多数的原则。人民陪审员同合议庭其他组成人员意见分歧的，应当将其意见写入笔录，必要时，人民陪审员可以要求合议庭将案件提请院长决定是否提交审判委员会讨论决定。
最高人民法院政治部《关于人民陪审员工作若干问题的答复》(2010年1月)	四、人民陪审员是否可以独立开展诉讼调解工作？ 答：人民陪审员依法参加审判活动，对事实认定、法律适用独立行使职权，也可以依照法律有关规定，独立对案件进行诉讼调解。
《陪审员参审规定》(2010年1月)	第7条　人民陪审员参加合议庭评议案件时，有权对事实认定、法律适用独立发表意见，并独立行使表决权。 人民陪审员评议案件时应当围绕事实认定、法律适用充分发表意见并说明理由。 第8条　合议庭评议案件时，先由承办法官介绍案件涉及的相关法律、审查判断证据的有关规则，后由人民陪审员及合议庭其他成员充分发表意见，审判长最后发表意见并总结合议庭意见。

续表

文件	内容
	第9条　人民陪审员同合议庭其他组成人员意见分歧,要求合议庭将案件提请院长决定是否提交审判委员会讨论决定的,应当说明理由;人民陪审员提出的要求及理由应当写入评议笔录。 第10条　人民陪审员应当认真阅读评议笔录,确认无误后签名;发现评议笔录与评议内容不一致的,应当要求更正后签名。
《陪审员工作若干意见》(2010年6月)	13.人民法院应当为人民陪审员查阅案卷、参加审判活动提供工作便利和条件。接到陪审通知的人民陪审员,应当在案件开庭前完成阅卷工作。 14.审判长应当指导、保障人民陪审员依法行使权利。案件审理中,经审判长同意,人民陪审员可以参与案件共同调查、在庭审中直接发问、独立进行案件调解等。 15.合议庭应当保障人民陪审员在案件评议过程中自主、独立发表意见的权利。审判长和合议庭其他成员不得施加不当影响或阻碍。 16.人民陪审员同合议庭其他组成人员意见分歧的,应当将其意见写入笔录,必要时,人民陪审员可以要求合议庭将案件提请院长决定是否提交审判委员会讨论决定,但应当说明理由。人民陪审员提出的要求及理由应当写入评议笔录。 17.人民陪审员应邀列席参加审判委员会讨论其陪审的案件时,除不得行使表决权外,可以在审判委员会上发表意见。

在实践中,人民陪审员行使参审权利的情况并不乐观。有学者以"庭前阅卷""庭中发问""庭后合议"为考察内容,对人民陪审员参审权利的行使进行了实证调研,得到的结果是"庭前阅卷并不常见""超过60%的当事人、律师、法官以及检察官认为陪审员在庭中很少发问""大部分陪审员参加合议的权利能够得到保障……有近三成的人民陪

审员并未实际行使合议权利”[1]。这表明，规范层面虽然对人民陪审员的参审权利作了具体规定，但在实践中，人民陪审员在参审的各个环节行使参审权利的积极性都不高。

二、人民陪审员参审权行使方式改革与试点

（一）人民陪审员参审权行使改革的内容

《陪审制度改革试点方案》从庭前阅卷、庭审过程中权利的行使、庭后评议三个方面规范人民陪审员参审权的行使，明确人民陪审员参与庭审的权利主要包括参与案件调查、在庭审中发问、开展调解工作等。在庭后评议环节，主要通过完善评议程序，落实人民陪审员合议庭笔录和裁判文书签名确认制度，确保评议时人民陪审员能充分发表意见，保障其参审权行使。而后《陪审制度改革试点办法》对庭前阅卷、庭中参与调查、庭后评议中发表意见、表决等权利作出细化规定，并进一步明确合议庭笔录和裁判文书签名确认规则。（见表5－9）

表5－9　新一轮改革关于人民陪审员参审权行使的规定

文件	内容
《陪审制度改革试点方案》(2015年4月)	（四）完善人民陪审员参审案件机制。改变人民陪审员陪而不审、审而不议等现象，合理确定每个人民陪审员每年参与审理案件的数量比例，防止“驻庭陪审、编外法官”等情形，保障人民陪审员参审权利和效果。 探索重大案件由3名以上人民陪审员参加合议庭机制。健全人民陪审员提前阅卷机制，人民法院应当在开庭前安排人民陪审员阅卷，为人民陪审员查阅案卷、参加审判活动提供便利。保障人民陪审员在庭审过程中依法行使权利，经审判长同意，人民陪审员有权参与案件共同调查、在庭审中直接发问、开展调解工作等。

[1] 刘方勇、廖永安：《我国人民陪审员制度运行实证研究——以中部某县级市为分析样本》，载《法学家》2016年第4期。

续表

文件	内容
	完善人民陪审员参加合议庭评议程序。人民陪审员的意见应当写入合议笔录，规范人民陪审员及合议庭其他成员发表意见顺序和表决程序，保障人民陪审员评议时充分发表意见，严格落实人民陪审员合议庭笔录和裁判文书签名确认制度。
《陪审制度改革试点办法》（2015 年 5 月）	第 18 条　人民法院应当在开庭前，将相关权利和义务告知人民陪审员，并为其阅卷提供便利条件。 第 19 条　在庭审过程中，人民陪审员有权依法参加案件调查和案件调解工作。经审判长同意，人民陪审员可以在休庭时组织双方当事人进行调解。 第 21 条　合议庭评议时，审判长应当提请人民陪审员围绕案件事实认定问题发表意见，并对与事实认定有关的证据资格、证据规则、诉讼程序等问题及注意事项进行必要的说明，但不得妨碍人民陪审员对案件事实的独立判断。 第 22 条　人民陪审员应当全程参与合议庭评议，并就案件事实认定问题独立发表意见并进行表决。人民陪审员可以对案件的法律适用问题发表意见，但不参与表决。 第 23 条第 1 款、第 2 款　合议庭评议案件前，审判长应当归纳并介绍需要通过评议讨论决定的案件事实问题，必要时可以以书面形式列出案件事实问题清单。 合议庭评议案件时，一般先由人民陪审员发表意见。 第 24 条　人民陪审员应当认真阅读评议笔录，确认无误后签名。人民陪审员应当审核裁判文书文稿中的事实认定结论部分并签名。 第 25 条　人民陪审员参与合议庭审理案件的，应当作为合议庭成员在裁判文书上署名。

（二）人民陪审员参审权行使改革试点的具体做法

1. 关于人民陪审员庭前阅卷的情况

访谈材料：

某陪审员（B 市 D 区人民陪审员）：我们入职后，怎么适应这个职位是个问题，确实有压力。我认为要深度参审，必须得提前阅卷，不然开庭只来坐坐，就真的是走过场了。不阅卷根本不清楚，就不叫深度参审，我就给自己定了个要求。所以我就提前跟法院联系，提前给我安排时间，法院特别支持，都能给安排好了。只要时间来得及，我一定要阅卷，一直坚持到现在。

针对人民陪审员庭前阅卷的情况，我们对法官、人民陪审员进行了问卷调查，结果显示法官和人民陪审员认为人民陪审员通常会进行庭前阅卷、偶尔会进行庭前阅卷、不会进行庭前阅卷的比例分别为30.7%、48.6%、19.7%和68.3%、25.2%、5.0%。（见表5－10）鉴于人民陪审员是阅卷的直接主体，问卷调查结果可能存在一定的倾向性；相较之下，法官的问卷结果更为客观，故实际情况很可能是人民陪审员主动阅卷的比例较低。我们从访谈中了解到也不乏有积极主动要求庭前阅卷的人民陪审员。试点期间，有的法院积极为人民陪审阅卷提供便利条件，并在开庭前通知人民陪审员进行阅卷，使人民陪审员庭前阅卷情况有所改善。

表5－10　据您所知，人民陪审员庭前会查阅案卷吗？（法官卷）/您会提前阅卷吗？（人民陪审员卷）

单位：人次、%

内容		法官		人民陪审员	
		频率	有效百分比	频率	有效百分比
有效	通常会	89	30.7	491	68.3
	偶尔会	141	48.6	181	25.2

续表

内容		法官		人民陪审员	
		频率	有效百分比	频率	有效百分比
	不会	57	19.7	36	5.0
	不清楚	3	1.0	11	1.5
	合计	290	100.0	719	100.0
无效	缺失	24	—	32	—
总计		314	—	751	—

2. 关于庭审中参审权的行使情况

庭审中陪审员对参审权的行使，主要表现为庭中发问。对于人民陪审员的庭中发问情况，我们进行了问卷调查，结果显示，法官和人民陪审员认为人民陪审员在庭审中经常发问、偶尔发问、不发问的比例分别为19.4%、74.0%、6.6%和26.2%、59.8%、13.9%。（见表5－11）由此可见，庭审中人民陪审员行使参审权利整体或还处于消极被动状态。

表5－11　请问人民陪审员在庭审中会发问吗？（法官卷/人民陪审员卷）

单位：人次、%

内容		法官		人民陪审员	
		频率	有效百分比	频率	有效百分比
有效	经常发问	56	19.4	188	26.2
	偶尔发问	213	74.0	429	59.8
	不发问	19	6.6	100	13.9
	合计	288	100.0	717	100.0
无效	缺失	26	—	34	—
总计		314	—	751	—

从表5－12可知，人民陪审员参与调解主要集中在庭审环节。同时，人民陪审员调解的方式也较为单一，主要是协助法官调解，几乎从

不独立调解当事人双方的矛盾纠纷。(见表 5 - 13)

表 5 - 12　人民陪审员通常参与哪个环节的调解?
(法官卷/律师卷/人民陪审员卷)

单位:人次、%

内容		法官		律师		人民陪审员	
		频率	有效百分比	频率	有效百分比	频率	有效百分比
有效	庭前调解	31	13.2	58	18.5	127	26.7
	庭中调解	138	59.0	174	55.4	264	55.5
	庭后调解	65	27.8	82	26.1	85	17.9
	合计	234	100.0	314	100.0	476	100.0
无效	缺失	80	—	190	—	275	—
总计		314	—	504	—	751	—

表 5 - 13　通常情况下,人民陪审员如何参与调解?
(法官卷/律师卷/人民陪审员卷)

单位:人次、%

内容		法官		律师		人民陪审员	
		频率	有效百分比	频率	有效百分比	频率	有效百分比
有效	协助法官调解	225	93.8	286	91.4	436	89.9
	在休庭时独立调解	11	4.6	15	4.8	27	5.6
	其他	4	1.7	12	3.8	22	4.5
	合计	240	100.0	313	100.0	485	100.0
无效	缺失	74	—	191	—	266	—
总计		314	—	504	—	751	—

3. 关于庭后合议中参审权的行使情况

针对人民陪审员参加庭后合议的情况，我们进行了问卷调查，结果显示，认为每次都会、通常会、偶尔会、不会参加合议的人民陪审员和法官比例分别为 49.9%、35.9%、10.9%、3.4% 和 61.3%、25.1%、11.1%、2.4%。（见表 5－14）可见，近一半的人民陪审员每次合议都参加，只有少数人民陪审员不参加合议。虽存在不参加合议的现象，但人民陪审员参加合议权利还是能基本得到保障的。

表 5－14　请问在庭审后，人民陪审员会参加合议吗？（法官卷）/请问在庭审后，您会参加合议吗？（人民陪审员卷）

单位：人次、%

内容		人民陪审员		法官	
		频率	有效百分比	频率	有效百分比
有效	每次都会	356	49.9	176	61.3
	通常会	256	35.9	72	25.1
	偶尔会	78	10.9	32	11.1
	不会	24	3.4	7	2.4
	合计	714	100.0	287	100
无效	缺失	37	—	28	—
总计		751	—	315	—

根据《陪审制度改革试点办法》第 23 条的规定，评议案件时，法官应向人民陪审员归纳并介绍需要评议的案件事实，如有必要还要向人民陪审员列出事实清单。通过表 5－15 可知，有 91.6% 的法官和 95.0% 的人民陪审员认为，法官在评议时会向人民陪审员介绍需要讨论决定的案件事实。在表决时，直接按少数服从多数原则进行表决和法官向人民陪审员解释后再行表决的比例占绝大多数，说明在合议时主要通过表决机制形成合议庭意见。（见表 5－16）

表 5-15　在评议时，法官是否会归纳并向人民陪审员介绍需要讨论决定的案件事实？

单位：人次、%

内容		法官		人民陪审员	
		频率	有效百分比	频率	有效百分比
有效	会	250	91.6	624	95.0
	不会	23	8.4	33	5.0
	合计	273	100.0	657	100.0
无效	缺失	41	—	94	—
总计		314	—	751	—

表 5-16　如果人民陪审员与法官意见分歧，通常会如何处理？

单位：人次、%

内容		法官		人民陪审员	
		频率	有效百分比	频率	有效百分比
有效	直接按少数服从多数的原则表决	83	30.9	119	19.4
	向陪审员解释，然后再表决	145	53.9	363	59.2
	说服陪审员接受法官意见	10	3.7	20	3.3
	提交审委会讨论决定	31	11.5	111	18.1
	合计	269	100.0	613	100.0
无效	缺失	45	—	138	—
总计		314	—	751	—

(三)改革试点中存在的问题

1. 庭前阅卷中存在的问题

(1)法官对引导人民陪审员庭前阅卷缺乏主动性。法官审理案件压力大或间接影响人民陪审员庭前阅卷的落实情况。以B市D区人民法院为例,若陪审员提出阅卷要求,法官会积极配合,但受到案件数量及审理压力的限制,法官一般不会主动通知人民陪审员进行庭前阅卷。

(2)保障不力阻碍人民陪审员庭前阅卷。陪审员参审履职保障不完善是人民陪审员偶尔阅卷或不阅卷的原因之一。庭前阅卷费用补助不足、用人单位不支持等情况影响人民陪审员阅卷的积极性。在实践中,人民陪审员参与庭前阅卷一般没有补助;或即使有补助,标准也比较低。在调研中,不乏有人民陪审员反映补贴较少的问题。有的人民陪审员工作单位虽然支持其参加庭前阅卷等审判活动,但通常按照正常考勤程序作请假处理。

(3)人民陪审员自我认知偏差影响庭前阅卷积极性。人民陪审员消极阅卷的重要原因之一是陪审员的自我认知存在偏差。在受访的人民陪审员中,除部分是因对陪审有兴趣而参加庭审外,多数受访者对人民陪审员的角色定位存在错误认识,简单地认为参与审理是来学习法律知识的,或是帮助法院做当事人工作的等。错误的认识使得人民陪审员从一开始就将自己定位于“配角”,其阅卷的积极性自然不会高。

2. 庭审中参审权利行使存在的问题

(1)法官指引不力影响人民陪审员实质参与。《陪审制度改革试点方案》《陪审制度改革试点办法》没有明确规定法官在庭审中应该采取何种方式引导人民陪审员行使权利,仅《陪审制度改革试点方案》规定法官要“保障人民陪审员在庭审过程中依法行使权利”。由于法官在庭审中居于主导性地位,法官是否对人民陪审员加以引导,直接影响人民陪审员参审权利的行使。

以事实清单为例,针对“在法庭调查结束前,法官会为陪审员归纳事实争点或出具案件事实问题清单吗?”这一问题,我们对法官、人民陪审员进行了问卷调查，结果显示，46.2%的法官和28.7%的人民陪审员认为法官偶尔或不会在法庭调查结束前为人民陪审员归纳事实争点或出具案件事实问题清单。（见表5－17）可见，法官在庭审中对人民陪审员的指引还有待加强。

表5－17　在法庭调查结束前，法官会为人民陪审员归纳事实争点或出具案件事实问题清单吗？

单位：人次、%

内容		法官		人民陪审员	
		频率	有效百分比	频率	有效百分比
有效	通常会	151	52.8	499	69.8
	偶尔会	87	30.4	161	22.5
	不会	45	15.7	44	6.2
	不清楚	3	1.0	11	1.5
	合计	286	100.0	715	100.0
无效	缺失	28	—	36	—
总计		314	—	751	—

（2）人民陪审员“惧错”心理影响参审权行使。自认为“外行”是阻碍陪审员庭中发问的因素之一。一方面，人民陪审员认为法官的提问已经很全面，自己不需要再问；另一方面，因为担心自己问错而选择不发问。一般来说，重大复杂案件的事实问题与法律问题经常交织在一起，只有了解了相应的法律问题后才能更好地进行事实认定。因此，只有法官在庭审过程中做好相应的指引工作，人民陪审员才有可能发挥其应有的作用。

3. 庭后合议中参审权行使存在的问题

（1）当即当面合议难落实。实践中存在合议过程不完整的现象。有法官表示：“现在要求是全程参与、实际陪审，但是实际上做不到，因为陪审员是在职的，不能确定他是否能够全程参与。陪审员到庭时，把案子给他介绍一下，庭审之后再征求一下他的意见。能合议的开完庭就合议了，但是有时候有的事实和证据确定不了，再让他跑过来也不太现实，就只能打个电话征求一下意见。因为案件量大的原因，所以很多事情没办法实现。有时候一天要开两三个庭，完整的合议的过程很难实现。"

(2)人民陪审员对法官合议意见的依赖较为严重。为了充分了解人民陪审员在庭后评议中所起的作用，我们对人民陪审员及法官进行了问卷调查。调查结果显示，人民陪审员认为在对案件相关的事实或法律问题不清楚时，54.0%的人会选择咨询法官。（见表5－18）而关于"通常情况下，陪审员与法官的意见是否一致？"的情况，有98.8%的法官、98.9%的人民陪审员认为意见大多一致或都一致。（见表5－19）由此可见，在法官起主导作用的现实下，人民陪审员与法官意见的趋同性过强，且在对案件事实或法律问题不清楚时，有一半以上的人民陪审员会选择直接咨询法官，而非自己查阅相关资料或凭生活常识和情理来判断，说明在合议庭评议时人民陪审员对法官的意见依赖性强。

表5－18　对案件相关的事实或法律问题不清楚，您通常会怎么办？

单位：人次、%

内容		频率	百分比	有效百分比	累积百分比
有效	自己查阅相关资料	169	22.5	25.2	25.2
	凭生活常识和情理来判断	126	16.8	18.8	44.0
	咨询法官	362	48.2	54.0	98.1
	其他	13	1.7	1.9	100.0
	合计	670	89.2	100.0	—
无效	缺失	81	10.8	—	—
总计		751	100.0	—	—

表 5－19 通常情况下,人民陪审员与法官的意见是否一致?

单位:人次、%

内容		法官		人民陪审员	
		频率	有效百分比	频率	有效百分比
有效	都一致	21	7.7	142	21.2
	大多一致	247	91.1	520	77.7
	很少一致	1	0.4	4	0.6
	不一致	2	0.7	3	0.4
	合计	271	100.0	669	100.0
无效	缺失	43	—	82	—
总计		314	—	751	—

(3)合议庭笔录和裁判文书签名确认制度未完全落实。《陪审制度改革试点办法》第24条要求人民陪审员认真阅读评议笔录,确认无误后签名。第25条规定人民陪审员参与合议庭审理案件后应当在裁判文书上署名。但从实证考察来看,这两项制度落实情况不乐观。表5－20显示,实践中仍然存在代签或者倒签合议笔录的情形。通过表5－21可知,仅有43.5%的人民陪审员每次都会审核裁判文书文稿并签名,仍有42.1%的人民陪审员偶尔或经常不审核和签字,甚至有高达14.4%的人民陪审员不会审核并签名。

表 5－20 您在合议笔录上的签名是否有过代签或倒签等情形?(陪审员卷)

单位:人次、%

内容		频率	百分比	有效百分比	累积百分比
有效	有	58	7.7	8.2	8.2
	没有	626	83.4	88.2	96.3
	不记得了	26	3.5	3.7	100.0
	合计	710	94.5	100.0	—
无效	缺失	41	5.5	—	—
总计		751	100.0	—	—

表 5－21　您会审核裁判文书文稿并签名吗？（陪审员卷）

单位：人次、%

内容		频率	百分比	有效百分比	累积百分比
有效	每次都会	306	40.7	43.5	43.5
	通常会	222	29.6	31.6	75.1
	偶尔会	74	9.9	10.5	85.6
	不会	101	13.4	14.4	100.0
	合计	703	93.6	100.0	—
无效	缺失	48	6.4	—	—
总计		751	100.0	—	—

三、《人民陪审员法》有关参审权行使的规定及解读

《人民陪审员法》第 2 条第 2 款规定人民陪审员“除法律另有规定外，同法官有同等权利”，基本沿用《关于完善人民陪审制度的决定》相应规定，在立法上保障了人民陪审员在庭前、庭中、庭后中享有的参审权利。《人民陪审员法》关于人民陪审员参审权利的细化规定散见于第 20～23 条，且以庭后合议的规则为主。（见表 5－22）

表 5－22　《人民陪审员法》关于参审权行使的规定

文件	内容
《人民陪审员法》（2018 年 4 月）	第 2 条　公民有依法担任人民陪审员的权利和义务。 人民陪审员依照本法产生，依法参加人民法院的审判活动，除法律另有规定外，同法官有同等权利。 第 3 条　人民陪审员依法享有参加审判活动、独立发表意见、获得履职保障等权利。 人民陪审员应当忠实履行审判职责，保守审判秘密，注重司法礼仪，维护司法形象。 第 20 条　审判长应当履行与案件审判相关的指引、提示义务，但不得妨碍人民陪审员对案件的独立判断。

续表

文件	内容
	合议庭评议案件，审判长应当对本案中涉及的事实认定、证据规则、法律规定等事项及应当注意的问题，向人民陪审员进行必要的解释和说明。 第21条　人民陪审员参加三人合议庭审判案件，对事实认定、法律适用，独立发表意见，行使表决权。 第22条　人民陪审员参加七人合议庭审判案件，对事实认定，独立发表意见，并与法官共同表决；对法律适用，可以发表意见，但不参加表决。 第23条　合议庭评议案件，实行少数服从多数的原则。人民陪审员同合议庭其他组成人员意见分歧的，应当将其意见写入笔录。 合议庭组成人员意见有重大分歧的，人民陪审员或者法官可以要求合议庭将案件提请院长决定是否提交审判委员会讨论决定。

（一）首次规定法官对人民陪审员的指示制度

《人民陪审员法》第20条规定审判长应当履行与案件审判相关的指引、提示义务，并明确了指引的主体和内容。这一规定是对《陪审制度改革试点办法》相应规定的确认，且明确表述为“指引、提示”，从文字上更加清晰地表明我国法官指示制度的确立。人民陪审员来自普通民众，普遍不具有法律专业背景。即便是事实认定问题，也必须遵循严格的程序规则和证据规则才能保证审理结果的有效性和准确性。如果法官不作出必要的指引、提示，人民陪审员作出的判断就难免失准失真。这也是存在“陪而不审”现象的重要原因。所谓“陪而不审”，一方面可能是因为人民陪审员作为法律外行，怯于发表自己的看法和意见；但另一方面，也是更深层次的原因，在于法官未对人民陪审员进行充分的指引，使得人民陪审员无所适从，从而畏于、怠于履行自己的职责。考虑到法官对法律专业知识、诉讼程序的把握间接产生庭审“主导性”地位，人民陪审员处于相对“依附性”地位，法官在庭审中对人民陪审员加以指引，有助于人民陪审员有效行使其参审权利。

（二）区分三人合议庭与七人合议庭的评议规则

《人民陪审员法》第 21 条、第 22 条分别对三人合议庭与七人合议庭的评议规则作出规定。三人合议庭由于不区分事实审和法律审，所以人民陪审员对于事实认定和法律适用均可发表意见，行使表决权利。由于七人合议庭实行事实审与法律审相分离，七人合议庭中人民陪审员的权利与三人合议庭相比受到限制，人民陪审员不再对法律适用问题进行表决，但可发表意见。

（三）细化陪审合议庭评议表决规则

《人民陪审员法》第 23 条规定合议庭评议实行少数服从多数的原则，也就是三人合议庭中最少要两人同意，七人合议庭中最少要四人同意才能形成合议意见，并要求将人民陪审员的分歧意见记入笔录，以充分保障其发表意见的权利，刺激其主动行使参审职权。除此之外，《人民陪审员法》还规定了有重大分歧时，可将案件提交审判委员会讨论决定。《关于完善陪审制度的决定》规定人民陪审员参加合议时，对事实认定、法律适用独立行使表决权，分歧意见应当记入笔录，并可提请院长决定是否将案件提交审判委员会讨论决定。《人民陪审员法》在此基础上增加了“发表意见”的表述，意在强调人民陪审员在合议时不仅有表决的权利，还有充分“发表意见”的权利。

四、规范人民陪审员参审权行使方式的建议

（一）域外陪审员参审权行使方式考察

1. 参审制国家的陪审员职权行使方式

在德国，参审员可以就审理活动的各个环节与法官协商，作出决定，如开庭审理、合议阶段等。但由于法官在庭审中发挥主导作用，所以参审员必须在得到职业法官的许可后才能向证人发问。如果法官认为参审员的提问不合适，也可以不允许其发问。参审员无权在开庭前阅读侦查机关的调查资料，也不必在庭审结束后书写有关法庭调查阶段的书面意见，更不必在裁判文书中书写自己的裁判理由。庭审后，参审员必须参加合议，与法官共同就定罪和量刑问题进行表决，表决权利平等。根据德国《刑事诉讼法典》第 263 条第 1 款的规定，合议庭对被

告人在责任和刑罚方面的表决,须有2/3的多数票通过。

在日本,庭审时,裁判员经审判长同意可以对证人、被害人或其近亲属发问。裁判员必须参加评议,在评议时陈述自己对案件的处理意见。法官也应当照顾到每一个裁判员,要求其发表个人观点,以实现合议庭成员之间的充分交流。评议后,裁判员与法官共同就定罪、量刑问题进行表决,两者具有平等的表决权。合议庭对定罪和量刑的表决规则为过半数通过,但要求至少有法官和裁判员各一名支持表决通过的意见。此外,对法律的解释和程序的判断,必须由半数以上法官表决通过。

2. 陪审团制国家的陪审员职权行使方式

美国陪审员在庭审过程中一般不被允许做笔记,更不能相互讨论案情,也不能对证人发问。庭审结束后,陪审团开始评议案件。根据2017年《联邦民事诉讼规则》第48条的规定,美国联邦系统法院一般要求全体陪审员意见一致才能作出最终裁决,但如果案件双方当事人在庭前对此有特别约定,则不必全体一致。如果陪审团的表决比例未能达到双方约定的投票比例,则法官将要求陪审团再次合议或者直接决定重新审判。在某些州法院,民事陪审团的裁决满足5:1或者10:2的比例即可。根据2017年《联邦刑事诉讼规则》第31条的规定,美国联邦法院的刑事陪审团裁决必须一致通过。英国的陪审团在庭审期间需认真听取控辩双方的举证和辩论,审查证据。庭审结束前,法官对案件的审理作出总结,还需在法律问题上对陪审团作出指导。陪审团可以就一些法律问题要求法官予以指示。庭审结束后,陪审团退庭进行评议。根据1974年《陪审团法》第17条的规定,法院应尽力引导陪审员达成一致裁决,但完全一致不是必需的。如果法官认为陪审团对案件进行的讨论已经超过了其所认为根据案件的性质与复杂程度而应该持续的时间,那么法庭可以接受多数裁决原则,即在陪审员有11人及以上时,有10人达成一致意见;或者陪审员有10人时,其中9人达成一致意见。在民事诉讼中,法官可以接受案件双方当事人约定好的多数裁决;但在刑事诉讼中,刑事法院在陪审团未达成完全一致之前,至少要保证案件经过陪审团成员2个小时的考虑。除以上要求外,在郡法院进行的诉讼中，陪审团（有 8 名陪审员）不必达成完全一致，其中 7 人意见一致即可。

（二）域外陪审员参审权行使方式考察的综述

实行陪审制的国家大都要求陪审团成员意见必须全体一致或接近一致才能作出裁决，如若不能达到全体一致，法官甚至会决定重新召集新的陪审团进行审理。在参审制国家中，德国也要求必须达到 2/3 的比例；法国重罪法庭对定罪量刑的表决比例要求为 3/4，尽管日本只要求过半，但另外要求了必须至少有法官和裁判员各一名支持表决通过的意见。陪审制度的重大作用就是提供了公众与职业法官的交流平台，双方为获得彼此的支持尽力说服对方，而合议庭中公众的朴素正义观与法律、民众的社会经验与法官的法律知识共同作用的场域就是事实认定这一环节[1]。为实现人民陪审员与法官之间的充分沟通与交流，我们认为可借鉴日本即明确陪审合议的多数意见的形成必须包含一名法官和一名人民陪审员的同意。

（三）规范人民陪审员参审权行使方式的具体建议

1. 强化对人民陪审员庭前、庭中权利行使的引导。我们从调研中得知，人民陪审员在庭前阅卷、庭中发问等环节行使权利具有被动性。但是部分试点经验表明，只要法官能主动通知阅卷或在庭审中提供事实清单等，人民陪审员参审积极性将会大大提高。故此，在人民陪审员“怯于”参审的情况下，应当加大法官引导力度，将人民陪审员的参审热情和能力激发出来。

2. 区分三人合议庭和七人合议庭细化合议规则。无论是三人合议庭还是七人合议庭，都实行少数服从多数原则。在此前提下，可以探索确立陪审合议庭的多数意见中至少应各有一名法官和一名人民陪审员同意的合议规则。此外，在三人合议庭中，人民陪审员与法官共同审理事实认定与法律适用问题；但是在七人合议庭中，人民陪审员仅审理事实认定问题。在七人合议庭中，法律适用应当在人民陪审员与法官共

---

〔1〕 参见吴英姿：《人民陪审制改革向何处去？——司法目的论视域下中国陪审制功能定位与改革前瞻》，载《苏州大学学报（法学版）》2014 年第 3 期。

同认定的事实基础上进行，因此，在合议顺序上，应当先共同进行事实认定，再适用法律。法官在此过程中不得干扰、妨害陪审员独立对案件事实进行判断。除此之外，审判长需掌握好事实认定与法律适用之间的界限，通过列出事实问题清单便于人民陪审员认定案件事实。在实践中，有的试点法院为了能清楚地区分事实问题与法律问题，将事实问题进行了提炼，简化为一般事实。但是此举不仅会消耗法官大量的时间，也有可能会剥夺人民陪审员的事实认定权。此外，尽管人民陪审员在法律适用上不再享有表决权，但依然享有发表意见权，这也是人民陪审员享有的重要参审权利，法官应当予以保障。

3. 明确专人或专门机构负责协调人民陪审员参审事务。在调研过程中，我们发现，人民陪审员参审活动包括庭前阅卷、开庭、合议，大多由承办法官负责联系陪审员，这在一定程度上加大了法官的工作量，这也是部分法官不愿意适用陪审审判的原因之一。我们建议在法院内部成立专门机构负责协调人民陪审员参审事务，包括通知陪审员庭前阅卷、开庭、合议等，从而使法官可以集中精力于审判并指引人民陪审员。

第六章　人民陪审员退出和惩戒机制改革实证考察

人民陪审员退出机制和惩戒机制是人民陪审员制度的重要内容。退出机制是免除任职期间不再符合任职条件的人民陪审员职务的制度，主要内容包括退出主体、退出事由、退出程序等。惩戒机制是对在履行职务期间违反规定的人民陪审员采取惩戒措施的制度，旨在规范人民陪审员的履职行为，内容主要包括惩戒事由、惩戒措施等。为完善人民陪审员退出和惩戒机制，《陪审制度改革试点方案》《陪审制度改革试点办法》要求推进退出与惩戒机制的改革与试点，推动了《人民陪审员法》的相关立法。本章基于对人民陪审员退出和惩戒机制改革试点的实证考察，对《人民陪审员法》第27条进行分析、解读，提出完善退出与惩戒机制的具体建议。

第一节　人民陪审员退出和惩戒机制改革与试点

一、人民陪审员退出和惩戒机制改革背景

为规范人民陪审员制度，建立合理的参审制约机制，《关于完善陪审制度的决定》等对人民陪审员退出与惩戒作了规定。（见表6－1、表6－2）

表6-1　改革前有关人民陪审员退出机制的规定

文件	退出事由	退出程序
《关于完善陪审制度的决定》（2004年8月）	（1）本人申请辞去人民陪审员职务的； （2）无正当理由，拒绝参加审判活动，影响审判工作正常进行的； （3）具有本决定第5条、第6条所列情形之一的； （4）违反与审判工作有关的法律及相关规定，徇私舞弊，造成错误裁判或者其他严重后果的。 ［第5条规定："人民代表大会常务委员会的组成人员，人民法院、人民检察院、公安机关、国家安全机关、司法行政机关的工作人员和执业律师等人员，不得担任人民陪审员。"第6条规定："下列人员不得担任人民陪审员：（一）因犯罪受过刑事处罚的；（二）被开除公职的。"］	经所在基层人民法院会同同级人民政府司法行政机关查证属实的，应当由基层人民法院院长提请同级人大常委会免除其人民陪审员职务。
《选任、培训、考核工作实施意见》（2004年12月）	人民陪审员的任期为五年，缺额依法定程序增补。 人民陪审员任期届满后，人民陪审员职务自动免除。	由基层人民法院会同同级人民政府司法行政机关查证。经查证属实的，由基层人民法院院长提请同级人大常委会免除其人民陪审员职务。 基层人民法院应当将免职决定书面通知被免职者本人及其所在单位、户籍所在地或者经常居住地的基层组织，并将免职名单抄送同级人民政府司法行政机关，同时向社会公告。

续表

文件	退出事由	退出程序
《陪审员管理办法》(2005年1月)	人民陪审员的任期为五年。人民陪审员任期届满后,其职务自动免除。基层人民法院无须再提请同级人民代表大会常务委员会免除其人民陪审员职务	由基层人民法院会同同级人民政府司法行政机关进行查证。经查证属实的,由基层人民法院院长提请同级人大常委会免除其人民陪审员的职务; 有《关于完善陪审制度的决定》第17条第1~3项所列情形之一的,由所在基层人民法院人民陪审员人事管理部门按照规定进行查证。在查证过程中,发现人民陪审员有《关于完善陪审制度的决定》第17条第4项所列情形的,应交由本院纪检、监察部门进行查证; 人民陪审员被免除职务的,基层人民法院应书面通知被免职者本人及其所在单位、户籍所在地或经常居住地的基层组织。基层人民法院应将免职名单抄送同级人民政府司法行政机关,并逐级报高级人民法院备案,同时向社会公告。
《陪审员工作若干意见》(2010年6月)	由于职业或岗位发生变动或者身体健康等原因,无法继续履行陪审职务的; 人民陪审员在三年时间内,无正当理由拒绝参加陪审案件超过三次的,视为辞职;	

续表

文件	退出事由	退出程序
	滥用职权、玩忽职守、徇私舞弊等情形的,人民法院应当视其情节对其进行批评教育,情节严重的,依照法定程序免除其人民陪审员职务。	

表6-2　改革前有关人民陪审员惩戒机制的规定

文件	惩戒事由	惩戒方式
《关于完善陪审制度的决定》(2004年8月)	违反与审判工作有关的法律及相关规定,徇私舞弊,造成错误裁判或者其他严重后果的	查证属实的,免除其人民陪审员职务; 构成犯罪的,依法追究刑事责任。
《选任、培训、考核工作实施意见》(2004年12月)	违反与审判工作有关的法律及相关规定,徇私舞弊,造成错误裁判或者其他严重后果的,但尚不构成犯罪的	依法免除其人民陪审员职务外,必要时,可以由基层人民法院书面建议其所在单位依照有关规定给予处分。
《陪审员工作若干意见》(2010年6月)	滥用职权、玩忽职守、徇私舞弊等情形	人民法院应当视其情节对其进行批评教育,情节严重的,依法定程序免除其人民陪审员职务; 建议所在单位或基层组织对其进行处理,构成犯罪的,依法追究其刑事责任。

《关于完善陪审制度的决定》第17条规定了免除人民陪审员职务的事由、程序、主体。从严格意义上而言,《关于完善陪审制度的决定》并未规定对人民陪审员的惩戒措施,“构成犯罪应依法追究刑事责任”的规定不属于惩戒措施范围。其后,《选任、培训、考核工作实施意见》

《陪审员管理办法》进一步细化了人民陪审员退出与惩戒机制，逐步形成了与《关于完善陪审制度的决定》相配套的规范体系。

首先，在退出机制上，《选任、培训、考核工作实施意见》增加任期届满职务自动免除的规定，[1]增加免除决定的书面通知、抄送、公告程序。[2]《陪审员管理办法》补充规定了对人民陪审员免除的查证程序，明确基层人民法院在人民陪审员任期届满后无须再提请同级人大常委会免除其人民陪审员职务。

其次，在惩戒机制上，《选任、培训、考核工作实施意见》补充了有关人民陪审员的惩戒规定，规定可由基层人民法院书面建议人民陪审员所在单位依照有关规定给予处分。[3]

在随后的10年间，仅2010年《陪审员工作若干意见》对退出机制的免除事由作了细化规定，明确在三年时间内，人民陪审员无正当理由超过三次拒绝参加陪审案件的，视为辞职[4]；增加因职业或岗位发生变动或者身体健康等原因，无法继续履行陪审职务以及滥用职权、玩忽职守、徇私舞弊等情节严重的职务免除事由[5]。

以上规定以《关于完善陪审制度的决定》为核心，搭建了人民陪审员退出、惩戒机制的基本框架。综合对人民陪审员权利、义务及退出与惩戒的规定来看，在人民陪审员制度改革初期，更强调人民陪审员履职应享有的权利，以激发社会公众参与陪审的积极性，但人民陪审员权利、义务、责任三者之间有所失衡。在实践中，虽然有的法院探索建立了人民陪审员退出机制，但是对于退出程序、条件等问题还未形成统一意见。[6]改革已逾十年，“缺席陪审”“陪而不审”“审而不议”等问题依然频发，这与人民陪审员的“义务”“责任”意识不强、退出和惩戒机

[1] 参见《选任、培训、考核工作实施意见》第17条。

[2] 参见《选任、培训、考核工作实施意见》第19条。

[3] 参见《选任、培训、考核工作实施意见》第17条。

[4] 参见《陪审员工作若干意见》第9条。

[5] 参见《陪审员工作若干意见》第33条。

[6] 参见贺小荣、胡夏冰、马渊杰：《我国人民陪审员制度的功能定位和改革路径》，载《人民法院报》2015年4月29日，第5版 。

制不完善,不无关系。解决上述问题还需从“义务”“责任”的角度出发,进一步细化退出、惩戒内容,建立符合司法规律以及我国实际的人民陪审员退出、惩戒机制,以规范人民陪审员履职行为,形成良好的监督制约机制。

在实践层面,针对“请问在参审中是否有当事人或律师私下找您说情?”的问题,我们在2014年进行了问卷调查,结果显示有20.9%的人民陪审员认为在陪审中经常有或者偶尔有当事人或律师私下找其说情,有39.8%的律师(法律工作者)和44.7%的公诉人担心人民陪审员较之法官更容易被“公关”,有17.4%的法官反映在陪审案件中有过人民陪审员找其说情的事例,这说明有必要在制度设计上对人民陪审员在履职过程中可能发生的法律、道德风险作出防范。

二、人民陪审员退出和惩戒机制改革的主要内容

《陪审制度改革试点方案》明确要坚持权利义务相统一原则,保障公民陪审权利,明确公民陪审义务;建立可免除陪审义务的豁免机制;建立惩戒机制、完善退出机制。《陪审制度改革试点办法》进一步作出细化规定,强调“人民陪审员应当忠实履行陪审义务”[1],从人民陪审员制度的单一权利本位向权利义务相统一的观念转变,不断完善人民陪审员退出和惩戒机制。[2] (见表6-3、表6-4)

---

〔1〕《陪审制度改革试点办法》第2条。

〔2〕贺小荣、胡夏冰、马渊杰:《我国人民陪审员制度的功能定位和改革路径》,载《人民法院报》2015年4月29日,第5版。

表 6－3　有关人民陪审员退出机制改革的规定

文件	退出事由	退出程序
《陪审制度改革试点办法》(2015 年 5 月)	(1)因年龄、疾病、职业、生活等原因难以履行陪审职责,向人民法院申请辞去人民陪审员职务的; (2)被依法剥夺选举权和被选举权的; (3)因犯罪受到刑事处罚、被开除公职或者被纳入失信被执行人名单的; (4)担任本办法第三条所列职务的; (5)其他不宜担任人民陪审员的情形。 [第 3 条规定:"下列人员不能担任人民陪审员:(一)人民代表大会常务委员会组成人员,人民法院、人民检察院、公安机关、国家安全机关、司法行政机关的工作人员;(二)执业律师、基层法律服务工作者等从事法律服务工作的人员;(三)因其他原因不适宜担任人民陪审员的人员。"]	经所在法院会同同级司法行政机关查证属实的,应当由法院院长提请同级人大常委会免除其人民陪审员职务; 人民陪审员被免除职务的,人民法院应当将免职决定通知被免职者本人,将免职名单抄送同级司法行政机关,并逐级报高级人民法院备案,同时向社会公告。相关司法行政机关应当将免职名单逐级报省级司法行政机关备案。

表 6－4　有关人民陪审员惩戒机制改革的规定

文件	惩戒事由	惩戒方式
《陪审制度改革试点办法》（2015 年 5 月）	（1）在人民陪审员资格审查中提供虚假材料的； （2）一年内拒绝履行陪审职责达三次的； （3）泄露国家秘密和审判工作秘密的； （4）利用陪审职务便利索取或者收受贿赂的； （5）充当诉讼掮客，为当事人介绍律师和评估、鉴定等中介机构的； （6）滥用职权、徇私舞弊的； （7）有其他损害陪审公信或司法公正行为的	除按程序免除其人民陪审员职务外，可以采取在辖区范围内公开通报、纳入个人诚信系统不良记录等措施进行惩戒；构成犯罪的，依法移送有关部门追究刑事责任。

（一）退出机制改革

退出机制改革情况主要表现在：首先，免除程序仍沿用《关于完善陪审制度的决定》的规定[1]，免除后的通知、抄送、备案、公告程序有别于《选任、培训、考核工作实施意见》[2]，无须再将免职决定书面通知被免职者所在单位、户籍所在地或者经常居住地的基层组织。其次，免除事由增加陪审员在任职期间发生主体不适格的情形[3]以及依申请免除的情形，并设置兜底条款。另外，还规定了人民陪审员在选任、履行职务期间发生七类违法行为[4]，查证属实的也要被免除职务。

（二）惩戒机制改革

首先，惩戒事由依附于免除事由。对人民陪审员在选任、履行职务

〔1〕参见《陪审制度改革试点办法》第 26 条、《关于完善陪审制度的决定》第 17 条。

〔2〕参见《陪审制度改革试点办法》第 26 条、《选任、培训、考核工作实施意见》第 19 条。

〔3〕参见《陪审制度改革试点办法》第 26 条。

〔4〕参见《陪审制度改革试点办法》第 27 条。

期间发生的七类违法行为,规定需要免除职务的,可进行惩戒,由此明确了七类惩戒事由。其次,关于惩戒措施的种类。由于涉及限制人身自由的强制措施和处罚属于法律保留事项,因此仅规定在辖区范围内公开通报、纳入个人诚信系统不良记录等惩戒措施,构成犯罪的应依法移送有关部门追究刑事责任;另外,没有延续《选任、培训、考核工作实施意见》规定的可由基层人民法院书面建议人民陪审员所在单位依照有关规定给予处分的措施。

总之,本次试点改革在顶层设计上,从免除主体、程序、事由、免除后的公告备案等程序方面完善了退出机制;从惩戒事由、惩戒方式等方面搭建了惩戒机制框架。惩戒机制的初步建立符合权利义务相统一的原则,有助于规范人民陪审员的履职行为,但惩戒主体、惩戒程序的内容还不够明晰,《陪审制度改革试点办法》也未对职责豁免机制作出细化规定。

三、人民陪审员退出和惩戒机制改革试点

通过对试点地区的实证考察,我们发现,人民陪审员退出与惩戒机制改革还没有完全落地,退出、惩戒机制试点效果尚未显现。试点期间,除少数不符合条件的人民陪审员被免职外,试点并未取得比较成熟的经验。

(一)退出机制改革试点

1. 满足条件时启动退出程序

访谈材料:

问:贵院是否设立了奖惩机制,是怎样具体规定的?在陪审员的退出方面,贵院是如何规定的?有无免除陪审员职务的情形?

某主任(西南C市L区人民法院陪审办主任):主要是通过"履职表"来考核陪审员,法官每次庭审后会对陪审员的表现打分,书记员录入电脑之后,系统会自动生成,最后进行通报。关于退出,主要是陪审员自愿退出,比如说因为身体生

病,或者搬离原居住地无法参审,我们将这些情况记录在案,达到一定人数的时候,向人大提免。说到免除职务,我们就很尴尬了,我们并没有权力免除陪审员的职务,只有建议权。

问:选出来的陪审员是怎样参与具体案件的审理呢?

某主任(东南F省L市Y区人民法院陪管办主任):我们是分片区选用陪审员,基本上一个片区就是一个法庭的辖区。我们区分三个片区,各个片区的法庭的案件由各个片区的陪审员参与审理。你现在可以看到,我们办公室摆放的联网电脑,各个片区陪审员怎么在电脑上选出来的,一目了然。我们的陪审员数量当时说是法官的四倍,后来又增加为五倍,确实是有点多,而且我们每年都要进行检查,就是通过选任的那五项关卡检测陪审员是否依旧符合要求,这基本上就是我们建立的退出机制。

《陪审制度改革试点办法》仅规定可免除人民陪审员职务的条件,但对何时提请免除没有具体规定。在调研中,我们了解到,西南C市L区人民法院将自愿退出的陪审员记录在案,达到一定人数的时候,就向人大提请免职。东南F省L市Y区人民法院陪管办主任表示,每年都会对人民陪审员是否还符合任职条件进行检查,从而启动退出机制。可见实践中,法院一般以"满足一定的符合免除条件的人数要求""每年特定时间对人民陪审员是否还符合条件进行检查"等为条件启动免除程序。

2. 搁置提请免除程序,依赖自动免除

访谈材料:

问:你们这是否有被取消资格的陪审员呢?

某庭长(西北S省H市中级人民法院立案庭庭长):有几个调离的和死亡的,但是因为取消资格的程序也要经过人大,挺麻烦的,本来应该及时做这项工作的,但是今年适用陪审的案件比较少,加上不影响正常抽选工作,所以还没有做。

问:那您觉得有没有必要设立一个陪审员的退出机制呢?

某法官(西南C市L区中级人民法院行政庭法官):……我们确认了合议庭组成模式之后,也会提前跟陪审员沟通,至少问他有没有时间安排,确认有时间后,我们才发给当事人传票。如果陪审员在开庭前,未向我们主审法官打招呼说明他不能来,导致案件不能审理的,我们会将该陪审员拉入黑名单。今后遇到类似的案件,再抽到他,会直接将他排除。这主要针对的是确定了开庭时间后,因有事或者没事不参审,而不提前通知法院的。

由于免除程序烦琐,试点法院适用意愿不强,对于未提前告知或无理由临时不参审的人民陪审员,只是在下次随机抽选中直接排除该陪审员,而不提请免除其职务。在调研中,我们还了解到,华北B市D区人民法院因人民陪审员免职程序烦琐,在剩余人民陪审员数量足够,不影响正常工作时,一般不提请区人大常委会免除,而是待人民陪审员任期届满后任其职务被自动免除。

我们还发现,在《陪审制度改革试点办法》未规定启动退出程序的刚性条件时,试点法院一般采用消极搁置免除程序、自行排除使用特定人民陪审员等非正式方式,将不符合条件的人民陪审员排除出使用范围,待任期届满后再自动免除其人民陪审员职务。

3. 自行明确人民陪审员退出事由

访谈材料:

问:对陪审员有没有退出和惩戒的机制?有没有施行过?

某法官(东南F省L市中级人民法院法官):有的。比如,违反审判纪律,泄露审判秘密;每年参审的案件数量不达标就可能会被免除职务。好像没有施行过,具体的我也不清楚。

在实践中,部分试点法院自行细化《陪审制度改革试点办法》"其他不宜担任陪审员的情形"的兜底规定,以"一定时期内参与陪审案件数量是否达标"为标准,设定时限及参审数量标准,对没有达标的免除其陪审员职务。另外,从调研中获知,S市W区人民法院明确规定人民陪审员连续两年参与陪审案件数量低于4件的,提请区人大常委会免除其职务。

(二)惩戒机制改革试点

规范人民陪审员履职行为一直是实践中的难点,本次试点改革对此作出回应。《陪审制度改革试点办法》对惩戒事由及惩戒方式作出明确规定,意图以此为出发点,逐渐探索、完善惩戒机制。但从试点情况来看,制度设计效果似乎还未完全显现。

> 访谈材料:
>
> 某主任(东南F省L市Y区人民法院陪管办主任):……陪审员不像法官审过这么多的案件。我们法官有一个基本的判断,不会那么容易相信当事人的陈述。没有惩戒机制,陪审员就可以随心所欲了,有的时候还发现有熟悉的亲戚去向陪审员说情……
>
> 问:如果您去培训新陪审员,您会给出哪些建议呢?
>
> 某庭长(华东J省S市W区人民法院少年庭庭长):……第三个肯定还是要讲一下法官的职业道德。因为他们坐在这里就相当于法官了,需要他们用职业道德约束自己。上升到法律,好像纪检也对法官没有什么惩戒方式,我认为职业道德方面的惩戒规定还是有必要的。

从调研中获知,试点期间虽然有个别法院探索建立了惩戒机制,有的法院内部已有关于惩戒的规定,比如F省L市中级人民法院规定对泄露审判秘密的要进行惩戒,但试点法院普遍没有对惩戒机制的建立予以足够的关注。

四、改革试点中存在的问题

(一)人民陪审员退出机制改革试点存在的问题

1.启动退出程序随意性强。《关于完善陪审制度的决定》早就对退出机制作出规定,但十余年来的实践情况并不乐观。在2014年的调研中,针对“你院是否已实施人民陪审员退出机制,免去部分人民陪审员的职务?"问题,我们对基层人民法院进行了问卷调查,结果显示,在受调查的124个基层人民法院中,仅有69个法院适用过退出机制,尚有近一半的法院未曾适用该机制。

改革后,情况依然没有明显改观。从试点情况来看,法院对是否启动退出机制表现出较大的随意性,由于规范层面没有作明确规定,试点法院对是否启动和何时启动重视程度不一,具体启动方式也视自身条件而定。

2. 法院对人民陪审员管理松散或导致因不当履职行为而退出的情形畸少。

> 访谈材料:
>
> 问:现在陪审员有退出机制吗?
>
> 某陪审员(华北B市D区人民陪审员):有。一是工作太忙,没有时间履职,是陪审员本人提出来的;二是陪审员的身体原因,有重大疾病无法胜任的;三是表现不好的。对于表现不好的陪审员的退出,我们也是很慎重的。法官会将开庭时表现不好的陪审员的情况反映给我们,我们会私下与陪审员进行沟通、谈话。改正了的,让其继续担任;对于屡教不改的就开除,开除的还是比较少的。
>
> 问:现在有退出机制吗?
>
> 某陪审员(华北B市D区人民陪审员):有的,但要自己申请,主要是身体原因或工作原因。
>
> 问:在管理上有陪审员退出机制吗?
>
> 某副局长(东南F省L市Y区司法局副局长):有的,有两种。一种是陪审员因为工作调动不能履职的,像有些调到人大的,有些调出法院管辖区域的,这个没办法,他个人提出申请,由法院批准。还有一种是在担任人民陪审员之后被刑事处罚的,我们会主动处理,不让他再担任人民陪审员。

试点反映出《陪审制度改革试点办法》相关规定落实不全面,已经适用的免除事由主要为依申请免除、拒绝履行陪审职责、因受刑事处罚、任期届满自动免除，对于其他因职务禁止、受社会否定性评价（除受刑事处罚）、违法审判行为等事由均未涉及。至于为何未涉及，我们认为并非现实中不存在相关情况，而是由于实践中适用退出事由免除职务具有被动性，没有建立起人民陪审员任职条件的定期核查机制。

3. 退出程序操作性不强制约制度适用。

> 访谈材料：
>
> 问：关于陪审员试点改革，基层的意见其实很重要，我们很想听听你们的高见？
>
> 某主任（东南F省L市Y区人民法院某主任）：……像我们这边，你没来就没来，连续3次无特殊原因不来的启动退出机制。这种从字面上讲是很严格的，但是实际操作难度比较大。特殊原因就很不好解释，他每次不来都有特殊原因，启动这个程序一是麻烦，二是可操作性差……

根据《陪审制度改革试点办法》第26条、第27条的规定，免除人民陪审员职务需由人民陪审员所在法院会同同级司法行政机关查证属实，再由法院院长提请同级人大常委会免除。该程序涉及同级司法行政机关、同级人大常委会多方主体，较为烦琐。在程序适用上，《陪审制度改革试点办法》对启动时间、条件又无强制性规定，导致试点法院主动适用的意愿都不高。

4. 退出机制由法院主导，同级司法行政机关职责虚置。

> 访谈材料：
>
> 问：陪审员辞职退出后法院会反馈信息给司法局吗？
>
> 某局长（西北S省X市司法局局长）：法院每年都会把陪审员的信息反馈给我们，但是时间周期会很长，一年就只有一次，不会很及时。说实话大部分工作是他们在做，他们又很忙，因此我们的配合也就非常少，也很不及时。
>
> 问：司法行政机关是否参加了人民陪审员的管理？主要是参与哪些环节？

某主任(西南C市L区人民法院陪审办主任):在管理这方面,司法行政机关没有参与;但是在陪审员的选任和退出方面,我们会联合司法局、人大和公安局等部门。

问:陪审员的培训也是由司法局负责吗?

某科长(华东J省S市某基层司法所科长):我不太清楚。以前我们是从来不管的,后面这项工作就和我们没关系了,选完以后我们没有再跟进,哪些人是人民陪审员我们都不知道的,就是司法所也不知道我们全镇有多少人民陪审员。

问:这些你们都是不知道的吗? 都不会给你们一个反馈吗?

某科长:没有。

问:后期也不会对他们进行管理?

某科长:我们工作只能做到这一步,后面的不知道。

依据《陪审制度改革试点办法》的规定,对于免除人民陪审员职务,同级司法行政机关应与人民陪审员所在法院共同查证属实。但从实际情况来看,司法行政机关主要参与人民陪审员选任和培训工作,在退出环节参与度低。有司法行政机关人员表示,法院每年会将人民陪审员辞职退出的情况反馈给司法局,但周期较长,辞职申请也仅由法院审批。有的地区司法行政机关甚至在选任程序结束之后就没有再跟进人民陪审员的管理工作。可见,在退出机制中,查证职责主要由法院履行,司法行政机关发挥的作用有限。

(二)人民陪审员惩戒机制改革试点存在的问题

1.惩戒机制试点效果没有显现

虽然《陪审制度改革试点办法》对惩戒事由、措施作了规定,但我们在调研中并没有获得试点法院采取惩戒措施的案例,即使有“一年内拒绝履行陪审职责达三次”的情况发生,试点法院也未对其进行惩戒。另外,有学者在对我国西部S省21家法院进行调研后,也表示:“有的试点法院在制定的具体实施细则中,甚至把这种职务免除后可以进行的惩戒升格为必须进行的惩戒。但即便这样,实践中依然没有惩戒的先例。"[1]

究其原因，或与《陪审制度改革试点办法》中惩戒机制的主体、程序规定缺失有关。总之，惩戒机制落实情况与改革预期不符，惩戒机制似乎没有对人民陪审员的履职行为起到应有的约束作用。

2. 惩戒方式缺乏着力点

> 访谈材料：
>
> 某法官（西北S省X市Y区人民法院法官）：我认为，如果对陪审员没有制约措施的话，陪审员的责任意识和积极性都不够，就不能从根本上解决"陪而不审"的问题。我觉得要解决这个问题，就要规定陪审员应该对案件事实的认定负责，有真正意义的制约措施，但是怎么样考核和制约是难点。退出机制对陪审员的约束也不够，而且他们也未必愿意付出这么多，从而影响他们参与的积极性。

在调研中，有访谈对象提出："由于实行随机选任，被选任的陪审员职业尊荣感不强，履职随意性强，不会珍惜这份职业。"[2]针对陪审中一直存在的"任而不陪""陪而不审"等消极履职现象，有法官表示，对陪审员还缺乏"有真正意义的制约措施"。将《陪审制度改革试点办法》规定的"免除职务""公开通报""纳入个人诚信系统不良记录"方式与实践中出现的消极履职现象普遍、惩戒机制运用缺失等现实联系起来看，惩戒措施似乎没有发挥对人民陪审员履职行为应有的规范、约束作用。究其根源，或因现有惩戒方式尚未触及人民陪审员的个人利益，威慑力有限。甚至职务的免除与否，对有些人民陪审员来说都是无所谓的。

---

〔1〕 姚剑：《文本与实践中的人民陪审员退出与惩戒机制》，载《昆明理工大学学报（社会科学版）》2018年第2期。

〔2〕 东南F省L市中级人民法院法官。

3. 惩戒程序欠缺可操作性

访谈材料:[1]

问:刚才您说的陪审员有其他的违纪违规情况,最严重的惩戒就是免除职务。除此以外,还有没有其他追究责任的方式?

某副院长:如果发生了犯罪的情形,比如收受贿赂达到一定的数额,我们可以提请司法机关处理。如果其身份是政协委员,我们可以向政协委员会建议,免除其政协委员的资格;如果是公职人员,可以对其进行纪律处分,如城管局的干部在法院陪审期间有受贿行为,我们就会向城管局建议,即使没有达到法定犯罪数额的起点,其单位或组织也可以从党内、行政监察方面作出处理。所以,惩处措施有很多种。我们法院对人民陪审员采用松散型的管理模式,与司法局一起管理,最严厉的措施应该就是提请人大对其免职。

本轮试点改革前,依据《选任、培训、考核工作实施意见》的规定,实践中对人民陪审员的惩戒方式为"可以由基层人民法院书面建议其所在单位依照有关规定给予处分"[2]。我们在2014年组织的调研中获知,有的法院会向相关单位提出建议。彼时惩戒方式所倚赖的程序简单,法院仅需提出建议即可,无须考虑给予何种处分以及相应处分的轻重程度是否合适。但在本轮改革中,《陪审制度改革试点办法》规定的惩戒方式有所不同。在方式上,"纳入个人诚信系统不良记录"或可对被惩戒人的实质性权利造成影响;在主体上,要求由法院会同同级司法行政机关查证,但未明确具体由谁实施惩戒。在实践中,由于涉及多方主体,法院似不宜单独对惩戒机制作出细化规定,而联合司法行政机关又存在协调配合不易、程序烦琐等问题,故惩戒机制的实践探索或由于主体职权不明、缺乏主导机构定位仍处于被动状态。

---

〔1〕 廖永安、刘方勇主编:《谁的陪审?——人民陪审访谈录》,中国人民大学出版社2018年版,第4页。

〔2〕 参见《选任、培训、考核工作实施意见》第17条第2款。

第二节　《人民陪审员法》关于退出和惩戒的规定及其解读

一、《人民陪审员法》关于退出和惩戒的规定

《人民陪审员法》第27条以法律的形式确立了人民陪审员退出和惩戒机制。值得注意的是，通过比较《人民陪审员法》《陪审制度改革试点办法》《关于完善陪审制度的决定》等相关规定，我们发现《人民陪审员法》保留了原有的对退出程序的相关规定，但对退出事由、惩戒方式作了调整，对惩戒事由进行了限缩，事实上仅细化了退出机制，惩戒机制仍未完全建立。2019年4月，最高人民法院、司法部出台了《人民陪审员培训、考核、奖惩工作办法》，对相关规定涉及的退出程序和惩戒方式进行了细化。（见表6－5、表6－6）

表6－5　关于人民陪审员退出机制的规定

<table>
<tr><th>文件</th><th>退出事由</th><th>退出程序</th></tr>
<tr><td>《人民陪审员法》（2018年4月）</td><td rowspan="2">本人因正当理由申请辞去人民陪审员职务的；
（1）具有《人民陪审员法》第6条、第7条所列情形之一的；
（2）无正当理由，拒绝参加审判活动，影响审判工作正常进行的；
（3）违反与审判工作有关的法律及相关规定，徇私舞弊，造成错误裁判或者其他严重后果的。
［《人民陪审员法》第6条规定：“下列人员不能担任人民陪审员：（一）人民代表大会常务委员会的组成人员，监察委员会、人民法院、人民检察</td><td>经所在基层人民法院会同司法行政机关查证属实的，由院长提请同级人大常委会免除其人民陪审员职务。</td></tr>
<tr><td>《人民陪审员培训、考核、奖惩工作办法》（2019年4月）</td><td>第26条　人民陪审员任期届满后职务自动免除，基层人民法院应当会同司法行政机关在其官方网站或者当地主流媒体上予以公告，无须再提请同级人民代表大会常务委员会免除其人民陪审员职务。</td></tr>
</table>

续表

文件	退出事由	退出程序
	院、公安机关、国家安全机关、司法行政机关的工作人员;(二)律师、公证员、仲裁员、基层法律服务工作者;(三)其他因职务原因不适宜担任人民陪审员的人员。" 第7条规定:"有下列情形之一的,不得担任人民陪审员:(一)受过刑事处罚的;(二)被开除公职的;(三)被吊销律师、公证员执业证书的;(四)被纳入失信被执行人名单的;(五)因受惩戒被免除人民陪审员职务的;(六)其他有严重违法违纪行为,可能影响司法公信的。"]	人民陪审员任期届满时,其参加审判的案件尚未审结的,可以履行审判职责到案件审结之日。 第27条　人民陪审员有人民陪审员法第二十七条规定情形之一的,经所在基层人民法院会同司法行政机关查证属实的,由院长提请同级人民代表大会常务委员会免除其人民陪审员职务。 第28条　人民陪审员被免除职务的,基层人民法院应当书面通知被免职者本人及其所在单位、户籍所在地或者经常居住地的基层群众性自治组织、人民团体,同时将免职名单抄送同级司法行政机关,基层人民法院、司法行政机关应将免职名单逐级报高级人民法院、省级司法行政机关备案。

表6－6　关于人民陪审员惩戒机制的规定

<table>
<tr><th>文件</th><th>惩戒事由</th><th>惩戒方式</th></tr>
<tr><td>《人民陪审员法》（2018年4月）</td><td rowspan="2">无正当理由，拒绝参加审判活动，影响审判工作正常进行的；
违反与审判工作有关的法律及相关规定，徇私舞弊，造成错误裁判或者其他严重后果的</td><td>可以采取通知其所在单位、户籍所在地或者经常居住地的基层群众性自治组织、人民团体，在辖区范围内公开通报等措施进行惩戒；构成犯罪的，依法追究刑事责任。</td></tr>
<tr><td>《人民陪审员培训、考核、奖惩工作办法》（2019年4月）</td><td>第29条　人民陪审员有人民陪审员法第二十七条第一款第三项、第四项所列行为，经所在基层人民法院会同同级司法行政机关查证属实的，可以采取通知其所在单位、户籍所在地或者经常居住地的基层群众性自治组织、人民团体，在辖区范围内公开通报等措施进行惩戒。
第30条　人民陪审员有人民陪审员法第二十七条第一款第四项所列行为，由所在基层人民法院会同同级司法行政机关进行查证；构成犯罪的，依法追究刑事责任。</td></tr>
</table>

1. 在原有退出机制框架下完善退出事由。根据《人民陪审员法》的规定，人民陪审员的免职主体、免职程序仍然沿用《关于完善陪审制度的决定》《陪审制度改革试点办法》的规定。在免除事由上，扩充了除外事由，明确公证员、仲裁员不能担任人民陪审员；在因社会否定性评价而禁止任职的情形中，增加被吊销律师、公证员执业证书的人员，并设置兜底条款；对于无正当理由拒绝履行参审义务以及违法违规审判行为造成相应后果的，可直接免除其职务。

2. 调整惩戒事由。将惩戒事由从《陪审制度改革试点办法》的七项调整为两项，即无正当理由拒绝履行参审义务，影响审判工作正常进行；发生其他违法违规审判行为，并导致错误裁判或者其他严重后果。两项事由的成立都要求发生影响审判工作或错误裁判等实质性结果。

3. 分层次规定惩戒方式。将惩戒方式调整为三个层次，第一个层次是较小范围的通报，包括其所在单位、户籍所在地或者经常居住地的基层群众性自治组织、人民团体；第二个层次是较大范围内的公示，即在辖区范围内公开通报；第三个层次是对构成犯罪的，依法追究刑事责任。[1]

二、对《人民陪审员法》有关人民陪审员退出规定的解读

（一）规定了任职豁免制度

根据《人民陪审员法》第2条第1款的规定，公民有依法担任人民陪审员的义务。同时根据《人民陪审员法》第27条第1款的规定，人民陪审员因正当理由经申请可免除其职务。该规定实际上确立了人民陪审员任职豁免制度，在一定条件下豁免人民陪审员陪审义务。原因在于，人民陪审员在履职期间，可能由于其他因素导致履职存在明显困难，实践中多表现为年龄过大、工作变动、疾病等，或者因其他正当理由无法履行职责。各国陪审员法也有在特定情形下免除陪审员陪审义务的规定。关于申请免除陪审义务的实践情况，在2014年的调研中，针对"如果你院已实施退出机制，人民陪审员被免职的主要原因是？"这一问题，我们对基层人民法院进行了问卷调查，结果显示55.2%的免职事由都是"人民陪审员申请免除"情形。

（二）增加了职务禁止的法定退出事由

促进司法公正是人民陪审员制度的重要功能。[2] 从案件审判的角度来说，人民陪审员与法官共同作为案件审理者，可以实现普通大众

---

〔1〕 参见《人民陪审员法》第27条。

〔2〕 参见贺小荣、胡夏冰、马渊杰：《我国人民陪审员制度的功能定位和改革路径》，载《人民法院报》2015年4月29日，第5版。

思维与法律职业思维的融合互补，利于查清案件事实，促进法律正确适用。人民陪审员以普通群众的身份进入审判领域，就应以“法律外行”的角色本位对案件进行审理。将具有法律职业思维的职业从人民陪审员的选任范围中排除出去，可以“避免人民陪审员与法官的同质化，较好地实现法官职业思维与大众思维优势互补的制度功能”[1]。具体而言，《人民陪审员法》适应国家监察体制改革，在职务禁止情形中增加监察委员会的工作人员；另外，根据法律职业资格制度改革精神和实践情况，将公证员和仲裁员纳入因职务原因而禁止选任的范围。

（三）增设因受社会否定性评价而不得担任人民陪审员的情形

提升司法公信力是人民陪审员制度的现实需要。[2] 人民陪审员需要以审理者、裁判者的角色参与司法审判，这必然对人民陪审员提出特定的角色要求，即能公平公正、不偏不倚地对案件进行审理。对于有关行为已经受到社会否定性评价的，说明其已不符合社会公众对其人民陪审员角色的期待，其能否公正地参与案件审理已经受到严重的质疑。出于维护司法公信、审判公正的需要，有必要将已经受到社会严重否定性评价的人排除出去。《人民陪审员法》在《关于完善陪审制度的决定》《陪审制度改革试点办法》的基础上，总结试点经验，新增“被吊销律师、公证员执业证书”“因受惩戒被免除人民陪审员职务”“其他有严重违法违纪行为，可能影响司法公信”的人不得担任人民陪审员的规定。[3]

（四）规定了无正当理由拒绝履职即可免除职务

关于拒绝参审免除职务的情形，虽然《陪审制度改革试点办法》曾对《关于完善陪审制度的决定》的规定作出调整，但是《人民陪审员法》最终沿用了《关于完善陪审制度的决定》的规定，没有采纳“一年内拒绝履行陪审职责达三次”的事由，直接规定无正当理由拒绝履职即可

---

〔1〕 参见最高人民法院政治部：《〈中华人民共和国人民陪审员法〉条文理解与适用》，人民法院出版社 2018 年版，第 307 页。

〔2〕 参见贺小荣、胡夏冰、马渊杰：《我国人民陪审员制度的功能定位和改革路径》，载《人民法院报》2015 年 4 月 29 日，第 5 版。

〔3〕 参见《人民陪审员法》第 7 条。

免除职务。原因可能有四:首先,《人民陪审员法》将公民参审确定为公民义务,这就意味着,在怠于履行参审职责影响审判活动正常进行的情况下,其已经违背参审义务,故可免除其职务。其次,审判资源是有限的,人民陪审员的拒绝参审行为对审判程序正常进行带来不当影响,并造成审判资源浪费,耗费时间成本。再次,在已确定开庭审理的情况下,人民陪审员作为审理者无故不到庭会对司法公信力造成负面影响。最后,试点经验表明人民陪审员只要无故缺席一次庭审,法院一般不会再将其选定为个案陪审员,无须达到三次。故而,直接规定拒绝参审即可免除职务有其合理性。

三、对《人民陪审员法》有关人民陪审员惩戒规定的解读

(一)回应社会需求,构建惩戒机制

访谈材料:

问:陪审员是否应该对案件负责?

某处长(东南F省L市中级人民法院政治部某处长):享受权利就要承担义务,但目前约束的架构这一块比较少,对陪审员的监督制约、惩戒机制可能比较少。权利与义务应当对等,陪审员应该和审判人员一样,在履职过程中同样要承担责任,因为具有与审判人员同样的权利。

问:在现行的法律框架下,我们应该对陪审员制度进行怎样改革呢?

某律师(西南C市W律师事务所律师):……要让陪审员的权利和义务相对等。假如人民陪审员与某一个案件有一定的关联,可能我们不知道,因为绝大部分都不关注陪审员,陪审员没有责任意识,很多陪审员也是这样认为的,最主要还是在认定事实方面让他们自己行使权利。我认为一个制度的形成应该有惩戒机制,行使权利之后,违背了义务就应当有惩戒,违背的义务不能是大原则方面的,应该是每一条每一款都规定得很详细清楚,权利要和义务相一致,这样才能使制度更完善。

《陪审制度改革试点方案》首次正式提出要“建立对人民陪审员无正当理由拒绝履行陪审职责,损害陪审公信或司法公正等行为的惩戒制度”,随后《陪审制度改革试点办法》要求探索建立惩戒制度,规定了七项惩戒事由、两种惩戒方式。在我们的调研访谈中,不少访谈对象反映对人民陪审员拒不履行或不当履行参审职责的行为缺乏有效惩戒措施,均表示需要建立惩戒机制,规范人民陪审员的履职行为。

此次《人民陪审员法》第 27 条以立法的形式确立了人民陪审员惩戒制度,回应了社会需求,重点规定惩戒事由,明确惩戒事由的成立要以结果为导向,包括拒绝履行职务行为及违法违规行为,应当具有“影响审判工作正常进行”“造成错误裁判或者其他严重后果”的结果,初步构建了惩戒机制。如何建立惩戒机制,一直是实践和立法的难点。本次立法吸收试点经验,将《陪审制度改革试点办法》规定的七种惩戒事由缩减为两种,调整具体惩戒方式,体现了渐进发展、探索发展的立法思路。

(二)惩戒事由独立性不足

首先,惩戒事由依附免除事由,范围有限。相较于《陪审制度改革试点办法》,本次立法有关惩戒事由的调整依附于免除事由的调整。从试点反映的情况来看,由于惩戒机制在实践中并未得到有效的检验,故本次立法虽然形式上变动较大,但实质是限缩了惩戒事由。其次,在惩戒方式上,立法没有吸收《陪审制度改革试点办法》关于“纳入个人诚信系统不良记录”的规定,而是规定“通知其所在单位、户籍所在地或者经常居住地的基层群众性自治组织、人民团体”,从力度上看,前者大于后者;但或由于我国统一的诚信系统尚未建立,“纳入个人诚信系统不良记录”的方式暂时还无法推行,故而回归到“通知”惩戒的方式。最后,在惩戒主体、惩戒程序上,立法规定依然不够清晰。以上各项,或许均有缺乏试点经验的原因,但也不乏其他因素的制约。

四、司法责任制背景下构建人民陪审员惩戒机制

审判主体是诉讼的基本构成要素,我国《人民法院组织法》《刑事诉讼法》《民事诉讼法》《行政诉讼法》等对于审判主体规定了一系列的

制度和程序。在现有的法院组织与诉讼制度框架下,行使司法裁判权的审判主体不仅包括依《法官法》选拔、任命的职业法官[1],也包括依《人民陪审员法》从符合条件的公民中遴选的人民陪审员这一非职业审判主体。从审判权实际行使者的角度而论,职业审判主体和非职业审判主体均扮演着审理者与裁判者的角色。审判责任追究是审判主体制度的重要内容,也是本轮司法责任制改革的核心内容之一。对于法官应承担何种审判责任,相关规范性文件对责任追究主体、事由、方式、程序等已作出较为明晰的规定。在法官审判责任追究制度既定的情况下,应否追究、如何追究人民陪审员的审判责任,还需进一步研究。

为了充分了解各主体对人民陪审员审判责任承担的态度,针对"您认为人民陪审员是否应该像法官一样对案件结果负责?"的问题,我们对法官、检察官、律师、人民陪审员进行了问卷调查,结果显示,法官、检察官、律师、人民陪审员认为人民陪审员"应该像法官一样对案件结果负责"的比例分别为 67.2%、51.7%、63.7%、55.8%。(见表 6－7)此前,在 2014 年,我们针对"您认为是否有必要对人民陪审员进行错案追究?"的问题,同样对人民陪审员进行了问卷调查,结果显示有 53.1% 的人民陪审员认为有必要建立错案追究机制。在两次问卷调查中,人民陪审员的肯定性回答比例相当。值得注意的是,超过 50% 的人民陪审员也认为应当追究审判责任。在访谈中,我们获得的有效信息也与问卷调查显示的结果一致。

访谈材料:

问:您觉得陪审员制度有哪些需改进的方面?

某法官(西南 C 市 L 区人民法院行政庭法官):……陪审员是合议庭组成人员,对外来说,他就是人民法院审判组织的

---

[1] 在我国,职业审判主体包括独任审判庭、由职业法官组成的合议庭和审判委员会在内的审判组织,而不是其他个人和组织。根据现行《法官法》的规定,职业审判组织的组成人员主要是依《法官法》选拔、任命的法官,包括助理审判员、审判员、审判委员会委员、副庭长、庭长、副院长、院长。党的十八届三中全会以来,围绕职业审判主体,推进了一系列改革,如员额制改革、司法责任制改革。

一员,一定意义上代表了法院的形象。如果陪审员不遵守与法官相同的职业要求,是指工作方面的纪律要求,比如迟到早退、无理由不到庭等,又有什么样的处理措施呢?这在制度层面来说是需要逐步完善的。

问:有人说,既然给了陪审员参审的权利,能不能也对人民陪审员进行错案追究呢?

某陪审员(华东J省S市W区人民陪审员):陪审员可以适当地承担事实审部分的责任。如果当时确实作出了一个不符合事实的认定的话,应该为事实部分承担一定的责任。这也会促使陪审员更加认真地履行自己的义务。关于奖励和惩罚,每个陪审员都有自己的工作单位,可以告知其工作单位。

表6-7　您认为人民陪审员是否应该像法官一样对案件结果负责?(法官卷/检察官卷/律师卷/人民陪审员卷)

单位:人次、%

内容		法官		检察官		律师		人民陪审员	
		频率	有效百分比	频率	有效百分比	频率	有效百分比	频率	有效百分比
有效	应该	211	67.2	89	51.7	320	63.7	407	55.8
	不应该	54	17.2	51	29.7	112	22.3	204	28.0
	不好说	49	15.6	32	18.6	70	13.9	118	16.2
	合计	314	100	172	100	502	100	729	100
无效	缺失	0	—	0	—	2	—	22	—
总计		314	—	172	—	504	—	751	—

调查结果显示,各主体更倾向于认为,在人民陪审员行使与法官相同职权的前提下,其应与法官承担相同的责任。但人民陪审员作为非职业法官,从其功能作用、裁判权行使基础、选任条件等方面来看,其与职业法官又有本质的不同,其责任追究方式显然应与职业法官有明显差别。在司法责任制背景下,如何探讨人民陪审员惩戒制度,还需进一

步研究。

第三节　完善人民陪审员退出和惩戒机制的建议

一、域外陪审员退出和惩戒机制考察

（一）英美法系陪审员的退出和惩戒机制

1. 英国陪审员的退出和惩戒机制

（1）退出机制

在英国，通过随机的方式从陪审员名单中选出陪审员后，陪审员可以申请或由案件的诉讼双方申请免除其任职资格。申请免除的事由包括身体原因、因工作确无时间、生活原因等，法律作了详细列举。陪审团组成后，法官有权解除个别陪审人员的职务。在英格兰的刑事诉讼中，法官有权裁量决定解除3名陪审员的职务，让剩下的陪审人员对案件继续进行审理。在特定情况下，法官有权解散整个陪审团，解散陪审团是法官的裁量权。陪审团解散后，要组成新的陪审团继续进行审判。

（2）惩戒机制

近年来，英国出现了大量涉及陪审员不当行为的案件。例如，审理案件时进行娱乐活动、藐视法庭、自行对证据进行证明或自行收集法庭之外的证据等。在实践中，对于实施不当行为的陪审员的惩戒措施各有不同，根据英国陪审团法规定，如果陪审员在案件审理期间擅自对案件进行调查，其行为构成犯罪。

2. 美国陪审员的退出机制

美国实行“一案一选”制度，在通过随机的方式确定特定审判中的陪审人员名单后，要进行预先审核，该程序包括询问陪审人员的背景情况、个人态度等，以了解其是否可以成为公正无私的陪审人员；另外，还给予律师申请陪审员回避的机会，申请包括“有因回避”和“无因回避”两种。有因回避的目的，是将那些没有资格担任陪审人员或者不能成为公正无私的陪审人员的人从陪审团中除名。无因回避是律师要求候选陪审人员回避而无须作出任何解释的回避制度，这一制度被认为是

被告所拥有的重要权利之一。[1] 总之，通过预先审核程序，一部分陪审人员会被免除职务。另外，当法庭审判开始后，正式的陪审团成员因生病、丧失能力或其他原因不能参与陪审时，其职务也会被免除，美国的法院通常会挑选候补陪审人员替代这些陪审人员。

3. 我国香港特别行政区陪审员的退出和惩戒机制

(1)退出机制

在我国香港特别行政区，对陪审员的免职由司法常务官负责，注重通过申请的方式核查是否符合陪审员资格，同时保留司法常务官免除陪审员职务的权利。此外，法庭也有权解除陪审员的职责。

根据《陪审团条例》的规定，司法常务官需在每年 10 月 1 日至 14 日于报刊公布陪审员的临时名单，任何人可在此期间内书面向司法常务官提出申请，依据正当理由要求将其本人或任何其他人姓名从该名单上删除。此外，司法常务官可以将他有理由相信并无资格或并无法律责任出任陪审员、须予豁免出任陪审员或他有理由相信已去世或永久离开香港的任何人的姓名从名单中剔除。在审讯中，法庭觉得此举有利于维护公正或为了该名陪审员的利益，可于陪审团作出裁决之前，解除任何陪审员的职责。另外，陪审团任何成员去世则解除其职责。

对于可豁免陪审义务的职务，我国香港特别行政区《陪审团条例》第 5 条以列举的方式规定得非常详细，包括相关议员、公职人员、外交人员、医生、从事法律相关行业的人、飞行员、学生等。

(2)惩戒机制

我国香港特别行政区对陪审员的惩戒方式主要是罚款和刑事处罚。对于惩戒的事由规定非常详细，比如缺席或虽已到场，但在传唤时没有出庭，或于出庭后，未经法官准许而退席。

(二)大陆法系陪审员的退出和惩戒机制

1. 法国参审员的退出和惩戒机制

(1)退出机制：法国参审员的退出方式包括申请免除与选举委员会决定免除。免除对象包括没有资格担任参审员的人、不得兼任参审

[1] 参见赵宇红：《陪审团审判在美国和香港的运作》，载《法学家》1998 年第 6 期。

员的人,与所审理案件有关系的人。在一定情况下,陪审员也可申请免除参审义务。没有资格担任参审员的主要是受过相关处罚的人或者没有相应行为能力的人,如已被撤免的国家、省及市镇公务员或其代理人、受监护人,根据公共卫生法在精神病院治疗者等。不得兼任参审员的主要是具有法律职业思维的人,如政府成员、法官、监察部门的在职人员等。与所审理案件有关系的人,主要是指在案件中充当一定角色的人,如证人、译员、检举人、鉴定人等。申请免除的主要理由包括年龄、住所地、既往的参审经历等。

(2)惩戒机制:法国的惩戒方式以罚款为主,罚款的事由包括无正当理由而不按时到庭、缺席选任程序、违反保密义务泄露评议内容等。另外,基于违法程度不同还可课以不同程度的罚金,比如无正当理由不按时到庭的,第一次罚款 100 法郎,第二次罚款 200 法郎,第三次罚款 500 法郎且终身剥夺其担任陪审员的资格[1]。此外,对于一些严重违反参审义务的行为,比如违反保密义务,陪审员除了被课以罚金外,还会被判处一年以下的监禁。

2. 德国参审员的退出机制

德国关于参审员退出事由的规定,包含禁止担任参审员的规定与可申请免除陪审义务的事由。根据德国《法院组织法》的规定,有智力障碍或患有影响裁判能力疾病的个人不可担任参审员;有过犯罪记录或近期受到刑事侦查的个人不可担任参审员;从事特定职业的公民,如法官、检察官或执法部门官员等不可兼任参审员。[2] 可申请免除参审义务的事由包括年龄、生活、医疗从业相关人员、司法年度内已参审一定数量案件、任期届满等事由。

(三)俄罗斯陪审员的退出和惩戒机制

1. 退出机制

根据《俄罗斯联邦刑事诉讼法典》的规定,担任审判长的法官在审

---

〔1〕 参见《法国刑事诉讼法典》,余叔通、谢朝华译,中国政法大学出版社 1997 年版,第 119 页。

〔2〕 参见施鹏鹏:《陪审制研究》,中国人民大学出版社 2008 年版,第 175 页。

理案件时可以根据候选人的口头或书面申请将他们从名单中删除,例如,有3岁以下子女的妇女,以及有正当理由不出席审判庭的其他人员。[1] 由此可见,俄罗斯在免除陪审员职务的制度中,同样鼓励预选陪审员申请免除,同时赋予法官决定免除的权利。

2. 惩戒机制

俄罗斯的陪审员惩戒机制以陪审义务为核心,在规定陪审员应当承担何种义务的同时,直接规定如违反上述义务,将被排除出陪审团并被处以罚款。相关义务包括:“必须如实地回答审判长提出的问题,根据审判长的要求提供自己与参加诉讼的其他人之间关系的情况;必须遵守法庭秩序,服从审判长的法律命令;必须准时出席法庭,在审理案件时不得离开法庭;没有审判长的准许,不得与法庭组成人员以外的人联系,不得在法庭外收集案件信息。”[2] 另外,陪审员泄露在履行职务过程中获得的审判秘密的,应当受到刑事处罚。

二、域外陪审员退出和惩戒机制的综述

1. 完善陪审员任职豁免机制。有的域外国家(地区)实行“一案一选”,陪审员被抽选后,有合理的请求事由的,其可申请免除陪审义务。域外国家对可申请免除的事由都作了详细规定,包括多种情形,比如参加考试、正在搬家、正在照顾生病亲属、正在居丧等合理事由。

2. 赋予法官豁免陪审员义务的决定权。虽然域外国家(地区)法官免除权的基础在于“一案一选”制度,但是赋予法官豁免个案陪审员参审义务的权力确实有助于合理选定陪审员,也可合理应对陪审员临时不能参审等突发情况。

3. 广泛运用财产型惩戒方式。域外国家(地区)在强调陪审义务的前提下,对陪审员惩戒方式的规定都较为统一,主要包括免除职务、处以罚款、拘留、承担刑事责任,其中罚款的运用最为广泛。大陆法系、

---

[1] 参见王志华:《转型时期俄罗斯的陪审制度》,载《环球法律评论》2007年第2期。
[2] 参见胡云红:《陪审制度比较与实证研究》,人民法院出版社2014年版,第139~140页。

英美法系国家对于陪审员的不当履职行为，如无正当理由不按时到庭、未经许可擅自离庭、拒绝参加陪审、违法审判等行为，都会科以罚款，罚款数额依行为严重程度而定。从域外经验看，随着陪审权利义务相统一的观念逐步获得社会认同，将罚款作为主要的惩戒方式可能是较佳选项之一。

三、完善人民陪审员退出和惩戒机制的具体建议

退出、惩戒机制是陪审制度不可缺少的一环，建立完善的退出、惩戒机制还需边实践边探索边总结。在进行制度设计时，考虑到制度功能的差异，应当注意将退出、惩戒机制区分对待。退出机制旨在将不符合条件的人民陪审员排除出去；而惩戒机制既有惩罚功能，又有规范人民陪审员履职行为的作用。

根据《人民陪审员法》第27条第1款第3项、第4项的规定，特定情形经查证属实的，须免除其人民陪审员职务，并可进行惩戒。这说明在现有法律框架下，惩戒事由依附于免除事由，如此规定是否能达到规范人民陪审员履职行为的目标？另外，应否规定独立于退出事由的惩戒事由，值得考虑。

调研时，在问及人民陪审员应否承担责任、承担何种责任时，法官、律师、检察官等均表示既希望通过一定的惩戒措施规范陪审员的不当行为，如迟到、早退、无正当理由不到庭等；也应考虑是否追究人民陪审员的案件审判责任，或者说是否应对人民陪审员进行错案追究。基于此，我们拟从审判责任追究、惩戒机制、退出机制三个方面进一步思考。

（一）司法责任制改革背景下人民陪审员的审判责任追究

依循"让审理者裁判，由裁判者负责"的司法责任制改革思路，最高人民法院《关于完善人民法院司法责任制的若干意见》《保护司法人员依法履行法定职责规定》《关于建立法官、检察官惩戒制度的意见（试行）》《关于落实司法责任制完善审判监督管理机制的意见（试行）》《司法责任制实施意见（试行）》等文件对法官的审判责任作了较为系统的规定，确定法官的审判责任范围包括"在职责范围内对办案质量终身负责"以及"法官在审判工作中，故意违反法律法规的，或者

因重大过失导致裁判错误并造成严重后果的,依法应当承担违法审判责任”两类,且责任的承担需以“裁判错误并造成严重后果”为前提〔1〕。但这一系列文件均未涉及人民陪审员的参审职权及责任承担。关于人民陪审员审判责任的追究,《人民陪审员法》仅规定对“违反与审判工作有关的法律及相关规定,徇私舞弊,造成错误裁判或者其他严重后果”的情形要免除职务并可进行惩戒。比较法官与人民陪审员的审判责任可知:首先,人民陪审员不要求“在职责范围内对办案质量终身负责”。其次,在违法审判责任上,法官承担责任的主观条件包括故意和重大过失,而人民陪审员承担责任的主观条件应当是故意,从条文表述上看,是否包含重大过失不能明确。最后,审判责任的承担均以错判、其他严重后果为前提。关于人民陪审员应否承担及如何承担审判责任的问题,具体可从以下三个角度来考虑。

第一,人民陪审员以自身认识、社会经验为依据对案件审理作出判断,即使该判断与依职业法律思维得出的结论不一致,导致认定事实或适用法律错误的,也不应当追究其司法责任。

第二,人民陪审员在审判中故意违反法律法规,如索贿受贿造成错误裁判或者其他严重后果的,应当追究其审判责任,此点毋庸置疑。

第三,人民陪审员在审判中因过失(含重大过失),造成错误裁判或其他严重后果的,或不应追究其审判责任。理由在于,人民陪审员制度以体现司法民主性、提升司法公信力为制度目标。个案陪审员以随机的方式选任、确定,因此人民陪审员在素质能力、社会经验上参差不齐,应允许其基于良心、常识、情理对案件事实或法律适用作出判断,并免于承受由此带来的裁判结果可能不正确的后果。另外,不宜以追究审判责任的方式保障人民陪审员履职行为的正当性,增强责任和义务意识还需通过其他激励措施。否则,加重审判责任追究,将有悖于人民陪审员的制度定位。

---

〔1〕 参见最高人民法院《关于完善人民法院司法责任制的若干意见》第25条。

（二）建构完善的惩戒机制

1. 规定独立的惩戒事由

《人民陪审员法》第 27 条规定了两类惩戒事由，分别是拒绝参审与违法审判，都要以特定结果的发生为前提，且惩戒事由从属于免除事由。为此，可考虑拓宽惩戒事由的范围。

第一，对于除拒绝参加审判的其他违反人民陪审员行为规范的行为，应否纳入惩戒范围值得思考。在现有法律框架下，对人民陪审员迟到、早退、不遵守庭审规范等行为暂未采取任何措施。在调研中，不少被访谈人针对该问题表示，希望对此类行为进行规范，否则将直接影响审判工作。《人民陪审员法》第 2 条规定了公民有陪审的义务，大致包括：依法履行参审职责、严格遵守审判纪律、积极进行法治宣传、遵守回避制度等。可考虑从这些陪审义务着手，建立人民陪审员义务清单，以列表的形式一一列举，便于法院执行。

第二，对于任职豁免，可明确规定在特定情形下免除人民陪审员的参审义务，同时赋予人民陪审员申请豁免的权利。对于实践中人民陪审员因特定正当理由临时不能参审的情况，可考虑赋予法官豁免陪审员义务的权力，赋予法官排除使用个案人民陪审员的权力。

第三，如前所述，宜对在审判中故意违反法律法规，造成错误裁判或者其他严重后果的陪审员追究审判责任。具体包括哪些情形，也可以列表的形式列明，但责任追究要以职权为前提，注意同人民陪审员与法官的职权配置相契合。

2. 以约束力为核心，分层次设定惩戒方式

惩戒方式无约束力将直接导致惩戒机制失去作用。《关于完善陪审制度的决定》《陪审制度改革试点办法》规定的惩戒方式，除免除职务、承担刑事责任外，仅包括建议人民陪审员所在单位依照有关规定给予处分、在辖区范围内公开通报、纳入个人诚信系统不良记录。《人民陪审员法》最终只规定了通知其所在单位、户籍所在地或者经常居住地的基层群众性自治组织、人民团体，和在辖区范围内公开通报两种惩

戒方式。[1] 此前《陪审制度改革试点办法》规定的纳入个人诚信不良记录的方式制约力似乎较强,但其在实践中落地可能还存在不少障碍,《人民陪审员法》也未将此规定吸收进去。《人民陪审员法》惩戒方式单一,惩戒力度有限。由于行为严重程度不同,可考虑依据行为的性质、严重程度,分层次匹配轻重程度不同的惩戒方式。另外,惩戒方式缺乏着力点的问题如何解决? 在访谈中,有人表示,即使看起来严重的“免除职务”都不能对行为人形成约束,甚至有人民陪审员希望自己被免除,这说明惩戒方式的威慑力明显缺失。此次立法虽然没有将“纳入个人诚信系统不良记录”作为惩戒方式,但一旦失信行为关系到个人切身利益,形成事实上的制约,这将是一项成效可预期的惩戒方式,今后仍可探索适用。总之,惩戒方式的探索还需实践经验的积累,但需以能对人民陪审员形成有效制约为导向。借鉴域外国家和地区的经验,探索经济型惩戒措施或可为一种途径。

3. 进一步明确惩戒主体与程序

制度的可操作性直接影响制度适用。《人民陪审员法》没有规定惩戒主体、惩戒程序,此前《陪审制度改革试点办法》也未对此作出规定,调研中试点法院也没有运用惩戒措施的案例。对此,应当建立支撑惩戒机制运行的具体程序,明确惩戒主体。要注意的是,惩戒程序的建立、惩戒主体的确定需与人民陪审员管理、考核等制度相衔接,尽可能在已有框架内解决。

(三)塑造退出程序的刚性

《人民陪审员法》规定的退出机制相较于惩戒机制更加完善,涵盖免职主体、免职程序、免职事由、免职方式等规则,方式上包括主动退出和被动退出。从试点情况来看,退出机制的问题关键在于程序烦琐,以致“难以适用”。在确保人大常委会享有最终免除决定权的前提下,可以考虑赋予法院预先免除的权力。原因在于:第一,人民陪审员的使用、日常管理均由法院主导,虽法律规定“事由查证”需由法院会同同级行政机关进行,但除职务禁止或发生否定性评价的情形可能需要司

[1] 参见《人民陪审员法》第27条。

法行政机关协助外,由于与审判工作有关的行为均发生在法院,所以情况查实基本由法院独立进行,试点情况也印证了这一点。因此,法院有能力判断应否免除人民陪审员职务。第二,在实践中,虽未提请免除人民陪审员职务,但法院可能在事实上已经免除了人民陪审员的职务。法官在确定具体案件陪审员时,可以通过排除出遴选范围的方式,将不愿意参审的部分人民陪审员排除在随机选任的范围之外。这部分人民陪审员事实上已不再履行人民陪审员职责,但却依然保留人民陪审员职务,对此应在制度设计上予以回应。以往,人民陪审员的退出与惩戒机制受到的关注较少。作为陪审制度不可或缺的一部分,其对制度存续、发展的功能是毋庸置疑的。虽然人民陪审员与法官同为审理者、裁判者,但由于陪审制度定位的独特性,人民陪审员与法官的任命、管理均以两条线并行展开,因此设计退出、惩戒机制时要充分重视陪审制度的特殊性,同时把握制度设计的核心——操作性与约束力。总体而言,我国人民陪审员退出、惩戒机制还需在总结实践经验的基础上不断完善。

第七章　人民陪审员履职保障机制实证考察

人民陪审员依法参加审判活动,既是权利又是义务。保障人民陪审员依法履行职责,是为了保证人民陪审员能够全身心地投入案件的审判工作,使他们在履行审判职责时没有后顾之忧,防止人民陪审员在履职过程中受到干扰和影响,保证人民陪审员客观公正地从事案件审判活动。关于人民陪审员履职保障,我国法律已有诸如人民陪审员因参加审判活动而支出的交通、就餐等费用由人民法院给予补助的规定。这些规定对保障人民陪审员制度的顺利运行具有积极作用,但还不完善,一定程度上影响了民众对人民陪审员制度的认同度。为了保障人民陪审员在审判过程中能够独立、不受干涉地发挥作用,必须完善相关保障制度。《陪审制度改革试点方案》《陪审制度改革试点办法》提出了相关要求。本章拟通过对人民陪审员履职保障机制改革试点的实证分析,对《人民陪审员法》有关履职保障机制的规定作出解读,并提出完善人民陪审员履职保障机制的对策、建议。

第一节　人民陪审员履职保障机制改革与立法

一、人民陪审员履职保障机制的改革背景与内容

人民陪审员履职保障机制包括参审权利保障、安全保障、工资保障、物质保障以及时间保障等几个方面的内容。近年来我国陪审制度

发展的经验表明,加强履职保障是保证人民陪审员的权利落到实处,增强公民参与司法活动“主体性”的重要手段〔1〕,能够保障人民陪审员在审判过程中独立、不受干涉地发挥作用。〔2〕《关于完善陪审制度的决定》规定要保障人民陪审员依法参审的权利,明确人民法院和人民陪审员所在单位、户籍所在地的基层组织为保障主体,具体规定了“因参加审判活动而支出的交通、就餐等费用,由人民法院给予补助”“单位不得克扣或者变相克扣其工资、奖金及其他福利待遇”,对无固定收入的人民陪审员要“按实际工作日给予补助”。之后,最高人民法院相继出台了《选任、培训、考核工作实施意见》《陪审员管理办法》《陪审员参审规定》《陪审员工作若干意见》,从补助标准、单位不利措施处理、经费支持、职权行使保障等方面作出进一步细化、补充规定,与《关于完善陪审制度的决定》相关规定形成了保障公民参与审判的基本规范。这些规定,对于保障人民陪审员制度运行以及人民陪审员依法行使参审权利起到了积极作用。但人民陪审员参与审判保障制度在实践中还存在不少问题,亟待解决。如实践中,人民陪审员因自身专业知识和投入时间的限制,其对参审案件情况不了解,审理中很难发表针对性意见,没有充分行使自己的参审权利。同时,法官对人民陪审员行使参审权利缺乏有效指引,没有激发人民陪审员行使权利的积极性。由于保障不到位,在一些地方,人民陪审员参审的时间得不到保障,“工审矛盾”突出,人民陪审员经常缺席陪审,成为挂名陪审员或荣誉陪审员〔3〕;在法院经费保障方面,虽然人民陪审员经费保障状况目前已经有较大改观,但是一些地方落实还不到位,也没有根据经济社会的发展要求建立相关经费的正常增长机制〔4〕。此外,个别地方出现人民陪

〔1〕 参见陈卫东:《公民参与司法:理论、实践及改革——以刑事司法为中心的考察》,载《法学研究》2015 年第 2 期。

〔2〕 参见刘峥:《我国人民陪审员制度改革的再思考》,载《法律适用》2015 年第 12 期。

〔3〕 参见廖永安、刘方勇:《社会转型背景下人民陪审员制度改革路径探析》,载《中国法学》2012 年第 3 期。

〔4〕 参见贺小荣、胡夏冰、马渊杰:《我国人民陪审员制度的功能定位和改革路径》,载《人民法院报》2015 年 4 月 29 日,第 5 版。

审员人身安全无法获得保障的案例，凸显了人民陪审员人身安全保障制度存在漏洞。在此背景下，《陪审制度改革试点方案》提出要从建立宣誓制度、人民陪审员权利义务清单、个人信息和人身安全保护、处罚规则、加强与改进培训和管理、工资保障、时间保障、经费支持方面完善人民陪审员履职保障制度。随后，《陪审制度改革试点办法》作出了更明确的规定。（见表 7－1）

表 7－1　有关人民陪审员履职保障机制的规定

文件	内容
《关于完善陪审制度的决定》（2004 年 8 月）	第 10 条　依法参加审判活动是人民陪审员的权利和义务。人民陪审员依法参加审判活动，受法律保护。 人民法院应当依法保障人民陪审员参加审判活动。 人民陪审员所在单位或者户籍所在地的基层组织应当保障人民陪审员依法参加审判活动。 第 16 条　对于在审判工作中有显著成绩或者有其他突出事迹的人民陪审员，给予表彰和奖励。 第 18 条　人民陪审员因参加审判活动而支出的交通、就餐等费用，由人民法院给予补助。 有工作单位的人民陪审员参加审判活动期间，所在单位不得克扣或者变相克扣其工资、奖金及其他福利待遇。 无固定收入的人民陪审员参加审判活动期间，由人民法院参照当地职工上年度平均货币工资水平，按实际工作日给予补助。
《选任、培训、考核工作实施意见》（2004 年 12 月）	第 20 条　人民陪审员因参加审判活动而支出的交通、就餐等费用，由人民法院参照当地差旅费支付标准给予补助。 中级人民法院、高级人民法院在其所在城市的基层人民法院人民陪审员名单中随机抽取人民陪审员参加本院合议庭审判的，应当按照《决定》* 第十八条的规定及前款规定，给予人民陪审员各项补助。

续表

文件	内容
	第21条　有工作单位的人民陪审员因参加培训或者审判活动，被其所在单位克扣或者变相克扣其工资、奖金及其他福利待遇的，由基层人民法院向其所在单位或者其所在单位的上级主管部门提出纠正意见。 第22条　各级人民法院、司法行政机关应当将为实施人民陪审员制度所必需的开支纳入当年业务经费预算并及时向同级人民政府财政部门申报，由同级政府财政予以保障。 各级人民法院、司法行政机关对于实施人民陪审员制度的各项经费应当单独列支、单独管理、专款专用，以保障人民陪审员制度的有效实行。
《陪审员管理办法》（2005年1月）	第38条　人民陪审员在执行职务期间应当享受的各项补助，人民法院应当按照规定及时支付。 第39条　人民陪审员因参加审判活动、培训而支出的公共交通、就餐等费用，由所在法院，参照当地差旅费支付标准给予补助。 无固定收入的人民陪审员参加审判活动、培训期间，由所在法院，参照当地职工上年度平均货币工资水平，按照实际工作日给予补助。 人民陪审员参加中级人民法院、高级人民法院审判活动的，由随机抽取人民陪审员参加审判活动的中级人民法院、高级人民法院按照前两款规定，给予人民陪审员各项补助。 第40条　有工作单位的人民陪审员因参加培训、审判活动，被所在单位克扣或者变相克扣工资、奖金及其他福利待遇的，基层人民法院应及时向其所在单位，或所在单位的主管部门，或所在单位的上级部门提出纠正意见。 第41条　人民陪审员因参加培训、审判活动应当享受的补助，人民法院为实施人民陪审员制度所必需的开支，人民法院应当纳入当年的业务经费预算并及时向同级人民政府财政部门申报，由同级政府财政给予保障。 各级人民法院对于实施人民陪审员制度的各项经费应当单独列支、单独管理、专款专用，以保障人民陪审员制度的有效实行。

续表

文件	内容
《陪审员参审规定》(2010年1月)	第8条　合议庭评议案件时，先由承办法官介绍案件涉及的相关法律、审查判断证据的有关规则，后由人民陪审员及合议庭其他成员充分发表意见，审判长最后发表意见并总结合议庭意见。 第9条　人民陪审员同合议庭其他组成人员意见分歧，要求合议庭将案件提请院长决定是否提交审判委员会讨论决定的，应当说明理由；人民陪审员提出的要求及理由应当写入评议笔录。
《陪审员工作若干意见》(2010年6月)	13. 人民法院应当为人民陪审员查阅案卷、参加审判活动提供工作便利和条件。接到陪审通知的人民陪审员，应当在案件开庭前完成阅卷工作。 14. 审判长应当指导、保障人民陪审员依法行使权利。案件审理中，经审判长同意，人民陪审员可以参与案件共同调查、在庭审中直接发问、独立进行案件调解等。 15. 合议庭应当保障人民陪审员在案件评议过程中自主、独立发表意见的权利。审判长和合议庭其他成员不得施加不当影响或阻碍。 16. 人民陪审员同合议庭其他组成人员意见分歧的，应当将其意见写入笔录，必要时，人民陪审员可以要求合议庭将案件提请院长决定是否提交审判委员会讨论决定，但应当说明理由。人民陪审员提出的要求及理由应当写入评议笔录。 17. 人民陪审员应邀列席参加审判委员会讨论其陪审的案件时，除不得行使表决权外，可以在审判委员会上发表意见。 34. 人民陪审员参与审判活动所支出的必要费用纳入人民法院办案(业务)经费开支范围。各级人民法院应当积极与同级财政部门等相关部门共同研究落实现有政策规定的内容，加大经费投入，规范使用范围。 35. 各高级人民法院研究确定本辖区人民陪审员参加审判活动的补助标准和补助方式。 36. 人民陪审员参加中级人民法院、高级人民法院以及其他法院审判活动的，由相关法院按照规定给予补助。

续表

文件	内容
《陪审制度改革试点方案》(2015 年 4 月)	(七)完善人民陪审员履职保障制度。建立人民陪审员宣誓制度,制定人民陪审员权利义务清单。 加强对人民陪审员个人信息和人身安全的法律保护,对危害人民陪审员制度的行为建立相应的处罚规则,维护人民陪审制度权威性。 人民法院及各相关单位应当为人民陪审员履职提供相应便利和保障。人民法院应当会同司法行政机关加强和改进对人民陪审员的培训和管理,充分调动人民陪审员履职积极性,提高履职实效性。人民陪审员所在单位不得因人民陪审员履行陪审职责而对其实施解雇以及减少工资或薪酬待遇等不利措施。人民陪审员制度实施所需经费列入人民法院、司法行政机关业务费预算予以保障。
《陪审制度改革试点办法》(2015 年 5 月)	第 2 条第 1 款　人民陪审员依法享有参加审判活动、独立发表意见、获得履职保障等权利。 第 11 条　经选任为人民陪审员的应当进行集中公开宣誓。 第 29 条　人民陪审员制度实施所需经费列入人民法院、司法行政机关业务费预算予以保障。 人民陪审员因参加培训或者审判活动,被其所在单位解雇、减少工资或薪酬待遇的,由人民法院会同司法行政机关向其所在单位或者其所在单位的上级主管部门提出纠正意见。 人民法院和司法行政机关不得向社会公开人民陪审员的住所及其他个人信息。人民陪审员人身、财产安全受到威胁时,可以请求人民法院或者司法行政机关采取适当保护措施。 对破坏人民陪审员制度的行为,构成犯罪的,依法移送有关部门追究刑事责任。

*《决定》为《关于完善陪审制度的决定》。——笔者注

二、对《人民陪审员法》有关履职保障规定的评析

《人民陪审员法》对人民陪审员保障机制作了较为全面的规定。《人民陪审员法》第 4 条是对人民陪审员参加审判活动受法律保护的

总括性规定[1]，明确了保障主体是人民法院、人民陪审员所在单位或者户籍所在地或者经常居住地的基层群众性自治组织，保障范围为人民陪审员履行审判职责的全过程。《人民陪审员法》第20条、第23条、第28条、第29条、第30条分别规定了人民陪审员各项具体保障措施。总体而言，《人民陪审员法》明确了人民法院、人民陪审员所在单位、基层群众性自治组织的保障主体责任，规定了参审权利、人身和住所安全、工资薪金、参审补助、参审时间等方面的保障内容。（见表7－2）

表7－2　《人民陪审员法》有关人民陪审员履职保障的规定

分类	内容
参审权利保障	第4条　人民陪审员依法参加审判活动，受法律保护。 人民法院应当依法保障人民陪审员履行审判职责。 人民陪审员所在单位、户籍所在地或者经常居住地的基层群众性自治组织应当依法保障人民陪审员参加审判活动。 第20条　审判长应当履行与案件审判相关的指引、提示义务，但不得妨碍人民陪审员对案件的独立判断。 合议庭评议案件，审判长应当对本案中涉及的事实认定、证据规则、法律规定等事项及应当注意的问题，向人民陪审员进行必要的解释和说明。 第23条第1款　合议庭评议案件，实行少数服从多数的原则。人民陪审员同合议庭其他组成人员意见分歧的，应当将其意见写入笔录

[1]《人民陪审员法》第4条规定："人民陪审员依法参加审判活动，受法律保护。人民法院应当依法保障人民陪审员履行审判职责。人民陪审员所在单位、户籍所在地或者经常居住地的基层群众性自治组织应当依法保障人民陪审员参加审判活动。"《人民陪审员法》第4条对《关于完善陪审制度的决定》第10条进行了修改，在参审保障范围上将"人民法院应当依法保障人民陪审员参加审判活动"修改为"人民法院应当依法保障人民陪审员履行审判职责"，将条文中的"参加审判活动"修改为"履行审判职责"，保障的主体从"人民陪审员所在单位或者户籍所在地的基层组织"修改为"人民陪审员所在单位、户籍所在地或者经常居住地的基层群众性自治组织"，同时删去了"依法参加审判活动是人民陪审员的权利和义务"的规定。

续表

分类	内容
安全保障	第28条　人民陪审员的人身和住所安全受法律保护。任何单位和个人不得对人民陪审员及其近亲属打击报复。 对报复陷害、侮辱诽谤、暴力侵害人民陪审员及其近亲属的,依法追究法律责任。
工资保障和时间保障	第29条　人民陪审员参加审判活动期间,所在单位不得克扣或者变相克扣其工资、奖金及其他福利待遇。 人民陪审员所在单位违反前款规定的,基层人民法院应当及时向人民陪审员所在单位或者所在单位的主管部门、上级部门提出纠正意见。
物质保障	第30条　人民陪审员参加审判活动期间,由人民法院依照有关规定按实际工作日给予补助。 人民陪审员因参加审判活动而支出的交通、就餐等费用,由人民法院依照有关规定给予补助。

(一)人民陪审员参审权利保障的规定及评析

对人民陪审员参审权利的保障,贯穿于人民陪审员参与案件审理的全过程。人民陪审员的参审权利主要包括庭前阅卷权、参与调查和调解权、庭中发问权、发表评议意见权、评议结果表决权、评议笔录签名权、审判委员会列席权、裁判文书获取权等。《人民陪审员法》对如何保障人民陪审员实质参审以及人民陪审员如何行使参审权利作了规定。首先,如前文所述,确立了法官对人民陪审员的指引制度。需要重点解决的问题是如何提高法官的指引意识和指引能力,对人民陪审员进行有效且有限度的指引。其次,保障人民陪审员评议意见发表权。《人民陪审员法》第23条规定在合议时应将人民陪审员与法官的分歧意见记入笔录,建立了记录人民陪审员不同意见的制度,有利于保障人民陪审员意见发表权特别是不同意见发表权。为保障人民陪审员评议意见发表权,《人民陪审员法解释》还规定了人民陪审员有权在评议笔录上签名、有权获取裁判文书副本。最后,赋予了人民陪审员将案件提交审判委员会讨论决定的权利。合议庭有重大分歧时，人民陪审员有权将案件提交审判委员会讨论决定。根据《人民陪审员法解释》的规定，人民陪审员还有权列席审判委员会参与讨论并发表意见。如何在实践中落实这些规定，切实保障好人民陪审员参审权利，还需要制定更具体的操作规则。

（二）人民陪审员安全保障的规定及评析

保护人民陪审员的人身和住所安全，是增强人民陪审员履职信心，树立人民陪审员制度权威的重要基石。人民陪审员实质性参审必然会影响案件的处理结果，可能会对人民陪审员人身安全和住所安全产生威胁。在实践中，法院对人民陪审员的安全保障意识比较薄弱，几乎没有制定专门措施。建立健全人民陪审员人身和住所安全保障机制，强化对人民陪审员安全的法律保护，实有必要。《陪审制度改革试点方案》要求加强对人民陪审员个人信息和人身安全的法律保护，对危害人民陪审员制度的行为建立相应的处罚规则。《陪审制度改革试点办法》明确规定人民陪审员人身、财产安全受到威胁时，可以请求有关机关采取适当保护措施。《人民陪审员法》第 28 条首次对人民陪审员人身和住所安全保障进行了规定。保障对象包括“人民陪审员”及其“近亲属”，保障范围包括“人身安全”以及“住所安全”。其中，“任何单位和个人不得对人民陪审员及其近亲属打击报复”，是指任何单位和个人不得因对人民法院作出的判决不满意而对人民陪审员及其近亲属进行打击报复。人民法院、公安机关应当根据案件情况采取必要的保护措施，但相关细则还未出台。需要注意的是，本次立法未将人民陪审员个人信息安全保护纳入，但信息保护应是人身安全和住所安全保护的应有之义，只有信息保护到位了，人身、住所安全保护才能完成得更好。此外，对于人民陪审员在履职过程中发生人身安全事故导致的损失该如何补偿，还缺乏明确的规定。

（三）人民陪审员工资保障的规定及评析

《人民陪审员法》第 29 条明确规定，人民陪审员“所在单位不得克扣或者变相克扣其工资、奖金及其他福利待遇”，所在单位违反这一规定的，“基层人民法院应当及时向人民陪审员所在单位或者所在单位的主管部门、上级部门提出纠正意见”。在《人民陪审员法》颁布前，《关于完善陪审制度的决定》及《陪审员管理办法》曾对人民陪审员的工资保障予以规定。《陪审制度改革试点方案》曾规定，人民陪审员所在单位不得因人民陪审员履行陪审职责而对其实施解雇以及减少工资或薪酬待遇等不利措施。《人民陪审员法》第 29 条仅规定了，人民陪审员所在单位不得无正当理由克扣或者“变相克扣”人民陪审员履职期间应得工资或其他福利待遇。根据该条规定，人民陪审员所在单位不得无正当理由扣减工资、延迟发放工资、延长工作时间、不支付或不按标准支付加班费等。这些保障措施，有利于最大限度保障人民陪审员参审权利，保护和提高其参审积极性。如何适用该条款，还需要通过出台相关司法解释、司法文件予以明确。至于人民陪审员所在单位不得因劳动者履行人民陪审员职务而对其加以解雇或作出其他不利对待，我们认为，应是该条规定立法精神的应有之义，可以进一步明确规定，人民陪审员在履行陪审义务过程中享有不被用人单位降低薪资待遇的权利，单位在此期间不得开除人民陪审员或调换其工作岗位。

（四）人民陪审员物质保障的规定及评析

《人民陪审员法》第 30 条是关于人民陪审员参审补助、支出费用补助的规定。人民陪审员参加审判活动不仅可能影响其工资福利，还会产生交通、就餐等“额外费用”，有必要通过补助的方式，补偿人民陪审员因参加审判活动而发生的支出。实践中一直存在补助“多与少”“怎么发”等问题。从试点情况来看，实践中我国人民陪审员补助方式、补助标准、补助发放方式存在多种做法，差异很大。《关于完善陪审制度的决定》曾规定仅对无固定收入的人民陪审员进行补助，但实践中发放补助往往并不区分有无固定收入。同时，各地补助发放方式和标准也不统一，甚至出现同一地区的不同基层人民法院补助发放标准、方式都不相同的情形，有的按案件数补助，有的按陪审天数补助，还有的按参审次数补助，等等。其他物质保障方面，2005 年 4 月，财政部、最高人民法院联合下发了《关于人民陪审员经费管理有关问题的通知》，规定了生活补助费和交通补助费等内容。然而，实践中生活、交通补助的发放也没有统一标准。有些法院根据人民陪审员参审距离的远近分档次进行补助。有些法院则不计距离,按参审次数发放,有些法院只发放参审补助而不发放交通、生活补助。针对这些问题,《人民陪审员法》总结了实践中的做法,规定无论人民陪审员是否有固定工作均应发放补助,且明确应按"实际工作日给予补助"。但该法没有对补助标准作出具体的规定,而仅作了原则性规定,原因可能在于各地财政政策和财政保障水平不一,宜由各地根据当地经济情况、物价水平等实际情况确定具体标准。

三、《人民陪审员法》对人民陪审员履职保障制度的发展和完善

《人民陪审员法》在总结以往实践经验的基础上发展并完善了人民陪审员履职保障制度,体现在以下几个方面。

(一)限定了履职保障范围

将人民陪审员履职保障范围由"参加审判活动"限缩为"履行审判职责",在立法层面引导人民陪审员有针对性地参与审判工作。对此,《人民陪审员法解释》第18条进一步明确规定:"人民法院应当依法规范和保障人民陪审员参加审判活动,不得安排人民陪审员从事与履行法定审判职责无关的工作。"在实践中,人民陪审员在参与司法过程中的职能被随意扩张。在某些法院,许多人民陪审员被安排从事诉前调解、信访处置、送达、执行等司法辅助事务,扮演法院司法辅助人员的角色,衍生出"编外法官""驻庭陪审"等异化现象。限定人民陪审员履职保障范围,有利于明确人民陪审员的"参审员"本源角色,保障其正确行使参审权利。

(二)进一步明确了保障主体

《人民陪审员法》第4条从法律上明确了人民法院、人民陪审员所在单位、基层群众性自治组织的保障主体责任。相较于《关于完善陪审制度的决定》的相关规定,《人民陪审员法》将原先规定的"基层组织"进一步明确为"基层群众性自治组织"。根据《宪法》《村民委员会组织法》《居民委员会组织法》的规定,基层群众性自治组织是指在城市建立的居民委员会和在农村地区建立的村民委员会。由于我国基层组织众多,表述不明确常常导致司法实践中基层组织保障缺位,将保障

主体由“基层组织”明确为“基层群众自治性组织”，使负有保障义务的基层组织更为清晰明了，有利于发挥居民委员会、村民委员会作为直接联系群众、管理基层事务的基层群众性自治组织履行参审保障义务的优势。第4条将保障范围从“参加审判活动”修改为“履行审判职责”，在一定程度上引导人民陪审员有针对性地从事陪审工作，避免与审判无关的事务影响其陪审案件，有利于人民陪审员正确行使审判权。

（三）新增了安全保障制度

《人民陪审员法》第28条首次对人民陪审员人身和住所安全保障进行了规定，这是此次立法的一大亮点。在此之前，我国并未对人民陪审员的安全保障作出规定。近年来，司法实践中针对包括人民陪审员在内的审判人员及其近亲属的威胁、侮辱、骚扰和暴力侵害事件增多，凸显了对审判人员安全保障的不足，从法律层面对人民陪审员安全予以保障实有其必要。人民陪审员实质性参审必然影响案件处理结果，为了让人民陪审员能够全身心投入到案件审理中，解决履职安全的后顾之忧，应当建立健全人民陪审员人身和住所安全保护机制，强化法律保护。为了回应实践需求，《人民陪审员法》第28条首次对人民陪审员人身和住所安全保障作了规定，填补了人民陪审员安全保障的制度空白。

第二节　贯彻落实《人民陪审员法》相关规定需要重视解决的问题

一、关于人民陪审员的参审权利保障

人民陪审员参审权利保障包括享有庭前阅卷、参加庭审、参与合议等权利，在审判过程中不受干预、独立发表意见，以及获得法官指引等多方面内容。在实践中，人民陪审员难以充分行使自己的参审权利。因自身缺乏专业知识和投入的时间有限，其在审理中很难发表有针对性的意见。在庭审与合议阶段，许多人民陪审员甚至不知道自己能否发表意见、何时表决。同时，法官对人民陪审员行使参审权利指引不

力，人民陪审员实质性参审难以实现。前文多处已有相关论述，此处不再赘述。值得一提的是，《陪审制度改革试点方案》提出建立人民陪审员宣誓制度，探索制定人民陪审员权利义务清单，以保障人民陪审员参审权利的行使。在试点中，为强化权利义务相统一的观念，各试点法院基本上均按照要求建立了人民陪审员宣誓制度，但对于制定人民陪审员权利义务清单还没有形成共识，该项改革举措还未落实。

二、关于人民陪审员的安全保障

《陪审制度改革试点方案》要求加强对人民陪审员个人信息和人身安全的法律保护，对危害人民陪审员的相应行为明确了处罚规则。《陪审制度改革试点办法》明确规定人民陪审员人身、财产安全受到威胁时，可以请求有关机关采取适当保护措施。试点情况表明，这些规定在实践中要完全落实还存在不少困难。

（一）人身安全保障措施有缺失

案例：B 市 D 区人民法院审理的一起行政诉讼案件的当事人因不满法院驳回起诉的判决，曾数次打电话和发送短信恐吓、威胁审理该案的法官和人民陪审员。在经法院就相关问题反复解释，并提醒可通过上诉等合法途径维权后，当事人仍置之不理，最终法院根据《民事诉讼法》第 111 条和第 115 条的规定，对行为人罚款 3 万元和司法拘留 10 日。

访谈材料：

访谈人：请问有对人民陪审员的人身安全设立保障机制吗？

某副局长（东南 F 省 L 市 D 区司法局副局长）：对陪审员的安全保障做预防措施不太必要也没有可能，目前没有为陪审员出台相关保障文件，而且我们对法官都没有专门的保障措施，更别说人民陪审员了。

通过调研我们得知，实践中存在当事人威胁人民陪审员人身安全的事例，但法院保障人民陪审员的安全的意识却比较薄弱，几乎没有制定专门措施。甚至有法院领导表示,专门制定安全措施没有必要,若是出现危害人民陪审员的行为,法院可以直接参照司法工作人员的保障规定来追究责任。法院持如此态度的原因或许在于,针对人民陪审员实施威胁或打击报复行为的案例较少,且案件处理的矛盾通常集中在法官身上,故而法院通常不会专门制定保障人民陪审员人身安全的保障措施。

(二)个人信息安全保障难落实

在互联网时代,保障人民陪审员的个人信息安全十分重要。信息安全与人身、住所安全密切相关。信息泄露可能引发对人民陪审员实施打击报复、侮辱诽谤或者暴力侵害的行为。域外国家诸如韩国、日本等已有类似规定,但由于我国没有系统的公民个人信息安全立法,试点对人民陪审员个人信息保护也未形成有价值的经验。

(三)交通安全保障存空白

访谈材料:

访谈人:有没有对陪审员参审途中安全保障的规定?

某主任(东南F省L市Y区人民法院政工室主任):目前还没有对参审途中安全保障作出规定,这也是我们比较担心的问题。如果是在职人员,在参审路上发生事故是能够认定为工伤的,但无固定收入的这类陪审员暂时还没有办法解决他们的交通保障问题。

访谈人:法院能否为这类无职业陪审员购买保险?

某主任(东南F省L市Y区人民法院政工室主任):发生此类事故是个不能回避的问题。我们院里曾经考虑过要不要给陪审员买保险,但目前经费管理更加严格,没有依据我们不能随意使用经费。再者,购买保险不应该是法院解决的问题,是我们的社会保障还没有达到要求。

从调研访谈中得知,法院较为关注人民陪审员履职过程中的交通安全。但是,受各种客观条件限制,在参审期间,法院一般无法给人民陪审员购买保险,如在参审途中发生交通事故只能由肇事者承担责任。

三、关于人民陪审员的物质保障

由于各地经济发展不均衡,人民陪审员参审补助的方式、标准、发放方式均未统一,甚至省内、市内都未统一,基本由各法院自行决定。在规范层面,对人民陪审员的补助标准如何确定、由谁确定,补助何时发放、如何发放都缺乏规定,也缺乏相应监督机制。

(一)补助标准差距大

访谈材料:

访谈人:请问贵院是怎么发放参审补助的?

某主任(东南F省L市Y区人民法院政工室主任):以参审的件数为单位,再结合陪审员是否有固定收入为标准发放。有固定收入的陪审员每件发80元,无固定收入的陪审员每件发120元。

访谈人:交通补助怎么发放?

某主任(东南F省L市Y区人民法院政工室主任):交通补助分为3类。最偏远的乡镇到法庭参审的,这一类补助最高,一次发30元。第二类居中,不是很远但有点路程的,一次发20元。如果在法庭所在乡镇或者是县城居住的就不发交通补助,参审的补助已经包含在里面了。

在实践中,各法院参审补助的补助方式、补助标准并不相同,甚至出现同一个省市的不同基层人民法院发放标准均不相同的情况。H省2014年调研报告显示,该省各基层人民法院的补助方式包括按案件数补助、按陪审天数补助、按参审次数补助等多种方式,相应补助标准分别为30~200元每件、15~100元每天、40~200元每次,可见补助标准差异较大。另外,对于交通费补助,有的直接规定了固定的补助标准,10~100元每天不等;也有法院要求凭票据实报实销。无固定收入的人民陪审员的生活费补助标准为10~80元每天不等。从调研中我们获知,在交通补助上,虽然有法院对补助标准作了统一规定,但也有部分法院依据路途远近规定不同补助标准。例如,J省S市中级人民法院规定对每次出庭的陪审员发放50元的交通费，而F省L市中级人民法院则根据陪审员住所距离来确定补助数额，路途远的审结一件补助80元，一般的补助50元。

（二）补助标准受地域、经济因素影响大

在实践中，各地补助标准差距较大部分是受地域、经济因素的影响。一般而言，发达地区经济条件较好，补助标准一般也更高。但问题在于，经济落后地区往往交通不便，人民陪审员前往法院参审可能需要支付更多的通行成本，补助标准应更高，但事实却与此相悖，访谈时，就有人民陪审员直接表示“陪审有点得不偿失，陪审又赔本”。

（三）参审补助发放方式多样

对法院何时发放补助，实践中存在多种做法，包括计件发放、按月发放、年终统一支付等。例如，J省大部分法院是计件发放，即人民陪审员参审一次发放一次，及时结算；有的法院对相对固定、长期驻庭的人民陪审员直接按月发放补助，每月400元、450元不等；此外，J省G县人民法院对有固定工作单位和没有工作单位的人民陪审员，都在年终结算时统一发放补助。

四、关于人民陪审员的时间保障和工资保障

访谈材料：

访谈人：贵院对陪审员参审有哪些保障措施？

某主任（东南F省L市Y区人民法院政工室主任）：在陪审员履职保障方面，我们做了许多工作。成为我院陪审员后，我们会走访陪审员所在单位，告诉单位领导某某是我院人民陪审员，请贵单位支持我院陪审工作。如果陪审员参审与本职工作发生冲突，我们会要求陪审员与单位尽量协调，院里还专门制作了陪审员向单位准予请假的函件。如果陪审员的本职工作比较紧急或重要，我们会抽取其他陪审员顶替。

访谈人：如果陪审员所在单位有克扣陪审员工资的情况，怎么处理？

某庭长（中部N省A市L区人民法院庭长）：我们不会

强制要求某个陪审员来参审,我们一般会提前几天通知陪审员,他有时间就过来,没有时间就找其他陪审员代替。遇到工作繁忙,或者单位领导不支持其担任陪审员的,我们会考虑免除他的职务。如果出现单位克扣工资的情况,我们会上门告诫其单位。

"工审矛盾"是影响人民陪审员参审积极性的重要因素。"工审矛盾"主要与用人单位责任意识不强、人民陪审员参审频率较高以及人民陪审员履行陪审义务意识不强有关。由于人民陪审员的选任年龄与就业年龄基本重合,担任人民陪审员的公民大多有本职工作,履行参审职责难免会与本职工作产生冲突,当参审得不到用人单位的理解与支持,制度上又缺少必要保障时,人民陪审员往往会优先考虑本职工作。在实践中,人民陪审员因参审时间与本职工作时间冲突,缺席庭审的情形较普遍。而用人单位对人民陪审员参审的认识差异较大。不乏有用人单位对陪审工作支持不力,甚至认为参加陪审是"捞外快""不务正业",在时间保障和工资保障上持消极不配合态度。为了保障人民陪审员正常履职,有必要在立法层面为解决"工审矛盾"提供法律依据。《陪审制度改革试点方案》明确规定用人单位不得因其员工履行陪审职责而对其采取不利措施,包括但不限于实施解雇以及减少工资或薪酬待遇等。对于违反此规定的用人单位,基层人民法院应当及时提出纠正意见。在实践中出现"工审矛盾"时,法院一般不会强制要求人民陪审员参审,但也不会积极与用人单位协调,而是采取消极的"换人"策略,重新抽选其他人民陪审员参审,甚至免除该人的人民陪审员职务。

五、人民陪审员管理与培训

加强培训是促进人民陪审员依法正确、充分履行职责的必要保障。[1] 在试点中,不少试点法院都组织了岗前培训和任职培训。如B市法院每年会组织全市陪审员参加培训。对于培训效果如何,针对

---

〔1〕《选任、培训、考核工作实施意见》第10条明确规定:"人民陪审员经任命后、依法参加人民法院的审判活动前必须经过培训。"

“您认为加强培训是否有助于提升陪审员的履职能力?”这一问题,我们对人民陪审员和法官进行了问卷调查,结果显示98.0%的人民陪审员和85.3%的法官认为培训有助于提升人民陪审员的履职能力。(见表7－3、表7－4)但是,问题在于此类培训通常为短期培训,一般不超过五天,这类短期培训究竟能在多大程度上提高人民陪审员的履职能力,尚需进一步评估。

表7－3　您认为加强培训是否有助于提升陪审员的履职能力?(人民陪审员卷)

单位:人次、%

内容		频率	百分比	有效百分比
有效	有助于	722	96.1	98.0
	无助于	9	1.2	1.2
	不好说	6	0.8	0.8
	合计	737	98.1	100.0
无效	缺失	14	1.9	—
总计		751	100.0	—

表7－4　您认为加强培训是否有助于提升陪审员的履职能力?(法官卷)

单位:人次、%

内容		频率	百分比	有效百分比
有效	有助于	267	85.0	85.3
	无助于	20	6.4	6.4
	不好说	26	8.3	8.3
	合计	313	99.7	100.0
无效	缺失	1	0.3	—
总计		314	100.0	—

第三节　域外陪审员参审保障机制考察

一、域外陪审员参审的权利保障

在不同的法律体系中,公民的参审权利不同,因而其保障措施也存在较大区别。英国是陪审制度的"母国",英国陪审制的技术设计尤其值得关注。[1] 1974年《陪审团法》对陪审员的参审权利作出规定,包括:任何组织和个人都不得干涉陪审员的工作;陪审团评议不受法官的不正当干预。在法庭上,法官负有指导陪审团的义务,给予陪审团成员准确和诚实的有关陪审员作用和权力的指引,但不能驾驭陪审团对事实问题进行判断。在评议阶段,法官会为陪审团创造独立评议而不受干扰的环境。[2]

在陪审员权利保障方面,美国有些州设立了社会法律委员会,该委员会的研究人员专门从事对陪审员理解和适用法律能力的研究,运用更通俗易懂的词汇解释法律。如起草"民事和刑事陪审指南",在指南中运用通俗易懂的语言和词汇代替晦涩难懂的生词。陪审指南还明确了陪审员在法庭审理过程中需要理解哪些观点,按照什么顺序理解以及法官应当就哪些法律原则或较难的法律概念作出解释等。[3]

在法国,为保证参审员能有效地参审案件,重罪法庭审判长会在法庭辩论之后总结案件争议焦点,并向法庭和参审员宣读在评议阶段需要回答的问题。评议主要分为定罪和量刑两个阶段。在定罪阶段,评议内容以审判长提出的问题为基础,法官与参审员就审判长提出的问题逐一回答"是"或"否",参审员与法官的表决权平等。在量刑阶段,法官会向参审员宣读《刑法典》的相关规定以让参审员知晓量刑依据,

[1] 参见施鹏鹏:《陪审制研究》,中国人民大学出版社2008年版,第127~128页。

[2] 参见齐树洁主编:《英国司法制度》,厦门大学出版社2007年版,第169~170页。

[3] 参见胡云红:《陪审制度比较与实证研究》,人民法院出版社2014年版,第74页。

投票时依旧由参审员独立投票，法官不得干预。[1]

德国的参审制度主要适用于刑事案件和专门案件。根据《联邦宪法法院法》第30条的规定，在刑事诉讼中，参审员参与庭审时与法官享有同样的权利和投票效力，法律另行规定的除外。参审员与法官具有同等的司法独立性，只受法律约束，不受命令或者其他影响，任何人不能指示参审员投什么票。[2]

无论是陪审制还是参审制国家，在庭审中排除不当干扰并保证陪审员得到法官正确、适当指引，使陪审员充分接受法庭的信息是各国法律所期待的结果。但法官的指示和指引都需在合理限度内，绝不能影响陪审员思考与表决的独立性。我国或可借鉴美国的“陪审指南”和法国的“问答”制度，为陪审员制作相应的问题清单，努力实现陪审员的实质参审。

二、域外陪审员参审的工资保障

世界各国均有要求用人单位及雇主保障陪审员工资的规定。美国马萨诸塞州法院规定，对于个别审理期限长的案件，由法院与雇主一同负担陪审员的工资和福利待遇。雇主需要在陪审员陪审期间支付首三天的薪资，在陪审超过三天后，州政府将每天给付陪审员50美元的酬劳。[3] 美国律师协会颁布的陪审团以及陪审团审判原则规定，“雇主不得因为雇员参加陪审团而对其进行处罚”，“陪审员的报酬应当能够补偿陪审员所花费的时间和陪审员所担任工作的重要性”等。英国《陪审团法》规定：“任何组织和个人都不得干涉陪审员的工作，陪审员在参加法庭审理期间，其雇主不得以任何理由将其解雇或扣罚工资。”[4]英国还规定，可以对“干涉陪审员的工作（陪审）”的用人单位

---

〔1〕 参见施鹏鹏：《陪审制研究》，中国人民大学出版社2008年版，第169~170页。

〔2〕 参见［德］哈索·利博：《德国刑事程序的参审员制度》，苏醒译，载周泽民主编：《国外法官管理制度观察》，人民法院出版社2012年版，第294页。

〔3〕 参见胡夏冰：《如何保障陪审员具有广泛代表性》，载《人民法院报》2018年2月2日，第8版。

〔4〕 齐树洁主编：《英国司法制度》，厦门大学出版社2007年版，第170页。

施以罚款。[1] 我国香港特别行政区的《陪审团条例》第33条"对雇员担任陪审员而歧视雇员的雇主的处罚"部分规定："任何雇主不得因参审而终止雇佣或威胁终止雇佣其雇员，任何人违反前述规定的，即属犯罪，可处罚＄25,000及监禁3个月。"法国法律规定了，雇主不得妨碍其雇员担任参审员，也不得以此为由解雇其雇员。雇员担任参审员期间的报酬以及误工费等由重罪法院书记处依参审员的申请支付。[2] 不得因参审扣罚陪审员工资，各国普遍对违反的单位和雇主制定了惩罚措施。从方式来看，大部分国家采取财产惩罚，部分地区的用人单位则可能面临监禁。

三、域外陪审员参审的安全保障

在韩国，对参审员的安全保障分为保障条款和惩罚条款，保障条款包括对参审员的人身保障以及身份信息保障，惩罚条款则规定了对侵害参审员的行为人所采取的惩罚措施。当参审员的人身安全可能受到被告人威胁时，审判长可以决定使用保护、隔离、安排住宿等必要的人身安全措施。检察官、被告人、辩护人、参审员或者预备参审员也可以申请审判长对参审员或者预备参审员采取必要的安全保护措施。对参审员或预备参审员（或曾经从事过该职务者）以电话、书信、见面或其他方式进行威胁，进而造成其不安全感者，可以给予2年以下有期徒刑或者最高500万韩元的刑事处罚。对于上述人员的亲属实施该行为的，也给予相同的处罚。[3] 在保护参审员个人信息方面，韩国法律明确禁止将参审员等个人资料向社会公开，除学术研究和本人同意之外，任何人不得公开参审员、预备参审员或者候选参审员的姓名、住所及其他个人资料。[4] 在惩罚制度上，采用电话、书信等方式威胁参审员以及其近亲属的，可以处2年以下监禁或一定数额的罚款。

---

〔1〕 参见齐树洁主编：《英国司法制度》，厦门大学出版社2007年版，第170页。
〔2〕 参见胡云红：《陪审制度比较与实证研究》，人民法院出版社2014年版，第105页。
〔3〕 参见陶建国：《浅论韩国陪审制度》，载《当代韩国》2010年第1期。
〔4〕 参见陶建国：《浅论韩国陪审制度》，载《当代韩国》2010年第1期。

日本也对裁判员的安全保障作了完备规定。日本将救济措施进行分类并附以相应的惩罚措施，形成了体系完整的安全保障制度。法律不仅规定裁判员享有隐私权、人身安全权以及不受解雇等权利，还对应规定了一系列权利救济措施和惩罚措施。《关于裁判员参加刑事审判的法律》第 101 条规定了，“任何人不得未经裁判员或替补裁判员同意，将其姓名、住所以及能够确定其姓名或住所的信息公之于众”；第 102 条规定了，“任何人不得为被告人的案件在裁判所的审理中接触裁判员或替补裁判员”。另外，该法还规定了相关罚则。《关于裁判员参加刑事审判的法律》第 107 条规定对裁判员等的胁迫罪，即“对履行职务的裁判员或替补裁判员及其亲属提出会面、交付文书、打电话以及其他方式进行胁迫，处 2 年以下惩役或者 20 万日元以下罚金”[1]。

总体来看，日本与韩国的陪审员安全保障体系较为完备，重视对人身安全和个人隐私的保护。法律规定了当事人应与陪审员保持适当距离，当事人不能轻易接触陪审员，防止危害人身安全的行为发生。庭审之外，陪审员的住址以及通信方式等个人信息也受到严格保密。

四、域外陪审员参审的物质保障

根据英国《1974 年陪审团法》的规定，陪审员在审理期间有权得到包括差旅费、食宿开销以及因出庭而损失的经济收入补偿，该补偿由议会开支且免于课税。

美国陪审员的物质保障相对较低，担任陪审员的报酬往往只是名义上的，大约每天只能得到 10 美元的薪金补助。[2] 不过美国亚利桑那州和俄克拉荷马州，已通过立法的方式将参加审理期间超过 10 天案件的陪审团成员的报酬由原来的每日 10 美元增加到每日最高 300 美元。[3]

---

〔1〕 李邦友：《日本国民参与刑事审判的裁判员制度》，载《人民法院报》2014 年 8 月 15 日，第 8 版。

〔2〕 参见齐树洁主编：《英国司法制度》，厦门大学出版社 2007 年版，第 103 页。

〔3〕 参见胡云红：《陪审制度比较与实证研究》，人民法院出版社 2014 年版，第 86 页。

在物质保障方面,德国参审员享有旅费、支出费用、时间补偿三种请求权。每位参审员一年可以参审约12件案件,他们在参审过程中能得到交通费和误工费的补偿,并且补偿是按照参审员参审的小时计算,一般参审每小时不超过20欧元,家庭主妇每小时能得到约14欧元的补助。[1]

俄罗斯曾因补助过低,广泛出现公民不愿担任陪审员的现象,造成陪审员严重不足。经过司法改革后,俄罗斯建立了一种独特的陪审员补偿制度。陪审员在参与审判活动期间将获得一份相当于本法院法官应得的工资补偿,如果陪审员能证明法院给予的经济补偿少于他们在同时间的本职工作中所获得的报酬,法院会按照本职工作的标准计算补偿费用。[2]

澳大利亚也有类似规定。除政府公职人员外,所有的陪审员,不论其参加庭审时间的长短,每天都可以得到20澳元的报酬,若能证明在担任陪审员期间每天的损失超过100澳元就有可能得到额外的补偿。[3]

从各国情况来看,为提高陪审员的参审待遇,法院一般会根据陪审员的工作量发放补助,时间越长补助越多。为激发公民参与热情,同时体现对陪审制度的重视,俄罗斯等国以及美国部分州提高了陪审员参审补助标准。

五、域外陪审员参审的时间保障

根据日本《关于裁判员参加刑事审判的法律》的规定,裁判员所在单位不得因为职员执行裁判员职务而请假或休假,或者因为担任裁判员、候补裁判员、预定裁判员或裁判员候选人,或曾经担任此类职务的,将其解雇或对其作出其他不利处理。根据日本《劳动基准法》的规定,

---

〔1〕 参见[德]托马斯·维根特:《德国刑事诉讼程序》,岳礼玲、温小洁译,中国政法大学出版社2004年版,第29页。

〔2〕 参见胡云红:《陪审制度比较与实证研究》,人民法院出版社2014年版,第140页。

〔3〕 参见何家弘主编:《中国陪审制度向何处去:以世界陪审制度的历史发展为背景》,中国政法大学出版社2006年版,第134页。

劳动者在履行裁判员职务时,允许其在一定时期内脱离劳动岗位。[1]为了确保裁判员出庭,《裁判员法》还规定"在庭审和询问证人及勘验之时,裁判员负有必须到场(出庭)的义务"。据此规定,日本劳动者在履行裁判员职务的时候,即使是在劳动时间内,也可以在一定时期内脱离劳动岗位。不得因为劳动者履行裁判员职务,对其加以解雇或予以其他不利对待。

根据俄罗斯联邦《普通法院陪审员法》的规定,陪审员在履行陪审义务的过程中,履行陪审职责的时间计入工作时间。[2] 据此规定,俄罗斯陪审员在履行陪审义务的过程中享有不被用人单位降低薪资待遇的权利,在此期间,单位雇主不得开除陪审员或调换其工作岗位,陪审员履行审判职责的时间可计入各劳动工种的工作时间。

对于不按时参审的陪审员,也有国家规定了处罚制度。在法国,当参审员被确定提供参审服务时,雇主有义务同意其参加。若参审的时间对参审员和雇主不合适,可以推迟至下一次案件。但被选中的参审员缺席,可以被课以最高3750欧元的罚款。[3]

域外有些国家由于对陪审制度认同度较高、公民参与意识较强,因而在时间保障上并未作出更多规定。甚至有些雇主认为,员工参与陪审是一件荣耀的事情,常常会主动配合公民陪审。

第四节　完善人民陪审员履职保障机制的建议

完善我国公民参与审判的保障机制,是提升人民陪审员履职能力,激发参审积极性的重要手段。《人民陪审员法解释》对保障人民陪审员参审权利作了更细化的规定。结合《人民陪审员法》《人民陪审员法

---

〔1〕 参见丁相顺:《被误解的日本"民众参与司法"》,载《检察日报》2009年9月17日,第3版。

〔2〕 参见王志华:《转型时期俄罗斯的陪审制度》,载《环球法律评论》2007年第2期。

〔3〕 参见何家弘主编:《中国陪审制度向何处去:以世界陪审制度的历史发展为背景》,中国政法大学出版社2006年版,第171页。

解释》相关规定,我们认为完善人民陪审员履职保障机制还需重视解决以下问题。

一、切实保障人民陪审员实质参审

1. 制定人民陪审员参审指南。根据《人民陪审员法》的规定,人民陪审员在三人合议庭中与法官“同职同权”,在七人合议庭中与法官“分职分权”。但在个案参审中,人民陪审员到底享有哪些权利,需要履行哪些义务、遵守哪些行为规范,人民陪审员往往并不清楚。这影响其行使参审权利,履行参审义务。《人民陪审员法解释》第8条虽规定人民法院在开庭前应将相关权利和义务告知人民陪审员,但没有明确采取何种方式告知。对于如何行使庭前阅卷权、庭中发问权、调查和调解权、评议权等,也没有作出更具体的规定。有必要参照域外国家做法,制定人民陪审员参审指南或权利义务清单。美国为陪审员“量身定做”了专门的“参审指南”,旨在使用更通俗易懂的词汇解释法律,用简洁明了的语言和词汇代替晦涩难懂的条文。可借鉴美国“参审指南”制度,为人民陪审员制定详细的、操作性强的参审指南或权利义务清单,内容应包括但不限于:人民陪审员如何阅卷或法官如何为人民陪审员制作阅卷笔录;人民陪审员如何在庭审中发问以及法官应如何保障人民陪审员发问的权利;人民陪审员的意见发表权如何得到充分保障,在庭审和合议时,法官如何审慎把握尺度不对人民陪审员施加不正当影响,保证人民陪审员独立对案件作出判断;等等。

2. 强化法官对人民陪审员的指引。无论是陪审团制国家还是参审制国家,在庭审中排除不当干扰并保障陪审员得到法官正确、适当的指引,是保障陪审员(参审员)实质性参审的重要制度支撑。法官的指引、提示与人民陪审员参审权的行使密不可分,指引内容包括阅卷、参加庭审、评议等各种权利的行使,时间上应当贯穿整个审判过程,方式上应区别不同参审权利以不同方式予以有效指引。为确保人民陪审员实质参审,必须强化法官对人民陪审员的指引、提示义务,明确法官应当就案件审判相关的诉讼程序、证据规则、诉(控)辩意见及争点、实体法律规范等内容对人民陪审员进行指引,解释相关内容,引导人民陪审员依照法律规定、遵循法定程序进行案件审理。在庭审中,法官可以按照争议焦点组织双方逐项举证、质证,对审查和认定证据应适用的证据规则予以指引,特别是根据证据规则提示人民陪审员排除依法不能适用的证据。

3. 实行当即当面合议制度。为便于人民陪审员参审,更重要的是让人民陪审员在对案件留有清晰印象时作出裁决。可考虑借鉴日本等国经验,应当尽量实现连续不间断审理,实行当即当面合议制度。庭审结束后应立即进行合议,避免合议流于形式。评议时,法官应当引导人民陪审员先发表意见,从而改善人民陪审员不敢发言、盲目附和法官意见的现象。法官不必在评议中扮演太积极的角色,或给陪审员太过专业化的引导和意见,从而保证陪审员的表决结果独立和客观。[1] 如合议庭意见存在重大分歧时,可先通过专业法官会议讨论;仍未形成多数意见的,提请院长召开审判委员会进行讨论,人民陪审员可列席会议。

二、完善人民陪审员安全保障机制

目前,对人民陪审员安全保障机制还未制定专门细则,仍然停留在概括规定的层面。我国《人民陪审员法》已经明确了人民陪审员履职保障的主体为人民法院,在保障内容上也应当确立相应的具体措施。如何完善人民陪审员安全保障机制,我们认为,可以借鉴和参考韩国的做法。如制定违反安全保障的惩罚措施,对可能危害到人民陪审员以及近亲属安全的行为,法官要及时制止并对相关人员进行训诫。为预防危害行为的发生,可根据情况采取隔离接触、安排住宿或为陪审员提供安全防卫等措施。对已经实施危害行为的相关人员,法院应予以处罚,涉嫌犯罪的,移送公安、检察机关处理。另外,也要将人民陪审员个人隐私保护制度化。如今信息技术快速发展,利用现代科技获取个人信息进行犯罪的方式越来越频繁,妥善保存陪审员的个人信息,防止他人获取或泄露也是保障陪审员个人安全的要求。可借鉴日本的做法,除学术研究和本人同意之外,任何人不得公开陪审员和陪审员候选人

---

〔1〕 参见刘锡秋:《陪审制度的历史研究》,法律出版社 2011 年版,第 165 页。

的姓名、住所及其他个人信息，并可安排专人保管陪审员的信息资料，防止他人窃取或者意外泄露。例如，陪审员在履行陪审职务时，如果受到被告人或者其他人的危害或者威胁，司法机关应当对其采取必要的人身安全保护措施；陪审员对案件事实发表的意见，任何人不能对外泄露等。[1]

三、努力解决人民陪审员"工审矛盾"

域外经验表明，大多数国家以明确的法律规范来解决"工审矛盾"。但《人民陪审员法》对人民陪审员参审时间保障未加以规定，有待进一步完善。借鉴域外经验，结合我国实际，切实解决人民陪审员"工审矛盾"的问题，应从以下几个方面着手：

1. 强化人民陪审员所在单位的保障义务。《人民陪审员法》第4条已经明确了人民陪审员所在单位负有依法保障人民陪审员参加审判活动的法定义务。"工审矛盾"产生的根源主要在于，人民陪审员所在单位对陪审工作的不了解和不理解。要对人民陪审员所在单位加强宣传，增进其对人民陪审员工作的理解和支持，强化其保障主体意识和义务意识。人民法院要加强与人民陪审员所在单位的联系，如根据《人民陪审员法解释》的规定建立通报制度，将人民陪审员参加审判活动的时间、地点等事项书面通知其所在单位；同时，及时反馈人民陪审员的履职情况，通过增强人民陪审员所在单位的参与感来强化其责任感。

2. 制定相应的惩罚措施。对于违反法律规定的用人单位，可通过向社会媒体曝光的方式予以惩戒。对于有主管部门的用人单位，还可以向其主管或上级单位提出意见，要求对其进行批评并改正。情节严重或者屡教不改的，人民法院可以直接对用人单位或者相关责任人进行处罚。

3. 合理确定人民陪审员参审数量，平衡"工审矛盾"。根据《人民陪审员法》第24条的规定，对人民陪审员年度参审案件的数量要设定

---

〔1〕参见胡夏冰：《陪审员参与审理案件事实的保障机制》，载《人民司法（应用）》2016年第34期。

上限。根据《人民陪审员法解释》第17条的规定,中级、基层人民法院一般在不超过30件的范围内合理确定每名人民陪审员年度参加审判案件的数量上限。各地法院可以评估、确定人民陪审员参审的合理数量,使人民陪审员能合理兼顾本职工作与陪审工作。也可以适当增加人民陪审员的数量,从而减少人民陪审员参审案件的数量,尽可能平衡“工审”矛盾。

四、完善人民陪审员工资保障机制

人民陪审员参加审判属于履行法定义务,任何个人和单位不得因陪审员参审而对其作出减少工资薪酬、福利待遇等不利处分;否则,会极大影响人民陪审员的参审积极性和陪审制度的权威。但《人民陪审员法》还未对违反参审保障义务的用人单位明确惩罚措施,仅规定人民法院可提出纠正意见。反观域外,多数国家如英国等将克扣公民参审期间的工资或对其进行处罚的行为认定为严重的违法行为。我国香港地区不仅规定了罚款,还可判处最高3个月的监禁刑。可借鉴这些经验,对于违反规定的用人单位,建立起相应的惩罚制度。还可以借鉴美国马萨诸塞州法院的经验,探索在特定情形下由法院和用人单位共同负担陪审员工资的机制。

五、落实人民陪审员物质保障

物质保障的目的在于对人民陪审员因参审而付出的成本予以弥补,避免因参加审判活动而增加其个人负担。如不能及时足额给予人民陪审员补助,既影响了人民陪审员参审的积极性,也损害了法律实施的公信力。

为确保人民陪审员的参审待遇得到落实,完善物质保障制度,我们建议:首先,明确补助标准应以弥补成本为原则,不能以增加人民陪审员经济收入的方式刺激公民参与审判的积极性。其次,应探索确定统一的补助标准。综合考虑地域、经济、路途远近、交通方式等因素,进行合理的差异化设计,使补助标准达到实质的平衡。最后,统一补助方式及补助发放方式。参审补助可按实际工作日发放。交通补助、餐费补助可根据实际情况发放。如此规范，既有利于参审补助的统一，也能合理弥补人民陪审员的支出。在经费保障方面，人民法院与财政部门也应尽快将人民陪审员的经费纳入法院经费省级统筹机制，制定经费保障标准，为公民参与审判提供充分的物质保障。

总之，完善公民参与审判保障制度，是激发公民参审意识、提高参审能力，保障人民陪审员行使参审权的重要制度支撑。在《人民陪审员法》及其司法解释发展、完善公民参与审判保障制度的基础上，仍有必要对其实际运行状况持续进行跟踪研究，经由从实践到理论的路径，在实践中不断予以完善，在理论上予以科学总结，以为公民参与审判保障制度的再完善提供有力的理论支撑以及可行的技术方案。

余　论

即使专业主义仍是这个时代的精神与不懈追求，外行因素却依然相当普遍地存在于绝大多数国家的司法体制中。“人民参审”制度始终在与时俱进，社会在发挥其作用、赋予其新的功能的同时，也在努力克服其局限性和弊端。而与其相关的理论和实证研究则始终是法学、比较法学、社会学乃至政治学的经典研究课题。[1] 在我国，司法领域的外行因素主要体现在“人民群众以陪审员的身份参与案件审判活动”上。尽管人民陪审员制度不可能解决我国司法体制改革和司法公正的所有根本性问题，但其所具有的司法民主价值和功能是值得重视的。前文分析也表明，尽管人民陪审员制度在实践中尚存在这样那样的问题，但社会公众、相关主体对人民陪审员制度改革和发展仍有较高的信心指数，抱有较高的期待。通过对人民陪审员制度改革试点的实证研究，我们认为，“人民参审”是各国司法制度的基础构造因素，人民陪审对法治中国建设具有独特价值，有助于协调当代中国的情理法关系等因素，应该坚定制度发展的信心。从长远而论，围绕人民陪审制度的改革和完善，一个为民众所喜闻乐见、广泛认同的陪审制度必然能深刻地引起诉讼模式、诉讼理念以及诉讼制度的变革。

《人民陪审员法》明确规定了我国人民陪审员的法律地位、权利义务、选任方式、参审范围、职权行使、履职保障等内容。这些规定，既全

---

〔1〕 参见范愉：《人民陪审员制度与民众的司法参与》，载《哈尔滨工业大学学报（社会科学版）》2014年第1期。

面落实了中央的顶层设计，又合理吸收了地方的探索经验；既尊重了司法规律，又紧贴了现实国情社情民意；既兼容并蓄借鉴了域外陪审制度发展经验，又不忘初心传承创新了人民陪审员制度，使得人民陪审员制度的中国色彩越发浓厚，特色越发鲜明。“法律的生命在于实施。”要让人民陪审员制度更接“地气”、更聚“人气”，就要在准确理解《人民陪审员法》重大意义、把握《人民陪审员法》立法精神的前提下，秉承《人民陪审员法》确立的中国特色人民陪审员制度发展原则、立场、策略，以陪审制度的本土化、中国化为终极目标，更加注重制度发展的系统性、渐进性、多元性、实效性、程序性，坚持将陪审制度的原理、价值与中国的实际紧密结合起来，逐步消融制度移植无法回避的排斥反应，努力形成适合陪审制度扎根中国的肥沃土壤。在更高水平、更高层次上推进陪审制度的本土化、中国化，努力建构陪审制度的中国话语，为世界陪审制度发展贡献中国经验。

一、更加注重制度发展的系统性

习近平总书记多次指出，“全面深化改革是一项复杂的系统工程”。在谈到推动中国特色社会主义制度更加成熟更加定型时，他强调，“必须是全面的系统的改革和改进，是各领域改革和改进的联动和集成，在国家治理体系和治理能力现代化上形成总体效应、取得总体效果”。这些重要论述，为完善人民陪审员制度提供了重要方法论，即以系统思维推进制度实践和创新。系统思维，就是把想要实现的目标、实现该目标的过程、过程优化以及对未来的影响等一系列问题作为一个整体系统进行研究。人民陪审员制度在实践中衍生的问题，与制度外大系统、大环境的掣肘有关，如我国社会体制和文化传统与参审制度的理念和制度存在一定的异质性：社会一贯注重依赖国家权力规制，缺少自治和民众参与正式制度的传统。[1] 又如成文法传统下，职权主义色彩较为浓厚的诉讼模式等。在深化司法改革的背景下，人民陪审员制

---

〔1〕 参见范愉：《人民陪审员制度与民众的司法参与》，载《哈尔滨工业大学学报（社会科学版）》2014年第1期。

度如何与法官制度改革相匹配，如何与主审法官办案责任制、合议庭办案责任制相衔接，人民陪审员如何与主审法官一起承担办案责任？这是摆在我们面前的新课题。这也与制度体系内及周边配套制度的小系统、小环境衔接优化不够相关。例如，人民陪审员制度当下的功能定位，是民主功能、司法功能齐头并进，还是有所侧重？人民陪审员到底是法院的人民陪审员还是地方的、社会的人民陪审员等。制度的价值取向、功能定位必然会影响陪审权的属性的界定，陪审权的属性又会左右陪审权职权配置与行使，进而影响到人民陪审员管理模式的确定。又如，无论是传统参审制还是陪审团制，其有效运作高度依赖法官在法律规定限度内的指引、提示，而我国历来没有这样的制度环境、实践基础，也缺乏比较成熟的法官指引规则，法官的指引意识、指引能力都亟待增强。《人民陪审员法》首次明确规定，法官应当履行与案件审判相关的指引、提示义务，要求建立有中国特色的法官指示制度，切实强化法官的指引、提示义务，明确法官对案件涉及的事实认定、证据规则、法律规定等事项及应当注意问题的解释和说明责任。这一规定是非常必要的，也是解决长期困扰制度发展的“陪而不审”等问题的关键举措和重要保障。但在“案多人少”矛盾比较突出的背景下，强化法官的指引义务必然会加重法官的工作负荷，在实践中必然会面临诸多阻碍。这些问题具有原生性、结构性的特点，唯有整体考量才能统驭全局，唯有统筹协调才能协同推进。增强制度发展的系统性，不仅是理顺制度体系复杂关联的必需，更是凝聚制度发展共识、催生制度完善的关键。因而，要全面释放制度红利，必须摆脱“头痛医头、脚痛医脚”的治理模式，统筹考虑战略、战役、战斗层面的问题，通过系统思维，用系统方法来解决制度实践中存在的结构性问题，以促进陪审制度与外部体系的接轨及与周边制度的兼容，推动人民陪审员制度健康发展。

二、更加注重制度发展的本土化

陪审制度一般被认为是外来移植的法律制度，本土化改造是制度可持续发展的根基之所在。毋庸置疑，人民陪审员制度极具中国特色。但是，从实证考察的情况来看，之所以在实践中还存在诸多问题，原因可能在于本土化、本地化还远远不够,没有完全将陪审制度的基本原理、基本价值与中国的实际紧密结合起来,没有完全契合当代中国的国情、社情、民意,以致与社会现实有所脱节,与民众期待还有距离。这与当代中国正在进行的深刻社会变革和转型密不可分。从前文分析可知,陪审制度要在我国落地生根,必须要与我国现实的司法环境和社会环境相融合,特别是要适应城乡二元结构的社会情境,消融事实上存在的潜在的对立和冲突,建立全体公民均可参与、均可分享成果的机制,提高制度的可接受性,陪审制度才可能迎来勃勃生机。基于此,必须更加充分地利用现有诉讼机制中的本土资源,让制度实践更接"地气"、更聚"人气",将社区经验运用到陪审审判中,将诉讼调解等本土法治资源与陪审审判有机结合起来。当前民事诉讼领域越来越受到重视的调解等替代性纠纷解决方式,既与陪审的"仲裁"价值同源,也是实现人民陪审员与法官合力裁判的现实路径。尤其是《民事诉讼法》修改后,先行调解的理念为陪审制度与诉讼调解制度的嫁接提供了空间,如强化人民陪审员独立调解主体的角色,将陪审程序与诉讼调解程序勾连起来,可以使参与其中的民众发挥出常识、常情、常理判断的优势,并可维护陪审结果的确定性。尤其是在农村地区,调研表明,农民陪审员真正发挥实质性作用的案例大多是采用调解方式促进案结事了的。因此,在乡村陪审中可以考虑着重利用司法调解资源,甚至可以考虑整合人民调解资源,发挥人民参审的积极作用。此外,还可以考虑将具有鲜明特色的我国巡回审判制度与人民陪审工作机制有机结合起来,如巡回审判的案件均可以就近引入当地的人民陪审员参与审理。

此外,从规范的角度来看,当不当人民陪审员,基本上可以根据公民的个人意愿自行决定,因为法律并没有规定公民的强制陪审义务;担任人民陪审员后参不参审,很大程度上也取决于人民陪审员个人的意愿。虽然《人民陪审员法》规定参审既是人民陪审员的权利,又是人民陪审员的义务;但实践中似乎更加看重参审的权利属性,强调参与权、知情权和监督权等,而对其"义务"属性强调不多,参不参与往往取决于人民陪审员个人的自觉自愿;适不适用陪审审判程序,很大程度上也可以由刑事案件的被告人、民事案件原告或被告、行政案件原告决定或选择,因为相关规范规定除社会影响较大的刑事、民事、行政案件可以由法院决定适用陪审审判外,其他合议庭审判案件也可以由法律规定的当事人根据个人意愿主动申请。制度价值功能的实现和公信力的塑造,似乎更多地依赖相关主体的自觉自愿。但从我国人民陪审员的制度实践来看,公众自愿申请担任人民陪审员、自愿申请适用陪审审判的比例均不高。参审时,人民陪审员想来就来、想走就走等行为时有发生,凸显出相当一部分人民陪审员的陪审“义务”意识还比较淡薄。可以说,恰恰是志愿性不足衍生出制度实践中的不少问题。环顾全球,当代世界各国公众参与司法基本上都属于一种法律义务,原则上不能拒绝且只给予最低限度的补偿。但现阶段,只强调人民陪审员的义务,甚至明确强制陪审义务,并不符合现实状况,操之过急,甚至会适得其反。最好能通过制度设计逐步强化人民陪审员的“义务”意识和责任意识,更加强化陪审的公益性、志愿性,逐步达至一个较理想的权利与义务平衡状态。如为吸引普通民众参与陪审,可以采取保障补助足额发放等激励措施对人民陪审员予以褒扬、奖励等。对于无正当理由缺席陪审的,可予以适当惩戒,如经济处罚、以一定途径予以公开谴责、作为失信记录记入社会诚信档案等,但应允许人民陪审员依一定理由豁免陪审义务。从长远发展来看,应使“陪审”重新入宪,明确适格公民的陪审义务;同时,修法以强制力为后盾,确保陪审义务得以履行。

三、更加注重制度发展的渐进性

从世界上陪审制的历史演进来看,陪审制度的发展也不是一帆风顺的,而是随着社会经济发展水平和民众综合素质及认识水平的提高逐渐完善的。早期陪审制的运作目标与现代陪审制的价值目标实际上相去甚远,不仅问题多多,民众接受意愿也不强。即便是在人们普遍认为陪审团制度运作良好的美国,陪审员征召也存在到位率较低的困扰。[1] 我们认为,在新时代,发展、完善中国特色人民陪审员制度不需

〔1〕 参见[美]威廉·L. 德威尔:《美国的陪审团》,王凯译,华夏出版社 2009 年版,第 199 页。

要一蹴而就，也不可能一蹴而就，必须要对改革的长期性、复杂性、系统性有充分的评估，以渐进式的发展努力实现制度的理想目标，这就需要制定清晰的制度发展战略或规划。关键要更加贴近现实国情、更加贴近社情民意、更加贴近司法实践，因势利导，分步骤、分阶段实施不同类别、不同要求的方案，以确保能够获得民众的有效支持，确保民众参与获得有效保障。在当前及今后一段时间，要注重干一些打基础、利长远、聚共识的事，把提高民众对陪审制度的认知度、认同度放在优先地位，进一步拓宽民众参与司法的渠道。重点解决民众如何参与及有效参与的问题，通过有实质意义的参与，逐步累积民众对陪审制度更强的信心。在此基础上，进一步加强基础研究、经验总结，辅之以试点试验、风险论证，与时俱进，进一步改革创新人民陪审员制度，进一步夯实民意基础。

四、更加注重制度发展的实效性

人民陪审员制度是体现司法民主性的重要制度安排，也是司法践行群众路线的重要体现。民众认不认可、接不接受、愿不愿意参与等事关制度的可持续性发展。因此，制度发展的核心问题是让更广泛的民众有更多的机会参与进来，让更多的民众认同、接受陪审审判，并让民众的参审能力能够更好地发挥出来。这就要求制度发展不应满足于高企的理想和蓝图，而应实事求是、务求实效，还要善于考虑技术环节，考虑民众的参与意愿、参与能力，明确哪些须行、哪些可行、哪些先行，所行之事该如何办理、又应达至何种程度。贯彻落实《人民陪审员法》，必须要更加贴近现实国情、更加贴近社情民意、更加贴近司法实践，注重多干一些打基础、利长远、聚共识的事，努力让人民群众在每一个陪审案件中感受到陪审的价值、陪审的好处，进一步夯实人民陪审的民意基础，逐步累积人民陪审的正能量。为此，要以贯彻落实《人民陪审员法》为契机，坚决转变陪审制度的发展方式，变较为粗放的发展为精细化的发展，变较为注重量的增长为有质量保障的增长。要合理确定陪审案件适用范围，坚持“三次随机”选用人民陪审员，设定人民陪审员年度参审案件数上限，不对人民陪审员参与审判的数量下指标，不把人民陪审员当作审判力量不足的补充，不片面追求陪审率，坚决杜绝“编外法官”“陪审专业户”等现象。

五、更加注重制度发展的多元化

人民陪审员制度红利的释放，需要取长补短，而不是取短补长。在二元社会结构转型背景下，以单一的参审制或陪审制为主轴建构的陪审制度难以回应社会整体需求，难以实现陪审的价值目标。从调研的情况来看，对人民陪审员综合素质的较高要求在目前阶段还具有较高的民意基础，表明制度设计的“精英化”导向具有较强的现实合理性。因此，如何在贴近民众认知水平的同时，照顾到低学历群众参审的需求，需要作出妥善的制度安排。人民陪审员制度发展的美好愿景的实现，关键在于我们要找到与城乡二元结构相适应的契合点，形成适合陪审制度扎根和成长的土壤，营造陪审制在我国发展的制度空间。人民陪审员制度要真正实现其价值目标，应该改变一元设计模式，改一元为多元，以多元应对二元。《人民陪审员法》立法合理借鉴了域外参审制、陪审团制、观审制的发展经验，以开放、包容、多元的思路创新了陪审制度发展的中国模式。在人民陪审员选任方式、职权配置、参审范围以及陪审合议庭组成模式等方面的规定，也体现了二元或多元发展的思路。今后，仍应坚持以多元化的思路推进陪审制度发展的本土化。尤其要抓住人民陪审员职权二元或多元配置这一关键点，在人民陪审员选任条件、选任程序、随机选定、职权行使等方面以及人民陪审员周边配套制度建设方面探索二元化、多元化的路径，以丰富陪审制度发展的中国实践，弘扬陪审制度的中国价值。

六、更加注重制度发展的程序性

《人民陪审员法》也是组织法、程序法。《人民陪审员法》明确规定了我国人民陪审员的法律地位、权利义务、参审范围、职权行使、履职保障等内容，但相关配套制度还未出台，其程序刚性还有待进一步增强。例如，虽然规定了部分案件实行事实审与法律审分离，但事实审与法律审分离的界限、人民陪审员参审权作用的范围、参审的规则以及程序还未明确;虽然规定了人民陪审员参与审判的权利,但人民陪审员在审判流程中不同审判环节的审判权能还未细化;虽然规定了公民参审既是权利也是义务,但不履行义务该怎么处理还不甚清晰;虽然规定了要随机抽取人民陪审员,但不随机抽取的法律后果还未规定。从制度的长远发展来看,如果没有制度刚性程序的保证,无论是依靠大量金钱、资源投入,还是运动式的推动,都难以取得预期的理想效果。因此,应进一步加强人民陪审制度规范化、程序化、体系化建设,努力塑造人民陪审程序的刚性。

后　记

选择在湘赣边界形如螃蟹的无名小山下、清可见鱼的无名小溪旁完成本书初稿的撰写，纯属机缘巧合，或许也是冥冥之中的安排。这里是某位老革命家的故乡，也走出过几位政、医、商、军界的翘楚，人杰地灵，是为风水宝地。此地，也是我曾工作过的人民法庭的辖区，距离人民法庭驻地不过十余公里，当年还在这个村子里办过案，调解过离婚纠纷。此时，距离坐着法庭的警车翻越大峒岭前来报到的那一年八月，已过去整整20年，距离自己从法院转教去法学院也已过去2年。20年沧桑巨变，原来被大峒岭阻隔的偏远、闭塞之地，已经开通了高速公路，铁路也正在建设中。只是，这里的山依然那么绿，这里的水依然那么清，这里的星空依然那么灿烂，这里的人们依然那么淳朴。20年前，当我在这里仰望星空时，断然不会想到一个"最低法院"的普通书记员，若干年后会有机会成为最高人民法院研修学者，并在最高人民法院完成自己的博士后研究工作，更不会想到乡民眼中的"刘书记"日后会以"刘老师"的身份回到母校所在的羊牯塘，短暂停留后又毅然决然漂洋过海来到这个海岛，在海风椰韵中从事原本从未规划也不曾期待的教学、研究工作。

本书是我主持的国家社科基金项目"人民陪审员制度改革试点的跟踪研究"的成果之一，是在我的博士后出站报告基础上修改而成的。本书付梓之际，必须衷心感谢我的合作导师江必新教授。衷心感谢他给予我从事博士后研究的机会，衷心感谢他十余年来对我的提携和教导。初识先生还是12年前在我原任职的基层人民法院，那时我已被调回机关,在执行局工作两年后转往研究室工作,负责作为全国试点的法官助理制度改革等具体工作。那一年春节刚过,先生专程来调研法官助理制度改革试点工作。遵照时任院长邹剑钧的指示,由我负责起草调研汇报材料。当时,为写好这份材料还是下了点功夫,调研汇报效果不错,应该给先生留下了较深的印象。此后,他一直非常关注我所在法院的改革,并多次亲往调研指导。还记得在法院二楼举行的调研座谈会上,我正好坐在先生正对面第二排靠墙的位置上,聆听先生的指示,欣赏着先生的风采,瞬间被圈粉。没想到,转年就有机会来到先生麾下工作,更没想到能有幸得到先生的亲自教导。我当时写了一篇有关法官职业化建设的调研报告,没想到被呈给了先生审阅,更没想到先生对每一个字、词、句乃至标点符号都认真作了批改,挑出了不少毛病,还专门写了几句评语。这对我的触动非常大,我也很庆幸自己能得到"大家"的亲自指导,可以说是受益终身。之后再写文稿,丝毫不敢怠慢,常常会自觉对照先生的批改意见不断琢磨。不久后,先生审阅完我受命拟写的一篇文稿后,专门把我叫到他的办公室去,肯定我是"完全可以造就的",使我备受鼓舞。可以说,这些年之所以在"文字工作者"的道路上越走越远,最终转型为"学术工作者",与先生的教导和鼓励是分不开的。虽然先生在当年年底就奉调回京,使我失去了很多近距离向先生学习的机会,但庆幸的是,这短短几个月的时间,让先生记住了我,使我有机会继续聆听先生的教诲。两年前,又有幸在先生的亲自指导下开始从事博士后研究。这两年,恰是转型的"阵痛期",无论是教书育人还是科研攻关,先生都给予了悉心指导。和先生交往的点点滴滴,让我深深感受到先生的博学、多才、谦和、平易近人。他的大家风范和人格魅力,是我们可望而不可即的,有幸能成为他的学生,并得到他亲自的教导,是我此生的荣幸,他是我永远的先生。

衷心感谢最高人民法院政治部法官管理部原部长陈海光、原副部长刘峥、原处长姚宝华对我从事陪审理论与实证研究的大力支持和有力指导。特别感谢最高人民法院中国应用法学研究所原所长蒋惠岭对我从事博士后研究工作的关心和支持。特别感谢我原任职的湖南省高级人民法院领导的培养,正是他们的开明和支持,让我在湖南省高级人民法院工作期间如愿以偿脱产攻读了博士学位并得以继续从事博士后研究工作。特别感谢康为民院长的温暖支持和亲切关怀，感谢李立新院长、邹剑钧院长、范登峰院长等一直以来的厚爱、关心。衷心感谢陕西省高级人民法院政治部冯纪文处长、河南省高级人民法院政治部董富裕处长、江苏省高级人民法院政治部杨鸣处长等对实地调研的大力支持。衷心感谢所调研的6个省(市)10家法院的领导对实地调研提供的各种便利以及给予的全力支持。基于学术规范，在此不一一实名致谢。特别感谢钟莉老师、包献荣老师、朱新林老师、周维明老师等在我从事博士后研究工作期间给予的各种帮助。感谢振国、文旭等的友情支持。感谢我的博士后同窗宇弈、黄凯、殷华、赵霞、邓恒、何健、庭祥、容庆、杜伟、春平、晓利、廖钰、豪臻、唐勇、王静，有缘相识在北花市大街9号，三生有幸。

衷心感谢2017年暑假参与调研的所有法院领导、法官、人民陪审员、律师、检察官、当事人，特别感谢参与问卷调查的6190名普通民众，他们在团队成员街头随机采访被拒绝“惨”后给予了最暖心的支持。衷心感谢我的团队——“锵锵一一行”，感谢2017年夏天一起走过东南西北中的人们。特别感谢湘潭大学法学院张立平教授、黄艳好老师、吕晓刚老师带队指导。特别感谢湘潭大学法学院博士研究生蒋凤鸣和硕士研究生唐倩、吴翔宇、胡东骄、刘美君、苏若男、骆朋爱、贺修华等参与实地调研。特别感谢湘潭大学法学院2015级本科生周爱青、熊依婷、夏梓秋、宋西茹、陈美丽、彭依晴、尹恒丹、陈澍萱、彭予唯、杨瑞斌、崔影、张悦、江萍、于莹莹、梅枫、梁琳、杨倩文、黄耀华、周慧雅、孙露、何晓容、李佳轩、刘梅、黄去东、刘瑶、张维伊、唐铭宗、魁殿富以及湖南农业大学公共管理和法学学院2016级本科生易典典，结合本科生实习参与实地调研，在调研法院蹲点调研一个月，收集了大量的第一手材料、数据以及访谈资料。他们还将8647份问卷中不计其数的数据录入SPSS数据库，整理出50余万字的访谈材料。感谢湘潭大学法学院硕士研究生王紫东、周深若以及本科生陆拉拉、涂可欣、王蒙等参与调研前期准备工作。感谢湘潭大学法学院博士研究生张红旺和硕士研究生杨双瑜、吴翔宇、刘轩男、邓淑娟、陈洁慧等在后期资料整理分析以及书稿撰写过程中提供的各种帮助。感谢海南大学法学院硕士研究生李颖、周菊、郑宇丹、盛小艺协助校对书稿。此外，还要衷心感谢中国博士后科学基金提供资助，感谢海南大学法学院提供出版资金，感谢2014年“关于深化人民陪审制度改革的调研”课题组的全体同仁，感谢他们的辛苦付出和努力为本书写作提供了可资印证、可为互补的实证研究资料。

20年过去，弹指一挥间。是非审之于己，毁誉听之于人，得失安之于数……特别感谢我的家人，他们始终是我最坚强的后盾，始终是我向上向善前行的动力源泉……

2018年8月31日凌晨
湘赣边界蟹形山居初稿
2018年9月6日子夜
星城东二环320号修订
2020年1月20日凌晨
椰城玉兰居所初定稿
2021年12月2日凌晨
海大社科楼陋室定稿

参 考 文 献

一、著作

[1]邵建东主编:《德国司法制度》,厦门大学出版社 2010 年版。

[2]陈业宏、唐鸣:《中外司法制度比较》(下册),北京商务印书馆 2015 年版。

[3]齐树洁主编:《英国司法制度》,厦门大学出版社 2007 年版。

[4]齐树洁主编:《美国司法制度》,厦门大学出版社 2010 年版。

[5]张志伟:《陪审团制度:价值与构建》,法律出版社 2017 年版。

[6]张志伟:《陪审制度的民主问题辨析》,人民出版社 2010 年版。

[7]彭小龙:《非职业法官研究——理念、制度与实践》,北京大学出版社 2012 年版。

[8]刘晴辉:《中国陪审制度研究》,四川大学出版社 2009 年版。

[9]施鹏鹏:《陪审制研究》,中国人民大学出版社 2008 年版。

[10]何家弘主编:《中国的陪审制度向何处去——以世界陪审制度的历史发展为背景》,中国政法大学出版社 2006 年版。

[11]张永和、于嘉川等:《武侯陪审——透过法社会学与法人类学的观察》,法律出版社 2009 年版。

[12]任蓉:《英美陪审团审判制度机理与实效研究》,中国社会科学出版社 2010 年版。

[13]吴军辉:《普通人的权力与正义》,广东人民出版社 2010 年版。

[14]胡云红:《陪审制度比较与实证研究》,人民法院出版社 2014 年版。

[15]刘锡秋:《陪审制度的历史研究》,法律出版社 2011 年版。

[16]何家弘、赵志刚主编:《谁的陪审,谁的团:刑事庭审制度改革的虚拟实验》,法律出版社 2011 年版。

[17]钟莉:《价值·规则·实践:人民陪审员制度研究》,上海人民出版社 2011 年版。
[18][美]里德·黑斯蒂主编:《陪审员的内心世界:陪审员裁决过程的心理分析》,刘威、李恒译,北京大学出版社 2006 年版。
[19][美]多米尼克·邓恩:《陪审团睡了:美国当代名案审判纪实》,吴文忠译,中信出版社 2003 年版。
[20][美]威廉·L. 德威尔:《美国的陪审团》,王凯译,华夏出版社 2009 年版。
[21][英]麦高伟、切斯特·米尔斯基:《陪审制度与辩诉交易——一部真实的历史》,陈碧、王戈译,中国检察出版社 2006 年版。
[22][美]伦道夫·乔纳凯特:《美国陪审团制度》,屈文生、宋瑞峰、陆佳译,法律出版社 2003 年版。

二、论文

[1]何家弘:《陪审制度纵横论》,载《法学家》1999 年第 3 期。
[2]王敏远:《中国陪审制度及其完善》,载《法学研究》1999 年第 4 期。
[3]左卫民、周云帆:《国外陪审制的比较与评析》,载《法学评论》1995 年第 3 期。
[4]李昌道、董茂云:《陪审制度比较研究》,载《比较法研究》2003 年第 1 期。
[5]彭小龙:《司法场域中的非职业法官——一个初步的比较法社会学分析》,载《法制与社会发展》2011 年第 4 期。
[6]蒋安:《论我国的陪审制度与司法改革》,载《法学评论》1999 年第 6 期。
[7]胡玉鸿:《"人民的法院"与陪审制度——经典作家眼中的司法民主》,载《政法论坛》2005 年第 4 期。
[8]吴丹红:《中国式陪审制度的省察——以〈关于完善人民陪审员制度的决定〉为研究对象》,载《法商研究》2007 年第 3 期。
[9]刘哲玮:《人民陪审制的现状与未来》,载《中外法学》2008 年第 3 期。
[10]周永坤:《人民陪审员不宜精英化》,载《法学》2005 年第 10 期。
[11]焦诸华:《英国陪审制度的历史嬗变及存废之争》,载《政治与法律》2001 年第 5 期。
[12]孙斌:《英国陪审制度今昔》,载《比较法研究》1991 年第 4 期。
[13]何家弘:《中国陪审制度的改革方向——以世界陪审制度的历史发展为借鉴》,载《法学家》2006 年第 1 期。

[14]田口守一、丁相顺:《日本的陪审制度——“裁判员”制度》,载《法律适用》2005 年第 4 期。
[15]彭小龙:《人民陪审员制度的复苏与实践:1998—2010》,载《法学研究》2011 年第 1 期。
[16]柯岚:《人民陪审员:“陪而不审”不如“不陪而审”对现行人民陪审员制度的几点质疑》,载《法律适用》2005 年第 9 期。
[17]陈林林:《陪审在现代法治社会中的功能——以形式合理性为中心的若干思考》,载《西北政法学院学报》2001 年第 5 期。
[18]张泽涛:《陪审制度的缺陷及其完善——以〈关于完善人民陪审员制度的决定〉为考察对象》,载《华东政法大学学报》2009 年第 1 期。
[19]喻贵英:《走进美国的陪审制度》,载《法学评论》2004 年第 2 期。
[20]姚莉:《中国陪审制度的理论反思和制度重构》,载《法学家》2003 年第 6 期。
[21]左卫民、尹摇山:《中国陪审制度:比较、反思与前瞻》,载《社会科学研究》2001 年第 2 期。
[22]张曙光:《人民陪审:困境中的出路——河南法院人民陪审团制度的贡献与启发》,载《政治与法律》2011 年第 3 期。
[23]谢佑平、万毅:《司法公正与群众参与:陪审制度的理论分析》,载《甘肃政法学院学报》2003 年第 2 期。
[24]丁以升、孙丽娟:《中西陪审制度适用范围比较研究》,载《法学》2002 年第 11 期。
[25]颜运秋、宁松:《论陪审制度的价值功能及其实现》,载《当代法学》2000 年第 6 期。
[26]廖永安、刘方勇:《社会转型背景下人民陪审员制度改革路径探析》,载《中国法学》2012 年第 3 期。
[27]蒙振祥、叶晓川、周永旭:《陪审制的理性与理性的陪审制——为人民陪审制辩护》,载《现代法学》2003 年第 1 期。
[28]许睿、郑志华、姚明铭:《陪审制在美国的运作》,载《政治与法律》2000 年第 2 期。
[29]“中国陪审制度研究”课题组:《中国陪审制度研究——以成都市武侯区人民法院陪审工作为对象》,载《法律科学(西北政法大学学报)》2008 年第 6 期。

[30]刘计划:《我国陪审制度的功能及其实现》,载《法学家》2008 年第 6 期。
[31]曹永军:《我国人民陪审员制度兴衰的原因和改革设想》,载《当代法学》2007 年第 3 期。
[32]王韶华:《我国陪审制度废改之思考》,载《法律适用》2003 年第 5 期。
[33]李昌林:《从制度上保证人民陪审员真正享有刑事裁判权——论人民陪审员制度的完善》,载《现代法学》2007 年第 1 期。
[34]李蓉:《美国陪审制度的两次重大变迁及成因探析》,载《法律适用》1998 年第 12 期。
[35]韩大元:《论中国陪审制度的宪法基础——以合宪论和违宪论的争论为中心》,载《法学杂志》2010 年第 10 期。
[36]吴英姿、王筱文:《陪审制、民意与公民社会——从河南人民陪审团实验展开》,载《政治与法律》2011 年第 3 期。
[37]李玉华:《“陪而不审”之我见　法学教授陪审员的视角》,载《法律适用》2010 年第 7 期。
[38]潘小军:《陪审制的价值基础》,载《河北法学》2006 年第 4 期。
[39]吴丹宇:《广州市人民陪审员情况调查》,载《法治论坛》2008 年第 1 期。
[40]唐力:《“法官释法”:陪审员认定事实的制度保障》,载《比较法研究》2017 年第 6 期。
[41]彭小龙:《民众参与审判的案件类型学分析》,载《中国法学》2012 年第 3 期。
[42]彭小龙、范愉:《非职业法官研究:理念、制度与实践》,载《法学家》2009 年第 4 期。
[43]彭小龙:《现代社会中司法的力量——兼论转型中国司法的两难困境及应对》,载《现代法学》2009 年第 6 期。
[44]许尚豪:《人民陪审团与法官的制度衔接与规则协调——以审判格式化与人格化的关系为视角》,载《政治与法律》2011 年第 3 期。
[45]汤维建:《人民陪审团制度试点的评析和完善建议》,载《政治与法律》2011 年第 3 期。
[46]易延友:《陪审团在衰退吗——当代英美陪审团的发展趋势解读》,载《现代法学》2004 年第 3 期。
[47]牛建华、刘峥、雷鸿:《德国“荣誉法官”制度评介及其思考》,载《法律适用》2011 年第 12 期。

[48]王一怀:《加拿大陪审法对“审前偏见”的救济制度》,载《政治与法律》2003 年第 5 期。
[49]汪建成:《非驴非马的“河南陪审团”改革当慎行》,载《法学》2009 年第 5 期。
[50]段晓彦、俞荣根:《“陪审”一词的西来与中译》,载《法学家》2010 年第 1 期。
[51]胡充寒、路红青、汤鹏:《知识产权审判专家陪审制度的探索与检视》,载《法学杂志》2011 年第 12 期。
[52]仲相、司艳丽:《美国陪审团对公共政策的影响》,载《政治与法律》2002 年第 5 期。
[53]贾志强:《人民陪审员参审职权改革的中国模式及反思》,载《当代法学》2018 年第 2 期。
[54]何兵:《司法职业化与民主化》,载《法学研究》2005 年第 4 期。
[55]周欣、陈建新、聂玉磊:《论法官指示制度之构建——兼论〈最高人民法院关于人民陪审员参加审判活动若干问题的规定〉第 8 条之适用》,载《现代法学》2011 年第 2 期。
[56]章礼明:《评俄罗斯刑事陪审团制度的重建》,载《河北法学》2004 年第 8 期。
[57]袁勇、黄进才:《扩大农民政治参与与我国人民陪审制度的完善》,载《法学杂志》2011 年第 10 期。
[58]龙宗智:《为什么称〈圣经〉是一部诉讼法教科书——司法审判在两大文化中的意义比较》,载《法学》2003 年第 10 期。
[59]张恒山:《论司法权的人民性》,载《法学家》2003 年第 6 期。
[60]吴军辉、杨建成:《美国专利诉讼中的陪审团》,载《法律适用》2007 年第 7 期。
[61]丁以升:《司法的精英化与大众化》,载《现代法学》2004 年第 2 期。
[62]夏锦文:《司法现代化进程中的法学教育》,载《法学家》2005 年第 6 期。
[63]周永坤:《我们需要什么样的司法民主》,载《法学》2009 年第 2 期。
[64]张卫平:《体制、观念与司法改革》,载《中国法学》2003 年第 1 期。
[65]孙丽君:《司法的悖论——司法的民主化与司法的精英化之矛盾探究》,载《河北法学》2007 年第 4 期。
[66]文正邦:《论司法改革与公民参与问题》,载《法学》2010 年第 3 期。

[67]吕忠梅：《职业化视野下的法官特质研究》，载《中国法学》2003 年第 6 期。
[68]谭兵、王志胜：《论法官现代化：专业化、职业化和同质化——兼谈中国法官队伍的现代化问题》，载《中国法学》2001 年第 3 期。
[69]刘峥、刘知行：《论人民陪审员制度中的参审案件范围》，载《法律适用》2018 年第 9 期。
[70]郭倍倍：《人民陪审员制度的核心问题与改革路径》，载《法学》2016 年第 8 期。
[71]刘方勇、廖永安：《我国人民陪审员制度运行实证研究——以中部某县级市为分析样本》，载《法学家》2016 年第 4 期。
[72]陈瑞华：《法院改革的中国经验》，载《政法论坛》2016 年第 4 期。
[73]张嘉军：《人民陪审制度：实证分析与制度重构》，载《法学家》2015 年第 6 期。
[74]左卫民：《七人陪审合议制的反思与建言》，载《法学杂志》2019 年第 4 期。
[75]施鹏鹏：《审判中心：以人民陪审员制度改革为突破口》，载《法律适用》2015 年第 6 期。
[76]陈学权：《美国刑事审判中陪审团适用法律权述评》，载《比较法研究》2017 年第 2 期。
[77]陈学权：《刑事裁判权在法官与陪审员之间的配置》，载《现代法学》2018 年第 1 期。
[78]施鹏鹏：《刑事问题列表制度研究——以完善人民陪审员事实认定机制为切入点》，载《北方法学》2017 年第 6 期。
[79]黄海涛：《专家陪审制中的程序保障问题研究》，载《法律适用》2017 年第 13 期。
[80]高一飞：《美国刑事审前听证程序公开及对我国的借鉴意义》，载《比较法研究》2017 年第 1 期。
[81]李真、周宏亮：《两大法系陪审制度下我国人民陪审制度的困境与进路》，载《河北法学》2014 年第 9 期。
[82]樊传明：《陪审员裁决能力问题研究——优秀的还是拙劣的事实认定者?》，载《中国刑事司法杂志》2018 年第 2 期。
[83]胡云红：《论我国人民陪审员选任机制的完善》，载《政治与法律》2017 年第 11 期。
[84]刘峥：《我国人民陪审员制度改革的再思考》，载《法律适用》2015 年第

12 期。
[85]杨馨馨:《陪审员参审职权调整的实践困惑与路径突破——从“同职同权”到“分工合作”》,载《法学论坛》2016 年第 6 期。
[86]高翔:《陪审员参与民事案件事实认定程序构建论》,载《现代法学》2018 年第 3 期。
[87]贾志强:《人民陪审员参审职权改革的中国模式及反思》,载《当代法学》2018 年第 2 期。
[88]周成、喻怀峰:《陪审员专家化之合理性质疑》,载《法律适用》2015 年第 9 期。
[89]李红海:《英国陪审制转型的历史考察》,载《法学评论》2015 年第 4 期。
[90]陈卫东:《公民参与司法:理论、实践及改革——以刑事司法为中心的考察》,载《法学研究》2015 年第 2 期。
[91]汪习根:《陪审制度的比较与评论》,载《法制与社会发展》2015 年第 2 期。
[92]苗炎:《司法民主:完善人民陪审员制度的价值依归》,载《法商研究》2015 年第 1 期。